U0039886

passion

of the books, by the books, for the books

Passion 27

陪你讀下去

監獄裡的閱讀課，開啓了探求公義的文學之旅

Reading with Patrick: A Teacher, a Student, and a Life-Changing Friendship

Reading with Patrick
Copyright © 2017 by Michelle Kuo
Published in agreement with Frances Goldin Literary Agency, through The Grayhawk Agency.
Complex Chinese translation copyright © 2017 by Net and Books, an imprint of Locus Publishing Company
ALL RIGHTS RESERVED

作者——郭怡慧（Michelle Kuo）
譯者——徐麗松　責任編輯——張雅涵　封面設計——林育鋒
封面插畫——阿尼默　校對——呂佳眞

出版者——英屬蓋曼群島商網路與書股份有限公司台灣分公司

發　行——大塊文化出版股份有限公司
台北市 10550 南京東路四段 25 號 11 樓
www.locuspublishing.com
TEL: (02)8712-3898　FAX: (02)8712-3897
讀者服務專線：0800-006689
郵撥帳號：18955675　戶名：大塊文化出版股份有限公司
法律顧問：董安丹律師、顧慕堯律師
版權所有　翻印必究

總經銷——大和書報圖書股份有限公司
地址：新北市 24890 新莊區五工五路 2 號
TEL: (02)8990-2588　FAX: (02)2290-1658
製版：瑞豐實業股份有限公司

初版一刷：2017 年 12 月
二版一刷：2024 年 3 月
定價：新台幣 420 元
ISBN: 978-626-7063-60-6
Printed in Taiwan

陪你讀下去

Reading with Patrick

A Teacher, a Student, and a Life-Changing Friendship

監獄裡的閱讀課，
開啟了探求公義的
文學之旅

郭怡慧
Michelle Kuo 著

徐麗松 譯

推薦序

參與、投入，讓我們一起努力！

嚴長壽 財團法人公益平台文化基金會董事長

自從我收到蜜雪兒（郭怡慧）所撰寫的《陪你讀下去》這本書，到我眞正看完它，已經是幾個月以後的事情，因此錯過了在第一時間發表感言的機會，即使如此，我仍然希望藉此談一談這本書。

這本書對台灣年輕人來說，代表著許多不同的意涵。表面上看來，談的是一位亞裔青年抱著滿腹的熱誠，踏入美國一個以非裔人口爲主的偏困之地，所遭遇到的種種文化衝突；當然也包括作者後來得知昔日學生派屈克殺人入獄，因爲內心的某種呼喚，最後她決定暫時擱下她眼前的工作、回到偏鄉，用七個月的時間陪伴派屈克重拾自信、展開閱讀寫作並發掘自我的感人歷程。

雖然蜜雪兒自己也說，她的參與是否最後眞的能夠改變派屈克的未來，她也無法確定；然而我要說這本書對台灣青年人所產生的啓示是，選擇投入這個事件，對蜜雪兒本人來說，自己就是一個最大的受惠者。她不但因此了解底層社會的眞相，更讓自己變成一個擁有悲憫心、使命感的正向青年，我認爲尤其是台灣精英社會的年輕人，都應該將這樣的生命經驗，視爲成長過程中自我修煉的必要歷程。

另一方面，爲了幫助讀者更了解美國歷史事件與人物的背景，我特別欣賞蜜雪兒記錄下的歷史進程及書裡所呈現的每一段註記，我甚至認爲幾乎光是這些文字本身，就可以自成一書。書中清晰、刻畫入裡的文字編撰，反映出美國民主運動的奮鬥史，讓人更加深刻體悟民主與文明這條道路，即便是建國已兩百多年的美國，仍有好長的功課要做。

反觀還只是民主新生兒的台灣，可清楚感受到橫在我們眼前的，若要使台灣走向一個更文明的社會，我們還眞是仍有一段漫漫長路有待努力；顯然沒有任何一件事會是理所當然的，無論如何，它都必須透過教育及每個人一磚一瓦地參與、堆砌，方可成就。讓我們一起努力！

二〇二四年台灣版序

我在寫這本書時，從未想過自己會搬到台灣。這個國家現在是我的家。與這中譯本的讀者相遇是我生活中最大的喜悅之一。

但我話說得太快了。

這個故事始於我想改變世界的渴望。我在美國成長，就讀哈佛大學，畢業後我前往密西西比三角洲教書——那是美國最貧困的鄉村地區之一。我在二〇〇四年抵達，發現學校沒有圖書館、沒有體育館、沒有輔導老師，卻有一名警察。如果學生「行為不當」，他們就會被送上警車，帶到看守所去，一位老師對他們說那是「了解你們未來要去的地方」。

一開始我不知道如何和學生建立連結。他們有些以前從未見過亞洲人。（他們會問：「妳認識成龍或姚明嗎？」）我考慮過放棄，但我想堅持下去。我認識了一位叫派屈克的學生。他十五歲，安靜、內向。但他很勇敢，甚至曾經為了阻止兩個青少女打架，因而被擊倒在地。

我開始掌握教學的訣竅和鼓勵的藝術。學生們寫詩、創作劇本。他們問我是否能把書帶回家與他們的弟妹分享。（他們解釋道：「書很貴。」）派屈克和我建立了連結，他逐漸成長茁壯。我考慮在原本約定的兩年過後，繼續待在該校。我瞥見了在貧困地區長大的所有人都瞭解的事實：有錢的人離開，沒錢的人留下。我想成爲沒有離開的人。

派屈克得了最佳進步獎，而我大約在同一時間收到了哈佛法學院的錄取電話，那人用英語恭喜我。不久後，我的父母來拜訪我，他們用中文恭喜我。

我的父母是台灣移民，兩人都是科學家。在我成長的過程中，我從未缺少過食物、水或書。他們給了我所有的先天優勢。我當時的選擇讓他們感到害怕。我告訴他們我想在密西西比多留一段時間時，我們大吵了一架。「如果你離開這裡，去讀法律，」他們說，「我們就再也不會來煩你。」我哭了，服從了。我暗自覺得自己像個懦夫。我還是變成了這樣的人——一個離開的人。

兩年後，一位朋友打電話給我。他問我：「派屈克不是妳之前的學生嗎？」派屈克在一場打鬥中殺了人。起初我以爲肯定是一個錯誤——派屈克從來不是個暴力的人。如今，我覺得我的震驚是自己身上最中產階級的特徵。如果你在一個警察無法保護你的地方長大，你會使用暴力來保護自己和你所愛的人。我現在確信，每個人都有可能使用暴力。

我從法學院畢業，推遲了一切，回去探望在監獄裡的派屈克。我們在一起的時間是這本書的核心。我們每天一起閱讀和寫作，但事情的起因可以算是一場意外。他告訴我他有一個年幼的女兒，我請派屈克寫一封信給她。信中寫道：「對不起，我不能陪伴在妳身邊，對不起，我搞砸了。」怎麼樣才能讓他知道有値得對女兒說的話，而不是只向她道歉呢？我開始帶書去給他讀。然後是更多的書。他寫給女兒的信開始變得優美，描繪他們一起爬山，一起在密西西比河上划獨木舟的場景。

我一生中從未像那段時間一樣讀那麼多書，從未如此關心過學生。派屈克也從未如此貼心過。我們像是在試圖彌補失去的時間，或者回到過去。

☆

這本書出版的數年後，我搬到了台灣。與台灣讀者見面像是一種啓示——你們中的許多人比美國讀者更了解我。原因很簡單：你們了解我的父母，你們知道在戒嚴法之下，當台灣貧窮且前途未卜時，我父母的世代是如何成長的——想要以自己的方式生活，卻受制於對父母的義務和恩義，你們應該都知道這種困境。「我保證我不會靠懸崖邊太近！」

在台灣，我遇見充滿激情、理想、奉獻精神和創意的人，他們滋養了我。在偏遠地區工作的教師，努力改善監獄環境的人權工作者，解救冤獄者的律師，與死刑犯通信多年的人，爲青少年、成人學習者和社區編制課程的倡議者，舉辦多語言文學比賽來鼓勵少數民族保存母語的人。

然而，我也見識到了台灣社會醜陋的一面。有些人說囚犯「以前沒有認眞讀書」。他們說職業學校的青年比較沒有潛力。他們說少數族群的智力水準較低。他們說我們不應該浪費時間幫助犯罪的人。他們認爲成功是有錢、有地位的人應得的，而貧窮和邊緣化的人受到壓迫是活該。這樣的觀點令我作嘔，我完全無法接受。我希望像是本書這樣的作品能夠打開人們的心靈和心胸，來接受這樣的眞理：

如果你把青少年當作潛在的罪犯對待，他們就會成爲罪犯。

如果你把學生當作有價值的人對待，他們就會努力讓自己的人生變得有價值。

如果你把被監禁者當成不值得成功的人對待，他們就不會成功。

杜斯妥也夫斯基（Fyodor Dostoyevsky）曾經寫道：「只需走進監獄，即可判斷一個社會的文明程度。」如果我們把每個人都視爲值得成功的人，我們的社會將發生什麼樣的改變？如果我們傾聽監獄裡的人，相信他們身上有值得我們學習的東西呢？如果我們把學校作爲民主實驗室，鼓勵解放性思維（Liberatory thinking）並培養內在生活呢？

剛到密西西比三角洲時，我是一個外人，有很多東西要學習。我到那裡生活，是因爲對我來說身爲美國人意味著與奴隸後裔休戚與共。在密西西比的歷史中，壓迫與反叛緊密交織在一起。聯邦軍承諾會把土地分給被解放的奴隸，卻未信守諾言。佃農組織起來索要工資，結果遭到屠殺。「黑人權力」（Black Power）一詞發源自該地，卻有大量的人離開密西西比，前往美國西部或北部。

如今，在台灣，我再次發現自己是個外人，再次成爲觀察者。你們閱讀我的書讓我感到很榮幸。

經過這麼多年，我仍然在思考促使我寫這本書的問題——書能改變生活嗎？書能改變世界嗎？在孤獨中、在差異中，書如何幫助我們與彼此產生連結呢？目前我的答案是這樣的：書能夠創造一個世界，由強大的人際連結維繫，人人共享。

帶著愛與感激獻給我的母親和父親——

林華美與郭明祥

別再想顧全面子的事。想想我們的人生，向我們訴說你那獨樹一幟的世界。編造一個故事。敘事是根本的激進作爲，在它被創造出來那一刻，它也創造了我們。假使你心中想抓住什麼，伸手卻抓不到；假使愛點燃你的話語，使它焚燒殆盡，以致最後除了灼傷的痕跡外什麼也未留下；或說，假使你的話語帶著外科醫生的手那種含蓄，只去縫補那些鮮血可能流出的地方——我們都不會怪你。我們知道你永遠不可能做得恰如其分——一次到位。光是激情從來就不足夠；光是技術也一樣。但請你嘗試。爲了我們的緣故、爲了你的緣故，把你的名字忘在街頭；告訴我們，在那些黑暗的地方，在光明裡，世界對你而言是怎麼回事……語言本身就能保護我們免於無名事物的可怕。語言本身就是冥思。

——童妮・摩里森

一九九三年諾貝爾文學獎致詞

Reading with Patrick

A Teacher, a Student, and a Life-Changing Friendship

III

IV

前言

Introduction

我帶著一個特定計畫前往密西西比河三角洲：透過黑人文學講授美國歷史。我想像自己帶著學生讀一些曾經感動我的文學作品。我彷彿看到我的學生們像我在八年級[1]時那樣，爲小馬丁・路德・金恩[2]的〈來自伯明罕監獄的信〉[3]感到熱血奔騰，或者像後來我在高中時那樣因爲讀到麥爾坎・X[4]的自傳而滿心嚮往。我會要求學生讀詹姆斯・鮑德溫[5]的作品，看書中那些當年的學童是如何帶著英雄式的淡定和冷靜，穿過訕笑怒罵的兇惡人群，前往學校上課。書本教導我要敬佩——如拉爾夫・艾里森[6]所言——「一個人勇於面對世界、誠實評量個人經驗〔……〕所憑藉的意志力」。書改變了我，讓我負起責任；我相信書也能改變我學生們的生活。我的夢想浪漫得理直氣壯，毫不知羞。那年我二十二歲。

我認爲自己的出身背景很平凡。我是台灣移民的女兒，一九八〇年代成長於密西根州西部。我走路上學，彈鋼琴，癡戀我哥那群死黨。初雪時節，我和哥哥會拿著廉價的塑膠滑雪碟到外頭溜幾圈；暑假期間，父母都得上班，我們則是每天乖乖在家做SAT[7]模擬試題，英文、數學各做一份。

在某些方面，我的父母在美國適應得很好。他們收集麥可・傑克森[8]和瓊・拜亞[9]的唱片，在客廳裡堆了足足有一英尺高；每逢選舉，他們都會盡責地去投票，一次也沒錯過；偶爾他們也會買桶裝炸雞回家當晚餐。但在其他方面，我父母似乎對自己身為外來者的地位感到憂煩。他們會用警示口吻告訴我一些亞洲人在美國遭到威嚇、殺害，然後被人遺忘的故事。其中有個人名叫文森・陳（Vincent Chin）——陳果仁，一九八二年，在他預定結婚前一個星期，在底特律被人用棒球棍活活打死。陳果仁在汽車業工作，而當時這個產業中瀰漫著仇日情緒。兩名兇手都是白人，他們這樣對他說：「我們丟了飯碗都是因為你們這些狗娘養的鬼子。」（陳果仁並不是日本人，而是華裔美國人。）這兩個殺人犯沒被判處徒刑。「這些人不是我們該送進監牢那種人，」法官後來表示。「我們不該按照罪責去定刑罰，而該按照罪犯的身分去定刑罰。」

我父母告訴我的另一個故事發生在深南部[10]路易西安那州某處的一名十六歲少年身上。這次的受害者是日本人，當時我們只簡單把他稱作「日本交換生」[11]。一九九〇年代初期，他受邀參加一場萬聖節派對，模仿約翰・屈伏塔（John Travolta）在《週末夜狂熱》（*Saturday Night Fever*）這部電影中的扮相，穿上白色西裝，但是不小心走錯了房子。他按了門鈴，結果遭屋主近距離射殺。開槍者以非預謀殺人罪被起訴。在法庭上，他宣稱少年的動作非常怪異；兇手的律師則告訴陪審團，他只是在保護他的家園，他只是個「尋常百姓」、「你我的鄰居」，一個「吃玉米粥喜歡加糖」的老實人。於是兇手獲判無罪開釋。

「沒有人會跟妳說這些故事，」我父母告訴我。「我們告訴妳，是因為我們要妳小心。」

要小心——這就是最核心的訊息。跟許多移民一樣，我的父母是會擔心害怕的那種人，他們似乎決意提醒我，悲劇可能就在轉角等著發生。只消某個無知漢子拿出一把槍或一根棒球棍就夠了。就實際數字而言，亞裔人在一九八〇和一九九〇年代遭人謀殺的機率微乎其微。然而，從某個角度來看，我父母告訴我的事確實重要。他們設法讓我知道，在美國人的國家想像中，我們並不存在——完全不存在。的確，在上大學二年級以前，我從不曾在任何課堂上聽任何老師提到亞裔美國人，已逝的、在世的，都沒有。作為一個移民群體，我們一方面方便好用，但另一方面終究是用過即可丟棄。我們表現好時，其他人會稍微把我們拿出來當作美國夢的存在證據，但當我們因為身為亞洲人而被殺害時，媒體並不感興趣。我們的死不會損及任何關於美利堅的神話或理想。為什麼？因為我們不是美國人。我們的臉孔揭露出這點。

跟許多移民一樣，我的父母相信教育既是可以對抗傷害的壁壘，也是通往安全與富足的階梯。尤其是數學特別令我父母感到安心；數學是他們熟悉的科目，無論是在他們的故鄉——小小的島國台灣，或者在美國，數學就是數學。讀數學不需要懂英文，也不需要學習一整套祕密難解的社會規則。只要花些時間，你就能學會怎麼玩數學。哥哥和我上小學時，父親每天晚上都會訓練我們解數學習題。我們答錯時，他會大吼，把我們罵哭；然後母親會帶著罪惡感端茶來給我們喝。

我很慢才會說話，而且生性害羞。我的個人興趣都是些獨自進行的事。比方說我會帶著強烈的情感彈鋼琴——有一次彈奏蕭邦的某個華彩樂段時，我在激情澎湃之際，竟然把頭撞上樂譜架。跟我母親一樣，我不喜歡好逸惡勞，而在我就讀那間有一定競爭性的公立中學，這種特質使我有相當好的課業表現。我喜歡取悅父母；六年級那年耶誕節，我把成績單包裝起來，送給他們當禮物。我閱讀大量書籍，儘管現在回顧起來，我並不能說自己在這方面特別拿手。我喜歡絕對的道德原則，對滑稽嘲諷的理解能力則非常有限。讀到《唐吉訶德》[12]的故事時，我單純地認為主角是個英雄。拜讀《米德爾馬契》以後，我很想像朵蘿西亞那樣，嫁給一個滿腹經綸的讀書人[13]。

不過透過其他一些閱讀，我的天眞誠摯得到了報償。舉例而言，當我讀到小馬丁·路德·金恩這段文字：「因此問題不在於是否我們將成為極端主義者，而是我們將成為哪種極端主義者」，我感覺自己受到深深的感召。我讀了麥爾坎·X的作品，他也來自密西根，他的母親曾被送到我家鄉卡拉馬朱（Kalamazoo）的一所精神病院療養。他警告黑人讀者不要信任白人自由主義者：「我不管某個人對你有多好；你必須永遠記得一件事：他幾乎絕對不可能像看待他自己、看待他的同類那樣看待你。天下太平時，他可能跟你站在同一邊；但局勢一險惡，他就不會挺你了。」我在詹姆斯·鮑德溫的書寫中也看到這種責難，他說自由派人士會買所有正確的書，他們會表現出「所有合宜的態度——但他們沒有眞正的信念。當攤牌的時刻來到，你期待他們會兌現你以為他們感受到的東西，結果他們不知怎地卻不見了」。

他們不知怎地不見了。我從字面意義解讀這個指控。那我該把自己擺在哪？

在密西根某處郊區的靜謐臥房中，我閱讀這些反種族主義論述中的經典作品，感覺彷彿被施了魔法。這些書寫暗地裡教化了一個原本注定該當個好學生的孩子。我明白，光是學習不夠，光是看書不夠，光是欽佩某位黑人作家也不夠。欽佩不代表什麼。如果你的激情無法化爲行動，你就只是在玩角色遊戲，表現出你知道什麼該讚美、什麼該排斥。對我而言，教育所乘載的意義既明確又蘊含精神特質。受教育代表你讀了一些書，心中懷有一些讓你覺得不自在的想法。受教育代表你會對著鏡子自問：我做過什麼我必須付出代價的事？我爭取到什麼說話的權威？我投入過多少心力？受教育代表推翻你原本確定的東西，拆除你的自我防禦工事。你應該感覺自己不受保護，沒有武裝，暴露在被攻擊的可能性之中。

不過這裡面有個問題：鮑德溫、金恩、麥爾坎，他們只談黑人和白人的事，而我兩者都不是。亞裔美國人曾經爲了什麼而奮鬥，爲了什麼犧牲性命？我們關注過什麼事？歷史教科書和大眾文化沒有告訴我這些。當某個看起來像亞裔的人出現在電視畫面中（這是極少發生的事），我的心跳會變得急促。但浮現在我心中的問題從來不是：這會是個笑話嗎？而是：這會是什麼樣的笑話？假如事實證明我錯了，他不過是像任何其他次要角色一樣，沒有口音，沒有突出的特徵，過目即忘——我居然會覺得滿意，甚至心懷感激。

我在書中找到我的模範。W·E·B·杜博伊斯[14]、拉爾夫·艾里森、理察·賴特[15]、愛麗絲·華克[16]、瑪雅·安傑羅[17]——這些人的無所畏懼跟亞裔美國人的擔心怕事恰成對比，他們在美國歷史中的重要性，也似乎反襯出我們這個族群的無關緊要。我前往哈佛上大學，在那裡初次遇到社運人士；其中某些人令我特別想要仿效，他們的父母都曾在一九六〇和七〇年代爲爭取人權以及反對越戰而奮鬥。他們參與過「向華盛頓進軍」（March on Washington）大遊行，聽過小馬丁·路德·金恩的演說；他們曾經加入黑人權力運動[18]。我在心中描繪那種沉浸在深切交談中的家庭氛圍。我心想：繼承到一個充滿激情與憤慨的歷史，那是什麼感覺？那會讓人更堅強嗎？讓人更大膽？我是不是因爲沒有那樣的背景，因此柔弱、可愛、順從？

我硬起背脊。我要從頭開始。我要像拔雜草般根絕父母的影響，消除光挑安全選項、不斷往前衝、一味追求安穩的傾向。我要擁抱離經叛道的做法。就讀大學期間，我到一間遊民收容所打工，星期五晚上我會在那裡過夜，每當我有報告要交時，我甚至會刻意額外排班。我放棄醫學院預備班課程，轉而主修社會學科和性別研究。我負責編輯一份探討種族、階級與性別議題的小型刊物。當我碰到其他亞裔美國人——那些準備當顧問、玩對沖基金、賺六位數美金年收的人——我會做出嚴苛的評斷。我會瞇著眼睛，無聲地告訴他們：我知道你是怎樣的人，而且你並沒有太多事值得我知道。

畢業將至，我還在猶疑自己要做什麼。我考慮投入社會運動，因爲我一向特別欽佩社運人士。但我對這方面不在行。我嘗試過在一個非營利女權組織工作，我在那裡的任務是向國會幕僚遊說，結果我發現自己很容易因爲覺得侵占到那些人的時間而對他們道歉。更廣泛地說，我認爲要改變那些強烈關注自我利益者的心態太過困難。我想做的是直截了當的事，在需要有人幫忙的地方從事立即性的工作。然後我遇到一位「爲美國而教」[19]的人才招募員，是一名亞裔美國女性，她告訴我全美最窮困的地區之一——密西西比河三角洲的學校正苦於嚴重的師資不足。

那是我這輩子頭一次聽到有人向我描述密西西比河三角洲的現況。這個極度貧窮的棉花鄉曾經是孕育民權運動及黑人權力運動的溫床。博比·甘迺迪[20]在對抗貧窮的作戰過程中，也曾經來到這裡視察。斯托克利·卡麥可[21]在這裡創造了「黑人權力」這個詞彙。在三角洲地區，英雄豪傑因爲相信改變而遭宰割、槍擊、逮捕、殺害。金恩本人就在來到三角洲地區最北端的曼菲斯（Memphis）聲援環境衛生工作人員時遇害；詹姆斯·梅瑞迪斯在此展開傳奇的橫跨密西西比州單人步行計畫，但第二天就被一名狙擊手射擊受傷[22]；一位名叫芬妮·露·黑默[23]的佃農則因爲組織民眾投票而遭逮捕、毆打。

我心想，爲什麼我從沒聽說現在三角洲地區的人民是怎麼生活的？是不是因爲在當今所謂的進步派人士以及受過教育的中產階級民眾（相當於當年令鮑德溫大失所望的那群自由派人士）中，很少有人願意造訪那個地區，更遑論在那裡生活？我不禁懷疑，那個地方是不是已經隨著民權運動和黑人權力運動遠去，也從美國的國族意識中消失不見？與白人暴力無關的鄉村黑人窮困處境是否過於庸俗不雅，無法吸引顯赫的領導人物挺身而出，爲它發聲？

布朗訴教育局案[24]五十週年紀念日即將到來，但是，在不久前的一項針對全國四年級學生所做的閱讀測驗中，只有百分之十三的黑人學童及格，遠低於白人學生的百分之四十五。我開始認眞考慮「爲美國而教」的工作，心想或許我能盡一份小小心力，延續民權運動的精神。「這是我們的希望，也是我返回南方時所懷抱的信念，」馬丁・路德・金恩曾說。「返回密西西比，返回阿拉巴馬，返回南卡羅萊納，返回喬治亞，返回路易西安那，返回我國北方城市中的貧民窟和少數族裔聚居區；我們知道現有情況可以也必將透過某種方式獲得改變。」

我想要觸及那樣的英雄氣概，或者至少是在它的陰影下工作。我相信詹姆斯・鮑德溫的訓誡：如果我們（這些意識相對高的白人和意識相對高的黑人）能「像戀人那般堅持凸顯、乃至創造對方的意識」，我們很可能有辦法「終結種族的噩夢，成就我們的國家，乃至改變世界的歷史」。我覺得我知道鮑德溫在要求我做什麼：用我的全副身體與心神進行補償。「無辜反而構成他們的罪惡，」鮑德溫在一九六三年時用這樣的文句提到白人。「因爲這些無辜的人沒有別的希望。事實上，他們仍舊被困在一個他們不理解的歷史中；在他們能夠理解以前，他們不可能從中解脫出來。」鮑德溫用「無辜」一詞委婉指稱「無知」，但因此譴責意味反而更強烈。是的，我告訴自己：我要證明我不是個「無辜者」。奔赴三角洲核心地帶的偏鄉，到阿肯色州小鎮赫勒拿（Helena）教書，或許這將能幫助我免除鮑德溫的指控。

在距離我父母家將近一千英里的地方，我很容易就做出前往密西西比河三角洲的決定。當我打電話告訴他們時，他們的反應先是不解，然後是生氣。「妳在南部那邊會沒命的，」母親說。

聽到這話，我不禁哈哈大笑。這令我父親嚴厲了起來。

「這不是好玩的事，妹妹，」他用我的小名稱呼我。「南部那邊很危險。」

在我的成長過程中，我逐漸將某種特定的歇斯底里心態歸諸於我的父母，我認爲他們對美國有種可悲的錯誤認知，而我與他們不同，我是在美國出生的，我屬於這裡。那種感覺一直持續到大學時代。

我開始告訴他們識字率相關統計數字，他們聽出我那義正詞嚴的口吻以後，馬上就打斷我的話。

「妳在那邊領得到錢嗎？」

我回說當地政府會發薪水給我。

「一定不多，」我父親說。「妳是打算把妳的哈佛學位丟掉嗎？」

我覺得很受傷，不過一天後，我已經把他們的不以爲然拿出來當笑話跟朋友們說了。

「爲美國而教」把我派到一所另類學校，該校的名字取得非常不符實情，叫作「明星學校」，但當地行政機構其實是把所謂的「壞學生」往那裡丟。逃學的、嗑毒的、製造麻煩的、逞兇好鬥的，盡是些被主流學校開除的中輟生。「明星」是這些孩子最後一次留在體制中的機會，要是再待不下去，就會完全被摒棄在公立教育之外。

我就在這裡遇到了派屈克，當時他十五歲，就讀八年級。

派屈克舉止溫和，走路時彎腰駝背多過大搖大擺。在課堂上，他喜歡傾聽，不喜歡發言。派屈克從不霸凌任何人，也不曾對別人飆罵。他似乎在遵守一套自我約束的行爲準則：明哲保身，不胡搞瞎搞，避免捲入別人的紛爭。不過他倒願意爲了正大光明的理由違反自己的原則：有一次，他猛然介入兩個女孩之間，阻止她們打架，結果在那個過程中被推倒在地。

午餐時間，其他學生會你推我擠，衝到排隊的人群前方。派屈克總是在後頭卻步。他的心思似乎永遠流連在某個其他地方：用功的時候，他不時低聲哼唱，經常要等到旁人戳弄他，他才會回過神來。他的文件不是丟在桌上亂成一團，就是隨便摺摺塞在口袋。他笑的時候總是沒法笑開來，彷彿他曾經努力訓練自己露出完整的笑容，但後來放棄了。

更重要的是，派屈克顯得迷失，彷彿他是不小心搭上了校車。果不其然，他才進這所學校一個月，就不再來上課了。

派屈克爲什麼不再到學校？這件事並不難想像。或許學校使他心情低落。校內充滿暴戾氣息，學生打架時，校方有時不得不打電話找警察。幾個身上剛被抓傷或有瘀青的學生會在全校師生眾目睽睽下被推進警車，在郡立監獄度過週末——根據一名教師的說法，他們在那裡可以「思考他們的人生方向」。身爲老師，我們也變得兇暴：學生只要犯下一些小過失，比如咒罵同學或老師，就會被打屁股。阿肯色州允許體罰，而且這種做法相當普遍。這裡有一種印有「阿肯色州教育局」字樣的新式木拍，上面打了一些洞，目的是讓它揮得更快。我個人不會用木拍體罰學生，不過跟多數教師一樣，我也會把學生送去校長室接受處罰，所以我算是某種共犯。話說回來，我們最常用來教訓學生的方式，是直接叫他滾蛋回家。由於所有學生都有權利享用免費午餐，他們喜歡開玩笑說，如果眞的很想胡鬧，最好還是等到下午再說。

無論如何，我的很多學生——包括派屈克在內——對他們的未來仍舊感到樂觀。派屈克說他想把學校念完，然後成爲一名技工。他說他想到紐約看看。其他學生想要找到好工作，這樣他們才能照顧爺爺奶奶。我試著發掘這種希望的根源，結果多數學生告訴我，那來自上帝。他們對上帝懷抱信仰，認爲由於人類是上帝依自身形象所造，因此必然有著與生俱來的價值；這些觀念對我而言非常陌生，但我生活在三角洲地區越久，就越能體會箇中道理。

我時常想起鮑德溫寫給他侄兒的一段話：「這個『無辜』的國家把你安頓在一個少數族裔聚居區，事實上，它是打算讓你死在那裡。」只不過在密西西比河三角洲，所謂聚居區並不是城市中的某個角落，而是美國境內的一整個地區。這個聚居區是我的學生所知的一切，而我發現，如果你生活在一個你無法離開的地方，如果你在那裡買不起車就無法旅行或工作，如果那裡的大地遼闊無邊，但你卻無權享有，如果那裡的人會放火燒掉自己的房子，只因爲保險金額高於房屋售價，如果那裡的房屋門戶緊閉，庭院成爲路人丟垃圾的地方，如果那裡的水可能遭到某家肥料公司的污染，但肇事公司早已逃之夭夭——如果你被迫面對這一切，你會想要相信你跟你所見的一切全然不同。你會想要相信，家鄉的破敗無法反映你的光明前景，它的污穢不能玷污你的內在世界，它的空洞不會抵觸你的雄心壯志。你會告訴自己，你生而與美麗緊密連結，跟浴火重生的喜悅力量息息相關。

雖然我花很多時間設法了解我那些學生的基本想法，不過最讓我傷腦筋的，還是我所面對的各種教學任務。我該怎麼讓他們願意學習讀書、寫字和發言？該怎麼鼓勵像派屈克那樣的孩子乖乖上學？通常我試著不去操心他們在結束學業之後將面臨到什麼磨難和危險。我對他們必須對抗的各種處境缺乏完整認知。換句話說，即使天神派使者來敲我的門，告訴我未來派屈克會發生什麼事，我也不會相信他。我只會把門關上。而或許我這樣做並沒有錯：有些孩子就是會讓你禁不住將所有希望寄託在他們身上。

譯註

1即一般美國學制中的初中三年級，就年齡而言相當於台灣的國二。美國的小學（elementary school）通常分為五個年級（一到五年級），初中（junior high school 或 middle school）分三個年級（六到八年級），高中（secondary school）分四個年級（九到十二年級）。

2小馬丁・路德・金恩（Martin Luther King, Jr.，一九二九—一九六八），美國牧師、社會運動家、人權主義者、非裔美國人民權運動領袖，一九六四年諾貝爾和平獎得主。金恩出生時被取名爲麥可（Michael），但後來他的父親爲了紀念十六世紀歐洲宗教改革領袖馬丁·路德，遂將他改名爲小馬丁·路德。身爲一名浸信會牧師，金恩在生涯早期即投入民權運動。他主張以非暴力公民抗爭方式爭取非裔美國人的基本權利，成爲美國進步主義的象徵人物。一九六三年，他發起名爲「向華盛頓進軍」的大規模遊行，在林肯紀念堂前發表著名演說〈我有一個夢〉（I Have a Dream）。除了民權，金恩也關注越戰及貧窮問題，曾策畫占領華盛頓特區的「窮人運動」（Poor People's Campaign）。一九六八年四月四日，他在田納西州一家汽車旅館遇刺。

3 〈來自伯明罕監獄的信〉（Letter from Birmingham Jail）也稱爲〈黑人是你兄弟〉（The Negro Is Your Brother），是小馬丁·路德·金恩寫於一九六三年四月十六日的一封公開信，內容主張以非暴力方式對抗種族主義的策略，並強調民眾負有道德責任，必須打破不公正的法律，採取直接行動，而不是漫無止境地等待正義透過法院到來。這封信廣爲流傳，成爲美國民權運動的重要文件之一。

4 麥爾坎·X（Malcolm X，一九二五—一九六五），原名麥爾坎·利托（Malcolm Little），另取阿拉伯名哈吉·馬里克·夏巴茲（拉丁拼音 el-Hajj Malik el-Shabazz），美國黑人伊斯蘭教教士、人權運動家。他被視爲美國最偉大且最具影響力的非裔人士之一，擁護者大都認同他以嚴厲用詞指責白人對待黑人的方式，反對者則認爲他鼓吹種族主義與暴力。麥爾坎·X早年曾是美國黑人穆斯林組織「伊斯蘭國度」（Nation of Islam）的領導者之一，他能言善道，鼓吹黑人優越主義與種族分離，反對提倡「融入」的民權運動。後來他退出伊斯蘭國度，並公開反對過去鼓吹的種族主義，開始與他先前批評太過溫和的小馬丁·路德·金恩等人合作，但他依然強調泛非主義、黑人自覺與黑人自我防衛。一九六五年遭伊斯蘭國度三名成員槍殺。

5 詹姆斯·亞瑟·鮑德溫（James Arthur Baldwin，一九二四—一九八七），美國作家、詩人、社會評論家。青年時期的鮑德溫爲了脫離歧視黑人的美國社會，移居到法國，很快就打入巴黎左岸的激進文化圈，並成爲極具影響力的旅外非裔美國作家。身爲一名黑人和同性戀者，鮑德溫的作品——如《土生子札記》（*Notes of a Native Son*）——深入關注西方社會、特別是二十世紀中期美國暗潮翻滾但未能言明的種族、認同、性別、階級等議題。早在同志運動風起雲湧之先，一九五六年出版的《喬凡尼的房間》（*Giovanni's Room*），即已細緻探討同性/雙性戀者在融入社會的過程中所面臨的種種壓力、障礙及矛盾。

6 拉爾夫·沃爾多·艾里森（Ralph Waldo Ellison，一九一三—一九九四），美國黑人學者、作家。最知名作品爲一九五三年獲頒國家圖書獎的長篇小說《隱形人》（*Invisible Man*）。

7 ＳＡＴ是由美國大學理事會（College Board）委託美國教育測驗服務社定期舉辦的測驗，和ＡＣＴ（American College Testing，美國大學測驗）共同作爲大學入學申請的重要參考指標。ＳＡＴ測驗於一九二六年首次舉辦，過去曾被稱爲「學術能力測驗」（Scholastic Aptitude Test）和「學術評估測驗」（Scholastic Assessment Test），台灣有時以「學術水準測驗考試」稱之。

8 麥可・傑克森（Michael Jackson，一九五八—二〇〇九），美國歌手、歌曲作家、唱片製作人、舞蹈家及演員，被稱爲「流行音樂之王」。一九八二年發表的第六張專輯《顫慄》（*Thriller*）銷售一年即破全球銷量最高的記錄，至今合法銷售總量估計已達將近七千萬張，無人能敵。他對音樂、舞蹈與時尚潮流的貢獻，以及備受矚目的私人生活，使他在四十餘年間成爲全球大眾文化的代表人物。

9 瓊・拜亞（Joan Baez），一九四一年出生的西裔美國民謠歌手、歌曲作家。她的許多作品與社會議題有關，畢生積極投入人權、環境、反暴力等領域的社會運動。

10 深南部（Deep South）也稱下南方（Lower South），是美國南部的文化與地理區域名，因傳統上生產棉花，別稱棉花州（Cotton States）。與其相對的是上南方（Upper South 或 Upland South），即位於北方與深南部之間美國東半部中間地帶）。一般而言，深南部包括阿拉巴馬、喬治亞、路易西安那、密西西比和南卡羅萊納等州，有時德州東部和佛羅里達州也被歸入。

11 少年全名爲服部剛丈（一九七五—一九九二）。

12《唐吉訶德》（*Don Quijote de la Mancha*，標題原意爲《來自曼查的吉訶德大人》）是西班牙作家塞萬提斯（Cervantes）創作於十七世紀初葉的小說。故事描述在一個早已沒有騎士的年代，貴族吉訶德大人幻想自己是個騎士，遊走世間主持正義，但因天真而脫離現實，做出種種令人匪夷所思的矛盾行徑，最終從夢幻中覺醒。《唐吉訶德》透過荒謬的情節，嘲諷中世紀道德風俗及騎士理想，並批判當時僵化的西班牙社會。這部作品同時具有中世紀騎士文學及早期現代小說的特點，被視爲西班牙黃金時代最有影響力的作品之一，也是奠定現代西方文學的重要經典。

13《米德爾馬契》（*Middlemarch*）是英國作家喬治・艾略特（George Eliot，一八一九—一八八〇）的第七部長篇小說，一八七四年出版。在該書中，朵蘿西亞（Dorothea）生活在虛構英國省城米德爾馬契附近的莊園。她希望找到飽讀詩書的丈夫，於是不顧眾人反對，和年長二十七歲的牧師卡蘇朋訂婚，並認識了卡蘇朋的侄子威爾。不過婚後的朵蘿西亞十分寂寞，威爾與她相談甚歡，結果愛上了她。後來卡蘇朋驟逝，朵蘿西亞放棄財產，與威爾結合。

14 威廉・艾德華・伯格哈特・杜博伊斯（William Edward Burghardt Du Bois，一八六八—一九六三），常簡稱爲 W. E. B. Du Bois，美國社會學家、歷史學家、民權運動者、泛非主義者、作家、編輯。他是哈佛大學首位取得博士學位的非裔美國人，畢業後赴亞特蘭大大學教授歷史學、社會學和經濟學。杜博伊斯是一九〇九年美國全國有色人種權益促進會的創始成員之一，早年因爲領導尼加拉運動（Niagara Movement，一群非裔美國人爲黑人爭取平等權的運動）而崛起。他和支持者們反對布克・華盛頓（Booker Washington）倡導的亞特蘭大妥協案（Atlanta Compromise，該協議要求南方黑人服從白人的政治統治，以換取基本的教育與經濟機會），主張完整的公民權及政治參與的提升。杜博伊斯認爲資本主義是種族主義的主要原因，他支持社會主義志業，並提倡和平運動及裁撤核武。杜博伊斯去世後一年，美國於一九六四年頒布民權法案，內容體現他一生奮鬥的大部分目標。

15 理察・納撒尼爾・賴特（Richard Nathaniel Wright，一九〇八—一九六〇），非裔美國作家，哈林文藝復興（Harlem Renaissance）肇始者之一。多數作品探討種族議題，特別是十九世紀後期至二十世紀中期非裔美國人在南方及北方遭受的苦難。後代評論家認爲他的作品有助於促成二十世紀中葉美國種族關係的質變，代表作《土生子》（*Native Son*）對後來的非裔美國文學也發揮了極大的影響。賴特於一九三三年加入共產黨，一九四六年移居巴黎，次年入法國籍。他結識同爲美僑的詹姆斯・鮑德溫，以及法國存在主義大師沙特、卡繆等人，並透過第二部小說《外來者》（*The Outsider*）表述他的存在主義思維。晚年喜愛日本俳句，並以英文創作四千餘首俳句風格短詩，探討生死、孤獨、自然力量等心靈主題。賴特的許多作品在他辭世後才出版，部分作品因露骨描繪性愛、暴力、政治等禁忌主題，遭美國檢查單位刪除，直到一九九一年完整版才問世。

16 愛麗絲・華克（Alice Walker），一九四四年出生的美國作家、詩人、社會活動家，代表作《紫色姐妹花》（*The Color Purple*）獲普立茲小說獎、美國國家圖書獎殊榮。求學期間結識小馬丁・路德・金恩，受其感召，返回美國南方投身民權運動，活躍至今。一九六七年，華克與猶太裔民權律師梅爾溫・勒文塔爾（Melvyn Leventhal）在紐約市結婚，稍後遷居密西西比州，成爲該州第一對合法結婚的跨種族夫妻，此後曾飽受騷擾。九〇年代中期，華克與創作歌手崔西・查普曼（Tracy Chapman）一度譜出戀情。

17 瑪雅・安傑羅（Maya Angelou，一九二八—二〇一四），美國自傳作家、詩人、編劇、民權運動家。畢生爲黑人及婦女發聲，透過作品自力維護黑人文化。創作主題包括種族、認同、家庭、旅行等，最著名著作是記述童年和成年早期經驗的系列自傳體小說（共七部）。

18 「黑人權力（Black Power）」爲盛行於一九六〇年代晚期至一九七〇年代初期的政治口號，也是對各種非裔人口民族自決思想論述的泛稱，強調非裔人口的民族優越感，並倡導爲黑人創建政治、文化機構，提倡黑人價值觀。黑人權力運動（Black Power Movement）是對呼應此口號之政治活動的統稱。

19爲美國而教（Teach for America，簡稱ＴＦＡ）是美國的一個非營利組織，由溫蒂・柯柏（Wendy Kopp）於一九八九年自普林斯頓大學畢業後創立，宗旨爲「竭力徵募、開發、動員我國最具潛力的未來領導者，扶植並強化追求教育平等與卓越的運動」。爲此，ＴＦＡ積極於全美各地遴選頂尖大學畢業生成爲「團員」，分派前往該機構服務的五十二個低收入地區公立學校，以兩年時間投入教育工作。一九九〇年第一個教學團組成以來，團員人數持續成長，目前每年招募超過四千人，至今累積超過五萬名透過這項計畫結業的「校友」，受益學子總計超過五百萬人。經過多年努力，ＴＦＡ已成爲一個極具影響力的組織，並吸引越來越多國家效法，目前已有包括台灣在內的三十餘國成立類似機構。雖然ＴＦＡ在教育改革方面的努力引起一些質疑（例如ＴＦＡ教師培訓時間不足、影響正式教師的工作權、流動率高等），但根據最近的統計，曾服務於ＴＦＡ的青年才俊目前有超過一萬人從事正式教職，近千人擔任校長，二百多人擔任教育局長等教育體系領導人，在體制內造成一定影響，並在體制外「校友」的力量加持下，共同促進公平教育的理想。

20博比・甘迺迪（Bobby Kennedy，一九二五—一九六八），即羅伯特・法蘭西斯・甘迺迪（Robert Francis Kennedy），美國民主黨政治家。中文習稱「小甘迺迪」，英文則常以頭字母縮寫ＲＦＫ稱之。小甘迺迪是第三十五任美國總統約翰・甘迺迪（John Kennedy）的胞弟，曾任美國司法部長、紐約州參議員。他是現代美國自由主義的標誌性人物，支持非裔美國人的民權運動，並於司法部長任內致力打擊貧窮、組織型犯罪與黑手黨。一九六八年，小甘迺迪參加總統選舉，在民主黨內部選舉中獲得一定優勢，同時吸引非裔、西裔和天主教徒票源。在六月的競選活動期間，巴勒斯坦裔約旦人索罕・索罕（Sirhan Sirhan）因爲不滿他在以巴衝突中支持以色列，開槍將他射殺。

21斯托克利・卡麥可（Stokely Carmichael，一九四一—一九九八），一九七八年改名爲奎梅・杜爾（Kwame Ture），千里達出生的美國社會活動家，民權運動、黑人權力運動及全球泛非運動重要人物。

22詹姆斯・豪爾德・梅瑞迪斯（James Howard Meredith）是一九三三年出生的美國民權運動人士、作家、政治顧問。一九六二年，他成爲密西西比大學廢除隔離制度後第一位入校就讀的黑人學生。一九六六年間，他安排了一項從田納西州曼菲斯到密西西比州傑克遜（Jackson）、總路程兩百二十英里的單人步行活動——「反恐懼走行」（March Against Fear），但上路隔天即遭槍擊。梅瑞迪斯入院治療期間，支持者決議替他完成原定計畫，過程中陸續有許多來自全美各地的民眾投入遊行。梅瑞迪斯大致康復以後重新加入步行，據估計當時參與民眾已達一萬五千人，成爲密西西比州規模最大的民權遊行活動。

23 芬妮·露·黑默（Fannie Lou Hamer，一九一七—一九七七），美國選舉權運動家、民權運動領袖、慈善家。

24 布朗訴托皮卡教育局案（Brown v. Board of Education of Topeka，以下簡稱「布朗案」）是美國歷史上一件極具指標意義的重要訴訟案。該案於一九五四年五月十七日由美國最高法院做出裁定，判決種族隔離在本質上是一種不平等，因此原告與被告雙方所爭執的種族隔離法律（黑人與白人學童必須進入不同公立學校就讀）違憲，教育單位不得基於種族因素拒絕學童入學。這項判決推翻了一八九六年普萊西訴弗格森案（Plessy v. Ferguson）的「隔離但平等」判決先例（該判決允許在公共教育領域由政府實施隔離）。布朗案使美國民權運動向前邁進一大步，並促成美國在隨後數年中逐漸廢止各種種族隔離措施。

I

第一章　陽光下的葡萄乾
A Raisin in the Sun

在赫勒拿瀕臨密西西比河這一帶，水流靜謐而安詳。夏季鳴鳥與青蛙們盡情交談，吱吱喳喳，啁啁啾啾。懸崖上的野生懸鉤子結實纍纍，飽滿的露莓懸盪在莖葉間無人採摘。在下方的河水中，鯰魚彷彿游動的暗影，伺機吞食被風拋進水裡的食糧。千萬年來，河水定期氾濫，爲沿岸地區鋪展出全世界最肥沃的土壤。十九世紀中葉，農場經營者利用這片沃土生產單一作物——棉花，而棉花使這裡變成奴隸的國度。

密西西比河三角洲的奴隸主是全國最富裕的一群大亨，阿肯色州最有錢的百分之十人口占有全州土地的七成。蒸汽船與鐵道爭相將棉花從赫勒拿運往外地。南北戰爭[1]結束後，木材業迅速發展，三角洲沼澤闊葉林的硬木成爲另一個財富來源。人們紛紛湧向這裡，在二十四間鋸木廠、作業碼頭、露天炸魚食堂、歌舞飲食店、演藝廳和酒館賺取薪資。擲骰子、搬木材、釀私酒，周而復始。馬克．吐溫[2]於一八八三年寫道：赫勒拿是「這整條河上最令人艷羨的據點」，這個城鎮在「一個遼闊而興旺的地區位居商業要津」。

二〇〇四年我來到赫勒拿時，馬克．吐溫筆下那個城市已經難以追憶。在鎮上的主要街道——櫻桃街（Cherry Street），許多窗戶被木板封死。一間荒廢的商店門口掛了「請勿在此逗留」的牌子，儘管眞正有人逗留的地方是在街道另一邊——那些遊手好閒的人總愛在鎮上唯一一家酒鋪周邊晃蕩。有間已經歇業很久的商家，它的店招早就被人惡搞，上面塗寫著「星巴克即將在此開幕」。在爲數眾多的教堂前面，標語板上倒比較容易看到一些眞誠懇切的字句，比如「沒有耶穌，不可能戒毒」。鎮上沒有咖啡館，沒有書店，沒有電影院，就連餐館也屈指可數。我問人哪裡可以喝到好咖啡，他們推薦的是麥當勞。（那裡的咖啡倒也不難喝。）

其實赫勒拿已經開始努力行銷它的歷史中那個相當迷人的部分——藍調音樂。舊火車庫被改造成藍調主題博物館，展示黑人音樂家的照片和故事。那些音樂家曾經在赫勒拿演唱，在赫勒拿生活，到赫勒拿探訪，把赫勒拿當成前往芝加哥發展的踏腳石，要是在芝加哥混得不好，他們又會返回赫勒拿退隱。他們的名字非常生動，經常包含身障或動物的意象：盲者萊蒙．傑佛遜、咆哮野狼、超級演唱雞。這裡的展覽有著充滿希望的名稱——「傳承堅定決心」、「豐饒土地上的奮鬥」，但前來參觀的人寥寥無幾。

據說赫勒拿是在摩霍克橡膠暨輪胎公司（Mohawk Rubber and Tire Company）關掉以後，才眞正開始式微。這家公司在一九七九年結束營業，導致包括黑人與白人在內的中產階級迅速外移。後來，生產肥料的阿爾克拉化學公司（Arkla Chemical）也關門大吉，保齡球館、電影院、商店和比較高級的餐廳跟著一家家收攤。許多在這裡成長的人離開了赫勒拿，到小岩城（Little Rock）、曼菲斯、法葉特維爾（Fayetteville）或德州尋找工作機會。沒有人再攜家帶眷到這裡定居。剛到赫勒拿時，我很擔心當地民眾對「爲美國而教」的老師在兩年的標準服務期屆滿後就離開這個地方會作何感想。不過我很快就明白我的問題隱含一個預設條件——對「生活在赫勒拿」這個經驗而言，「離開」是件新奇的事。事實與此相反：如果有任何年輕教師願意來這裡生活，那才叫新奇。「最令人難過的日子是高中畢業典禮，」後來有位已經有孫子的長輩告訴我。「因爲那些孩子是不會回來的。」他指的是那些在別的地方找到發展機會的年輕人。

這裡的人能找到什麼工作就會去做。上了年紀的男人會敲門問你願不願意花點錢請他清理庭院裡的樹枝。郡立監獄的警衛也到麥當勞打工。有一間賭場提供不少工作機會，它位於河對岸，技術上屬於密西西比州。葬儀業務倒是穩健經營，開車沿著廣場大道（Plaza Avenue）前進，短短五六百公尺路段上就有三家生命禮儀公司、一家墓碑店和一家花店；在一間商店前面的草坪上，偌大的空白碑石平躺在地面，反射耀眼的陽光。沃爾瑪（Walmart）超市的生意也很好。無論哪個上學日，都能看到十幾歲的少女流連在嬰幼兒用品區的陳列架間挑選商品。（週末期間，在外面的街頭，倒可以看到中學的教會團體在發送禁欲宣導手冊。）赫勒拿是菲利浦斯郡（Phillips County）的首府，這個郡是全美最窮的行政區之一，在阿肯色州的公共衛生排名則是敬陪末座。這裡的青少年生育率高於百分之九十四的開發中國家。鎮上三不五時就會發生槍擊事件。毒品也是個大問題，連當地警察都會因爲販毒而遭緝毒局逮捕。

這裡確實有白人生活、用餐、工作，不過光天化日下很難看到他們的小孩。這些小孩就讀的是德索托學校（DeSoto School）。三角洲地區有許多這種私立學校，它們的成立目的是規避族群融合。德索托學校在一九七〇年開始營運時，儼然只是少數白人種族主義者堅守的壁壘，許多支持融合政策的白人家庭刻意將小孩送進剛改採融合制的公立學校。這些學校在改制初期發展得很好，比方說由黑人與白人學生共同組成的赫勒拿籃球隊成爲全州最優秀的隊伍之一。好景不長，後來經濟嚴重衰退，房地產價值大幅跌落，居民紛紛遷離赫勒拿，留在本地的白人家庭開始把德索托學校當成最後的撤守地點。在赫勒拿的公立中學——中央中學（Central High School）及伊莉莎米勒中學（Eliza Miller），百分之九十九的學生是黑人。本書撰寫時，德索托還沒有任何黑人學生註冊就學。就這樣，在這個每年中學畢業生合計不到兩百人、想看電影得開一百英里車的偏遠小鎮，兩群不同小孩——一白一黑——在鮮少有交集的情況下各自成長。

我在「明星學校」的頭幾個月在某方面顯得相當超現實。大部分學生從不曾見過亞裔人，他們會盯著我看。「妳是什麼人？」他們會說。然後他們還會帶著認眞的表情，問我是不是跟成龍有親戚關係。（還有一些比較不禮貌的人會說：「中國婊子，操死妳。」）有一回，一名十六歲學生被人一激，居然在教室中撒尿。還有個學生來上課時大腿上都是體罰留下的腫痕。「我是不是該聯絡兒童保護機構？」我問其他老師。不必，不必；這地方就是靠這種辦法維持紀律的。所有人都知道，學生在校惹麻煩時，他們寧可挨打也不要被勒令停學。「他們很習慣這種事，」學校祕書告訴我。「而且他們不想回家。」

這一切都令我吃驚，不過最令我吃驚的是我自己。我會吼叫，我變得很兇。起初我試著故作嚴厲，設法讓學生把我當一回事，不過這種自我扭曲後來變成一種常態。那個十二年級學生罵我「中國婊子」時，我回他說，如果他以後能到麥當勞打工，就算他走狗運。某個男生恥笑一個女生是胖妹時，我立刻酸他：「你才是胖豬。」爲了逼某個學生專心聽課，我把一張他畫的圖（我以爲那只是他隨便塗鴉的東西）撕掉；他後來一直不肯原諒我，我則永遠後悔那件事。有一次，爲了說服一個學生的媽媽簽字同意讓她的孩子參加校外教學，我竟然花錢賄賂她。那個媽媽吸毒成癮，疏於照顧小孩，她女兒——也就是我的學生——幫弟弟妹妹打電話給兒保機構尋求協助，結果媽媽很生氣。我決定到他們家拜訪。那媽媽說，如果我肯幫她買一台彩色電視，她就簽字。最後我們達成協議：我到沃爾瑪買一個兒童塑膠泳池送她。（「妳的小孩一定會很愛，」沃爾瑪的收銀員一邊把貨品裝進大塑膠袋，一邊告訴我。「我們這裡有時候眞的會熱死人。」）還有一次，有個男生抓了我的臀部，我把他帶去找校長。校長問我：「打屁股還是勒令停學？」我說：「讓他自己決定。」他的決定是打屁股。

我開始臆測，現在的密西西比河三角洲之所以不存在於美國人的集體意識中，原因是它令人覺得不安。它粉碎了美國神話的某個部分。假如民權運動的誕生地到現在依然窮困，種族依然隔離，依然亟需劇烈的社會變革，那麼民權運動——那麼多的暴力衝突、激昂行動，那麼多人犧牲性命——豈不是一場空？一個富於意義的世界曾被建立起來，但現在它垮掉了。在這裡，我們不禁開始擔心，民權運動會不會是這個國家的想像所捏造的東西。真的，許久之後，一名十六歲男孩——他的哥哥在搶劫一家花店時被一名白人男子殺死——看到我那張馬丁·路德·金恩「向華盛頓進軍」的海報時，他露出真心懷疑的表情。他把臉貼近海報仔細瞧，鼻子甚至碰到那上面一張白種抗爭人士出現在抗議群眾中的照片。

「這是妳偽造的，」他告訴我。

「什麼？」我不解地問。

「白人怎麼可能幫助黑人！」他相信我在那張照片上做過影像處理。

那第一個學期的教學充滿沒完沒了的挑戰，以至於我幾乎沒留意到自己正在搬演一個刻板形象——中產階級外來者到訪而後感到心驚。

我不斷建立課堂規定，然後不斷加以變更。發言要舉手。不可以罵髒話。不可以貶損同學。禁止用「娘砲」這個字眼。不可以拍打別人，不可以戳別人——總之不可以隨便碰別人。不可以把頭趴在桌上。如果在全班同學面前把頭趴下去，老師就給零分。學生違反規定時，主要的處分方式是「記警告」。被記兩次警告以後，必須待在教室角落寫「反省書」，嚴重時則得寫悔過書。要是他們拒絕接受處分，我會把他們送到校長室。我在休士頓做暑期實習時，這套辦法很管用。不過這裡的學生年紀比較大，而且因爲早就接受過更嚴厲的處罰，所以他們根本不在乎。他們只在一種情況下會眞正守規矩：駐校警官走進教室的時候。（這所學校沒有輔導老師，沒有音樂老師或美術老師，沒有上軌道的圖書室，沒有體育館，沒有體育隊伍——其實不管什麼隊伍都沒有——不過師生們卻有他長伴左右。）他的到來使上課狀況立刻改觀：每當他穿著那套深藍色制服站在那，警棍在腰際晃呀晃的，學生們就會忽然聚精會神地聽我講的任何東西。警官會從教室另一頭對我眨眼睛。

我開始不再信任我這套制度。我不再相信處罰。一個人如果忘記舉手，他受到的處分應該跟罵別人笨的人一樣嗎？都是記警告？「娘砲」這種字眼是不是應該激發某種「坎巴亞」[3]式的團體討論，而不是一味造成開口說它的人挨罰？紀律問題——警官、體罰、我自己內心那個海德先生[4]——不斷分散我的焦點，不過我會忽然想起要問自己，我到底希望教些什麼。我要學生學習哪些東西？我身爲英文老師，竟然好像會連續好幾天沒思考任何一本書。

書——就連這個字似乎在赫勒拿也已經過時。還沒開學，明星的校長就警告我，八年級學生的閱讀能力只有四年級或五年級的程度，我必須因材施教，安排合適的「內容」。我要不是沒聽懂他的話，就是不想知道那話是什麼意思。於是我讓班上學生讀了一篇詹姆斯·鮑德溫的短篇小說，結果他們覺得很挫折，因爲文筆太艱深了。我又讓他們讀了一篇麥爾坎·X的演講詞，希望激發他們的憤慨，結果他們只覺得無聊。我讓他們看一段影片，是一位名叫巴拉克·歐巴馬[5]的年輕州參議員在剛舉行的二〇〇四年民主黨全國大會上發表的精采演說。「我父親是一名外籍學生，他是在肯亞的一個小村莊出生長大的。」歐巴馬的所有演講內容，包括其中的歷史典故和經驗教訓，對我那些學生來說都遙不可及，無法理解。

我不禁想，我是不是有什麼做得不對了？那單純是閱讀上的理解問題？是有歷史方面的盲點？我對班上學生缺乏控制能力？我跟他們心無靈犀點不通？我變得害怕分享任何我自己認爲非常珍貴的黑人書寫作品。如果那對他們毫無意義，或許我也不該覺得它有那麼重要。我決定做最後一次嘗試——我向他們介紹漢斯貝利的作品《陽光下的葡萄乾》[6]。故事人物直截了當地交談，文字比較簡單易懂，作品形式——劇本——對班上學生來說比較新鮮，而且故事核心圍繞著一個黑人家庭。

這次我一舉成功。讀到華特與露絲之間的鬥嘴場面時，學生笑得很開心。這對夫妻抱怨家裡太擁擠時，學生紛紛點頭。露絲發現自己懷孕時那種絕望心情使全班同學沉默無語。所有學生都喜歡奶奶，彷彿他們都認識這號人物。奶奶在密西西比州出生，篤信宗教，兒子打算開店賣烈酒時，她把他臭罵了一頓，女兒說世界上沒有上帝時，她賞了她一記耳光，媳婦說她要墮胎時，她對她大吼大叫。我分配角色的時候，學生們吵著說要飾演她。「她不胡搞，」他們帶著欽佩的語氣說。

我問學生，他們覺得奶奶爲什麼離開密西西比，搬到芝加哥去？

「因爲我們在南部這邊沒什麼搞頭，」一個學生順理成章地說，「我們」這個用詞令我突然一陣眩暈，其他同學則不假思索地表示同意。

這是第一次我們在討論美國歷史時不覺得有壓力。通常學生們苦於缺乏相關基礎知識，討論無法進展。比方說，他們不知道奴隸制度是什麼時候結束的，也認不得「解放」（emancipation）這個詞彙。他們不知道白人曾經答應要給原來的黑奴土地，結果沒有信守承諾。他們隱約聽過三角洲地區黑人遭受暴力傷害的事，但大部分人不知道當年曾經試圖在這個郡裡組織民眾的黑人佃農遭到屠殺，他們也不懂「私刑」（lynching）這個詞。不過，他們不必花腦筋就能回答「一個黑人家庭爲什麼會離開三角洲」這個問題。

我談到赫勒拿的暴力史，這在本地是個禁忌話題，無論對白人或黑人而言都一樣。我說，那種暴力促使黑人大規模遷居到芝加哥之類的城市。我談到各級政府如何支持甚至參與威嚇黑人的行爲。我還讓同學傳閱一張私刑的照片，上面呈現一具吊掛著晃蕩的焦黑屍體，邊緣殘缺模糊，令人看得毛骨悚然。我心想，假如我的學生能體會那種情況有多殘暴，他們或許可以爲自己的憤怒找到出口，並獲得爲黑人堅韌求生的歷史感到驕傲的理由。

「這樣不對，」一個學生面帶反感地說。他把照片傳給其他同學。另一個同學端詳一陣後無言地搖頭，然後又把它傳出去。

我覺得他們的雙重感受——憤慨與警醒之情——是個相輔相成的整體。記得中學時代讀到私刑的歷史時，我感到義憤塡膺，但也因此覺得充滿力量。

後來照片傳到大衛前面。大衛是個手長腳長、竹竿似的學生，他跟祖母住在一起，喜歡畫動物。他凝視著照片，一動也不動，看起來彷彿已經停止呼吸。然後他把照片翻面蓋上，再把頭趴在桌上。

我覺得口乾舌燥，胃也糾結成一團。把頭趴在桌上違反了我的上課規則。學生們看著我，目睹我的無力。

我試著用堅定的口吻說：「如果你不把頭抬起來，我就給你打零分。」

最後大衛咕噥著說：「誰想看這種東西啊！」

他說這話時，我立刻明白我沒搞懂一件非常重要的事。透過他的語氣，透過他忽然改變的舉止，他其實是在讓我知道我跨越了一條界線。我把照片從他的課桌上收回來。光瞄了它一下，我就覺得心跳彷彿停掉一拍。奇怪，怎麼照片現在看起來不一樣了？變得我完全認不出來。一定是其他某個老師找到這張照片，把它印出來傳閱的！

我走到教室前頭，站回白板前的位置。我心不在焉地寫了些字句，目的只是爲了讓自己背朝學生，這樣他們才不會看到我的臉。我的胸口快炸開了。我怎麼能在私刑這件事上表現得那麼隨便，甚至更糟的是，我還自鳴得意？我迫使他們面對自己的歷史，我把那個歷史當作某種祕密，認爲一旦祕密被揭露以後，他們就能得到痛苦但必要的啓蒙。我以大膽逾越的姿態，將黑人遭受暴力的歷史拿出來討論，但或許大衛和其他同學期待的是學校能成爲他們逃離那種記憶的庇護所。

我早就預期到自己會犯下一些罪責——我可能爲他們的處境添加太多情感色彩，我的同情心可能使我顯得高高在上。但我完全沒料到我會自鳴得意。「看過來，好好學學這些東西，」心懷不軌的老師面帶微笑地說。「好好研讀你們的歷史，不然就拿零分。」

下課以後，我把照片反過來蓋在抽屜裡，再也沒看它一眼。

譯註

1 南北戰爭即美國內戰（American Civil War），發生於一八六一年四月十二日至一八六五年五月九日，交戰雙方爲北方的美利堅合眾國（United States of America，簡稱聯邦〔Union〕）和南方的美利堅聯盟國（Confederate States of America，簡稱邦聯〔Confederacy〕）。這場戰爭的背景是南方與北方對奴隸制度的長期爭議，最終由北方聯邦獲勝，南方邦聯瓦解，奴隸制度被廢除，四百萬黑奴獲得解放。南北戰爭象徵北方的工業化經濟型態勝過南方的蓄奴農業經濟型態，並因多種現代化作戰工具及手段的使用，被史學家認爲是從拿破崙式戰爭過渡到現代化戰爭的轉捩點。四年戰爭共造成大約七十萬名軍人死亡，超過美國歷史上所有其他因軍事因素死亡的總人數。據估計約有百分之十的二十至四十五歲北方男性及百分之三十的十八至四十歲南方白人男性在南北戰爭中死亡。

2 馬克・吐溫（Mark Twain，一八三五—一九一〇），本名薩謬爾・朗赫恩・克雷門斯（Samuel Langhorne Clemens），美國幽默大師、作家、演說家。成名作爲一八七六年出版的兒童文學名著《湯姆歷險記》（*The Adventures of Tom Sawyer*）。一八八五年出版的續集《頑童歷險記》（*The Adventures of Huckleberry Finn*）。雖然在風格及用詞（如大量使用「黑鬼」〔nigger〕一詞）方面受到爭議，但亦獲大眾喜愛，後世對其評價極高。馬克・吐溫被譽爲「美國最偉大的幽默家」，美國文豪威廉・福克納（William Faulkner）則稱他爲「美國文學之父」。

3「坎巴亞」（Kumbaya）一詞是一九二〇年代一首黑人靈歌的標題，意爲「過來吧」。歌曲內容表達非裔基督徒呼喚上帝降臨、拯救苦厄的願望，第一句是：「我的主啊，過來吧」（Kumbaya, my Lord）。「kumbaya」是「come by here」在美國南方大西洋沿岸海洋諸島（Sea Islands）地區黑人方言中的音變形式。後來Kumbaya成爲美國人在童軍活動或夏令營時喜歡圍坐在營火邊一起唱的歌曲，這種情景使 Kumbaya 有了「歡聚一堂」、「其樂融融」的含義。不過這個詞現在也經常帶有貶意，被用來表達對某種一團和氣的場面的不屑。

4海德先生（Mr. Hyde）的典故援引自《金銀島》（*Treasure Island*）作者、蘇格蘭作家羅伯特・路易斯・史蒂文森（Robert Louis Stevenson）的名著《化身博士》（*The Strange Case of Dr. Jekyll and Mr. Hyde*）。這部小說講述亨利・傑奇醫師喝下自己調配的藥劑以後，分裂出第二人格的故事。傑奇醫師是地方上公認樂善好施的紳士，但某天倫敦街頭發生一樁社會案件後，好友厄特森律師偶然發現嫌犯海德先生就住在傑奇家，而且後者在遺囑中指定海德先生爲繼承人。厄特森律師於是和藍楊醫師聯手，設法查明眞相。傑奇後來變得離群索居，鬱鬱寡歡，海德先生則犯案累累，惡名昭彰。厄特森和藍楊最後查出海德先生身分曖昧，而且與傑奇關係非比尋常。原來傑奇醫師因爲內心善惡交纏的雙重人格而痛苦，嘗試配藥壓抑心中的惡，未料服下藥水後卻變成自己體內邪惡的化身——矮小但健壯的海德先生。後來海德先生越來越強大，傑奇害怕自己永遠變成海德先生，於是留下遺囑，自殺身亡。《化身博士》曾多次被改編成戲劇、電影甚至電玩。這本書也是現代心理小說的先驅，被俄國文豪納博科夫（Nabokov）盛讚爲現代偵探小說鼻祖，「Jekyll and Hyde」一詞則成爲心理學中「雙重人格」的代稱。

5巴拉克・歐巴馬（Barack Obama），全名巴拉克・胡笙・歐巴馬二世（Barack Hussein Obama II），一九六一年出生的美國政治人物，父親爲肯亞黑人，母親爲愛爾蘭裔堪薩斯州白人。二〇〇九至二〇一七年出任第四十四任美國總統，二〇〇九年諾貝爾和平獎得主。他是第一位非裔美國總統，也是第一位美國本土外出生的美國總統。歐巴馬出生於夏威夷檀香山，主要在夏威夷成長，但童年時期也在華盛頓州及印尼分別度過一年和四年。哥倫比亞大學及哈佛法學院畢業後，歐巴馬成爲民權律師，並曾在芝加哥大學法學院擔任法學教授。一九九七到二〇〇四年擔任伊利諾州參議員。他極力反對伊拉克戰爭。二〇〇四年參選聯邦參議員，於初選獲得出乎意料的勝利，在民主黨全國代表大會發表著名演講（此即本書作者述及的演說），成爲知名政治人物，後又以絕對優勢贏得參議員選舉，從二〇〇五到二〇〇八年代表伊利諾州擔任聯邦參議員。二〇一七年一月，歐巴馬結束總統任期時，民意支持率高達百分之六十。

6羅蘭・薇薇安・漢斯貝利（Lorraine Vivian Hansberry，一九三〇—一九六五），是非裔美國劇作家。她透過許多作品描繪非裔美國人的抗爭行動及其對世界產生的影響，也常書寫性愛自由的主題。處女作《陽光下的葡萄乾》（*A*

Raisin in the Sun）描述種族隔離的年代黑人在芝加哥的生活、夢想與現實，獲紐約戲劇評論協會獎，並被搬上百老匯舞台演出，使她成爲第一位成功進軍百老匯的黑人女性。劇名援引朗斯頓・休斯（Langston Hughes）詩作〈哈林〉（Harlem）：「一個未竟夢想會有什麼下場？／會不會乾癟枯萎，像陽光下的一顆葡萄乾？」

第二章　自由寫作
The Free Write

我在赫勒拿的第二學年開始時，跟第一年結束時一樣身陷濃霧般的沮喪心情，唯一的差別是，我更渴望貝果、書店、電影院、咖啡館了。我越來越常在星期六開七十二英里路到田納西州的曼菲斯。雖然曼菲斯有過風風雨雨的歷史，但對那時的我來說，更要緊的是它是個眞正的城市。有忙碌的交通，還有紅綠燈！咖啡館，歡樂時段[1]，泰國菜，停車場，大樓起重機，全家大小出門散步的景象，穿著體面趕往某地赴約的年輕人。還有亞裔人！汽車喇叭聲四起，駕駛人蛇行搶道，整個城市都在唱歌；你在內心知道，不遠處某個地方一定會有可以買到豆腐的店。在比較破敗的城區，牆壁上的塗鴉彷彿在進行歡樂大合唱；反觀赫勒拿，那裡是眞的窮，但卻絕對看不到塗鴉。我猛然明白，再怎麼平庸的塗鴉畫，它背後都有一群比赫勒拿的年輕人更有思想、更不願屈從於現狀的青年。那代表一種公眾反抗心理的存在，代表有一群人很清楚敵人是誰（資產，社會，政府機器，人類），他們會帶著悸動的心情用顏色要求別人看到他們，而且他們有閒錢買噴漆。

與此同時，這個城市比較富裕的區段展現另一種文明荒原的景象。在那裡，你可以因爲消費而感到激情澎湃，也可以在匿名環境中覺得自己擁有權力。在一家邦諾書店[2]的咖啡部，一名男子插隊到我前面（在赫勒拿極少有人會排隊，不過一旦有人排隊，就沒有人會插隊）。我先是吃了一驚，開始恢復鎮定以後，我立刻採取行動。「請你道歉！」我用當老師那種架式對他吼。我何必在乎？我不會再見到他，他心裡大概也是這麼想。「請你道歉！」我抓狂似地更大聲說了一次。對方看起來頗懊惱——我不清楚是因爲我還是因爲他自己。「對不起，」他用溫順的口吻說。我貪心地向櫃台服務員點了一顆大瑪芬。還有一杯咖啡。還有一杯氣泡飲料。我豁出去了。

在這家咖啡館裡，我一邊讚嘆著整個環境是多麼寬敞、通風而潔淨，一邊從手提電腦中叫出法學院申請文件，偶爾停下來偷聽旁人的談話內容。我想通了：法學院能爲我提供一個還算說得過去的藉口，讓我把密西西比河三角洲拋在腦後。我對自我利益的追尋不乏理想主義的成分。自從我研究民權運動以後，我就非常佩服美國民權組織「法律辯護基金會」[3]，很想到那裡工作；而且當初吸引我前來三角洲地區的，正是一九五〇和六〇年代那些律師們的故事，以及他們致力在南方解除種族隔離的奮鬥史。不過到了這個時候，我已經一心想離開三角洲。

然後發生了一件事：我開始喜歡三角洲了。某個星期天，我去了一所學生教會，那是個用隔間板搭建的棚屋，裡面擠滿身穿裙裝、西裝，頭戴大帽子的人，他們拍手、跳舞，汗水淋漓。另外有一次，我一整個下午都在拍葛藤在電線杆上攀爬的照片；那些奇異、美妙的濃綠色三角形葉片眞的很不可思議。我不再每個週末都往曼菲斯跑。我開始在茶裡加冰塊，坐在門廊上端著馬克杯喝；旁邊有棵結了飽滿果實的無花果樹，我伸手就能摘到滋味鮮美的甜點。

在課堂上，我終於學會怎麼跟學生打成一片，同時輕鬆自如地展現權威。九月底，一個學生打斷我上課，問我跟姚明[4]是不是親戚。我酷酷地看著他，讓課堂陷入一陣沉寂。最後我說：

「你跟柯比·布萊恩[5]是不是親戚？」

其他同學開始爆笑——他們笑的是他，不是我。

「郭老師，妳這樣是種族歧視，」他試圖挑釁。

「你自己想想吧，」我說，然後繼續上我的課。

我打電話給父母，告訴他們，我已經向法學院提出入學申請，他們聽得興致勃勃。他們自己不認識任何律師，不過他們喜歡聽到這個字眼。在他們心目中，沒有人敢跟律師胡來。來到美國以前，「控告」這件事是他們對美國的主要聯想之一，在美國的生活則使這種想法進一步強化。不過他們怎麼也料不到，有一天他們的女兒可能變成一個去控告別人的人。

於是他們帶著熱切的語氣問我：「如果申請通過了，妳就會離開阿肯色州，是吧？」

我心想，他們的興奮其實是某種線索：如果他們喜歡某個想法，或許我就應該覺得懷疑。

「我想我是會離開，」我說。

「好。這樣妳就不必再聽那些小鬼對妳發出模仿中國人講話的聲音，」父親說。

「有些小朋友壞得很，」母親笑著說。她說這句英文時用了過去式，彷彿我已經離開三角洲，而那些小朋友只是從我的過去飄蕩出來的回憶。

我立刻感覺到我在向他們描述我的學生時犯了一個錯。我肯定是抱怨得太多了。我考慮向父母承認我並不是因爲一些一般人認爲正確的理由而去申請法學院，而且其實我已經開始在三角洲跟我的學生們建立起共同的生活，已經找到跟他們眞正溝通的辦法。不過我覺得要跟我父母解釋這些小小的勝利好像很麻煩。我希望他們喜歡我、尊重我。我離開三角洲上法學院的前景似乎令他們開心，我決定不要毀掉那份快樂。

派屈克從這個學年開始出現在我帶的班上，不過他很安靜，而安靜的學生很容易被忽略。他總挑教室後面的位子坐，而且老是低著頭。他的聲音也很低。「派屈克，你可以大聲點說話嗎？」我發現自己經常說出這句話，派屈克聽到以後會微微笑一下，好像我說了什麼好笑的事。他似乎心不在焉，同時卻又思維敏捷。他的目光不斷在教室的牆壁上搜尋，試著找到地方安定下來。有幾次他從座位上把手伸出去碰附近的一個書架，並在上面輕輕敲，看它會發出什麼聲音。他是個感受性很強的人。某天有個學生拍了一下另一個學生的後腦勺，那力道一點都不強，可是派屈克眨了個眼，然後把頭別開，彷彿是他自己被打了。

有些學生不再讓我感興趣，我在他們身上發現一種粗暴的劣根性。我的一個十五歲學生——雷，就是這麼一個人。有個老師說：「他老是擺出一副臭臉，對吧？」另一位老師告訴我：「不必白費力氣了，他已經魔鬼上身。」雖然他需要的其實是輔導老師，不過我還是嘗試了一陣子。有一次雷偷了我的一張海報，是一幅畢卡索藍色時期[6]的作品，上面是一個盲人在吃東西的情景。我忽然感覺到一股希望，因爲我心想，他一定是被那張海報感動了。又有一次，我成功導引他寫了一首詩。不過那些行爲屬於非正常的表現，通常他是個無感的人。他從來不笑，就連全班同學都在爲某個好玩的事捧腹大笑時也一樣。他經常把頭趴在桌上，如果你敢指正他，他會罵你婊子，然後叫你操他媽滾開。有人傳說他母親吸毒成癮，而且他跟許多同學不同，好像沒有祖父母在身邊。我曾經設法讓他知道我是跟他站同一邊的，不過後來我還是放棄了。

第二個學年開學以前，我已經開始用功利主義心態看待學生：哪些人只要大人對他們表示一點點興趣，就會以很好的表現回報？只有很少數的學生比派屈克更能符合這個描述。他想要嘗試，他渴望獲得鼓勵，但成績總是不及格。如果有人從旁分分秒秒督促派屈克，他可能會有優異表現。只不過他老是不來上課。現在我知道他被送進明星的原因了——他硬是不肯上學。

十二月時，他眞的蹺掉太多課了，我很擔心，怕他期末考又不及格。我打電話到派屈克家，我想知道他爲什麼不來上課。電話另一頭出現一名男子的聲音，他只說了句「小派生病了」，然後就掛斷電話。我擔心派屈克輟學了，於是決定親自去找他。

派屈克住在學生們口中所謂「貧民區中的貧民區」，那裡發生槍擊事件的頻率高到鎭議會威脅說要強制實施宵禁。社區中大部分的門牌號碼都已經褪色，許多房子也已人去樓空。一群十多歲的男生走在馬路中間，迫使汽車從他們身邊繞過。我來回開了一陣，迷失了方向，最後終於決定放棄尋找，把車開到路邊停下來。一個男生騎腳踏車經過，我問他知不知道派屈克．布朗寧住哪。「小派就住在那邊。」他指了指幾步路外一間有門廊的方形小房子。

我敲了一下紗門。房子裡很暗，一名身穿內衣的男子從沙發椅上慢慢站起來，跛著腳走到門口。

「我是派屈克的老師，我姓郭，」我隔著紗門說。「我們應該通過電話。」

他看著我。「對，對，」他說著又隱入黑暗的室內。

另一個人影冒了出來，是派屈克。他的臉出現在陽光中，看到是我以後，露出明燦的微笑——一個因爲獲得注意、受寵若驚而浮現的孩子氣的笑容。他忽然顯得好像小了好幾歲。然後他的身體抽動了一下——他想起他沒去上學的事。

他很快地說：「校車沒來。」然後他把頭別開，他知道自己不擅於撒謊。

「我沒搭上校車。」

然後又說：「對不起，郭老師。」

我們在門廊上坐了下來。

「沒有……」——我轉身確定前門是不是已經關好——「沒有人叫你來上學嗎？」

「不是他們的問題，是我的問題。其實他們有叫我去上學，可是有時候我眞的不想……」他的聲音越來越小。「我媽眞的很忙，她整天都在工作。我爸嘛，妳也知道……」

他欲言又止，不想說他爸爸的壞話。

「那你是怎麼被送到明星的？」我問。

「我十一歲的時候出了事，」他開始說明。「汽油很便宜，一加侖只要一美元，我手邊有一整加侖的汽油。我在後院玩，地上有一些樹枝，我把汽油倒了上去。我眞的只是倒著汽油在玩，完全沒想到汽油會燃燒。實在太蠢了。我點燃一整罐油，結果馬上出現一大團火。我往下一看，我的褲子著火了。整個後院一下子就燒起來了。幸好我姐姐妹妹就在附近，而且及時找到毛巾。」

我在三角洲地區已經待得夠久，所以聽到他說他在後院隨便玩火，我並不覺得驚訝。在赫勒拿，除了逛沃爾瑪以外，沒有太多事可做，而無聊會讓人難以正常思考。那件事並非出於惡意。事實與此相反，他只是想找件不會妨礙任何人的事做。

我想到理察．賴特在《黑孩子》[7]的開頭也做過同樣的好事。賴特出生成長在三角洲的一個佃農家庭，一九一〇年代在赫勒拿生活過幾年。四歲大時，某天賴特看著煤炭在火爐中燃燒，覺得「悶到抓狂」，他這樣寫道。「找個新遊戲來玩的念頭在我心中萌芽了，生根了。」小賴特心想：「何不丟個什麼到火裡，看它怎麼燒？……幾根稻草有什麼大不了的？」然後他從一支舊掃把上拔下一撮稻草。稻草劈劈啪啪燒了起來，他看得聚精會神。「我的想法在滋長，在開花。」他很好奇，如果把點燃的稻草丟在那蓬鬆的白色窗簾上，窗簾會變成什麼樣子？他很快就驚慌地發現整棟房子陷入一片火海。

派屈克低頭看他的腿，那上面有許多看起來像大型不規則斑點的燒傷痕跡。「我在醫院裡好像待了好多個星期，休學了好幾個月。老師說會把功課帶到家裡給我，結果他們從來沒出現。」他的聲音很平穩，聽不出一點怒氣，彷彿這種課業失敗的情況稀鬆平常。「醫院裡有電視，我看到世貿大樓垮下來了。」

世貿大樓——把他跟九一一[8]或者任何全國性的經驗聯想在一起，感覺好像格格不入。當下我明白，原來三角洲地區在我心目中跟美國其他地方是完全脫節的。

「我必須重新學走路。我在床上躺了兩三個月，所以課業落後了。我得重上七年級，然後重上八年級。後來我就被送到明星來了。」

我試著想像他在家裡的生活。他的母親想必整天都在工作。他的父親有點不對勁。也許派屈克習慣了一種沉悶的自由，每天看著窗外發呆，拿電視遙控器不斷轉台，觀望街上其他那些中輟生，偶爾買點便宜大麻抽抽。在他眼中，學校這種制度一定顯得像另一個世界。

「我看過你阻止一場打架，」我說。「你爲什麼那麼做？」

他眉毛上揚，在額頭上擠出一大條皺紋，然後又把頭低下。「梅是我表妹，黎安娜是我的鄰居。我不想看到我表妹跟鄰居打架。我不喜歡看到別人打架。爲什麼？大家一樣都是上另類學校的，那樣打沒道理嘛。也許她們已經準備好放棄自己的人生了；我只能想到這個原因。」

我點點頭，然後遞給他一張明信片，上面是羅丹的《沉思者》9。我在背面寫了幾句話給他，說這尊雕像讓我想到他。

他用指尖捏著明信片的一角，仔細端詳上面的圖像。「謝謝郭老師。」

我說我選定他參加那個週末的校外教學活動。他想不想參加？

「好的，老師，」他說。我把一張家長同意書拿給他。

「謝謝郭老師，」他說。「謝謝。」

我要他別再謝我了。

我跟他說我相信他可以順利把八年級讀完。

「好的，老師，」他用柔和低沉的聲音說。

我告訴他說我會爲他努力，不過他自己也必須努力，透過各式各樣的小步驟慢慢進步。

「好的，老師，」他又說了一次。這次他稍微把頭轉了一下，讓他跟我四目相接。夜幕開始低垂，街上沒有路燈，不過他的眼睛成了明確可靠的小光源。我很好奇我的眼睛是不是也如此。

我告訴他明天我想在學校見到他；他打算來上課嗎？

從他點頭時那副認真的模樣看來，我知道他會來。

我告訴他，他念完高中的時候，我會來參加畢業典禮。聽到這話，他咧嘴笑了起來。他的門牙中間有條縫，先前我沒注意過。

聽到自己大聲做出這個承諾，我的心情激盪了起來，我覺得更想在三角洲留下來了。一個願意留下的人——這將是接下來的我。

我起身開始走回街上時，他顯得很驚訝，彷彿覺得我很不謹慎。

「郭老師，這個地方不安全。」他跟在我身後穿越門廊，我才明白他是要護送我回到車上。

萊利老師是我在明星學校的好朋友。她會唱福音歌，會引述聖經和泰勒．派瑞[10]的話，也會做雞肉餃子帶來跟我在午餐時分享，有時甚至把餃子放在湯匙裡直接餵我吃。她對我很和氣，可是對學生很兇。有一次，兩個女生把一捲衛生紙扯開，丟得整個廁所都是；結果萊利老師把其他衛生紙都沒收了。「好的會跟著壞的學樣，」她用先知般的口吻說。一長串鬆開的衛生紙垂盪在她身後，彷彿長條宣傳標語。萊利老師的正式職稱是「教師助理」，但在師資嚴重短缺的三角洲，助理也負責教課，這種情形在這個地區司空見慣。萊利老師教的是閱讀。

有天下午吃午餐時，萊利老師把我們學校新任校務總長發布的稽核報告念給我聽。「郭老師啊，我們這個鎮是被一群蠢蛋管的哪！」我把頭湊在她的肩頭上看報告時，她這樣說。

在赫勒拿，不管黑人白人，會主動維護公立學校的人有如鳳毛麟角。每年都會有新的醜事發生。我教第一年書時，我們學校的成績在阿肯色州排行倒數幾名。二〇〇五年我教第二年時，阿肯色州教育廳取得赫勒拿學區的直接管轄權，把我們原來的校務總長革職，並從小岩城派遣他們自己的人來當新的校務總長，調查貪瀆問題。稽核結果披露出一系列醜聞，包括一名行政人員可能在未經學校理事會核准的情況下獲得大幅加薪，年薪從九萬美元升到十二萬四千九百九十七美元。相較之下，教第一年的新進教師年薪約為兩萬七千美元，教師助理的薪水則不到這個的一半。

「妳最近有見到邁登校長嗎？」我問。

「一個整禮拜都沒看到人，」萊利老師說。

邁登校長的出勤率跟學校裡最壞的那些學生不相上下。截至目前為止，她對學校做過的最大貢獻是把校名從「明星」改成「希望」。幾個月以後，她又把名字改回「明星」，但我一直搞不懂她的理由是什麼。時間推延到十年後，她會鬧出大事：她因為侵吞一項聯邦糧食補助計畫提供給受飢兒的一百萬美元，遭到法院提告。不過當年這位校長還是一名二十七歲女子，除了在明星學校的職務以外，她也負責管理一個日間托兒計畫。

邁登女士是我們在一年內的第四位校長，她的在任時間也最久。那個學年的第一位校長——蘭金博士是其中最優秀的一位，她的博士論文主題是兒童輔導，到任以後，她跟學生建立起非常真實的關係。我到明星幾個月以後，她忽然被調到交通局，掌管公車業務。接替她的人是荷頓校長，這位助理校務總長被派到明星是上面對他的一種處分，因為他居然敢配合州政府針對貪瀆問題所做的調查。他向法院提告（或者威脅要提告），結果他也被迫離開明星，由艾可遜女士接任；艾可遜校長也只待了幾個月。學生們把校長不在學校的日子稱為「自由日」，在這些日子裡，校規比較鬆弛，他們可以測試一些極限。他們會在上課時間躲進廁所，在學生餐廳發出尖叫，還會設法唆使別人打架；比較聰明伶俐的學生總有辦法在快要大禍上身前及時收手。所有學生都看得出，由於沒有人正式懲戒學生，老師們也變得比較馬虎。我們會早早就下課，而且上課也不那麼認眞。

我的好友萊利老師是在赫勒拿成長的，她常談到種族隔離時代的生活情形。當時黑人小孩是走路上學，而載運白人學童的巴士會把泥土濺得他們一身都是，不過他們不以爲意——他們走在一起，他們擁有彼此。那是個路不拾遺、夜不閉戶的社會，如果你出門前忘了把晾在外面的衣服收起來，鄰居看到有衣服還在飄動，就會自動幫你收進門，而且你家一樣東西都不會少。小孩尊敬父母，父母尊敬教育制度。根據萊利老師的說法，種族融合把很多東西毀掉了。黑人教師通常不被歡迎到新的融合制白人學校教書，因此他們丟了工作，而白人教師卻繼續任教無虞。中央中學改制時，行政人員開始找辦法替代用板子打屁股的體罰方式，因爲他們不想讓成功獲聘的少數黑人教師打白人小孩。況且，白人家庭都已經開辦德索托了，搞融合又有什麼意義？赫勒拿應該繼續實施種族隔離才是上策。

我試著理解萊利老師這番話的意思，我發現那並不只是一廂情願的念舊心態。我在資料上看到，在鄰近一所一九六八年開始實施融合制的三角洲地區學校，校董會關閉了原有的全黑人學校，而且拒絕續聘那裡的黑人教師。這些教師決定提告，但法官不肯受理。他寫了這麼一段理由：「本案的例子再度證明，當學校體制依照現行法律規定完成融合工作時，結果很不幸會導致某些調整情形，使得一部分教師成爲『憲法規定程序』的犧牲者。」我們不難從中看出他蔑視融合政策，而且對黑人教師因此遭受懲罰的可能性毫無同情心。

☆

大約在派屈克失蹤那段時間，我發現一個保證可行的玩意兒——是標題叫「我是」的那首詩。

我是
我感覺
我懷疑
我聽到
我看見
我了解
我說
我做夢
我嘗試

我希望
我要
我假裝
我哭

這首詩的簡單結構只是表象。它看起來像營養學分——把空白塡滿就成了。不過這是個詭計。這首詩的用意其實是迫使你進行自我思考。你對自己有多少認識？你想要什麼，你失去了什麼？這種練習讓那些兇惡的學生不得不說眞心話，吐露他們的內心世界。平常要是你大聲問他們這種事，他們只會嘲笑你。

他們開始用這首詩做寫作練習以後，幾乎每個學生都想寫些東西描述某個他們已經失去或害怕會失去的人。從那種亟欲表達的樣子看來，我可以知道他們不常見到外地人對他們經歷的傷痛眞正感興趣，或覺得他們的故事帶有某種與眾不同的悲傷。雖然他們的詞彙有限，但所有人似乎都懂「心臟病」、「糖尿病」這些醫學名詞。爺爺或奶奶去世是令他們極度難過的事，因爲他／她經常是家中小朋友的主要照顧者。他們寫的故事可能充滿戲劇性。某某牧師讓一個學生的表妹懷孕了，她才十五六歲。某個繼父在吸食大量海洛因後把電池酸液潑到繼女身上，導致她失去一條腿。某個醉漢拿著一把槍玩，結果槍枝走火，把侄女打死了。

艾倫是個瘦長結實的聰明孩子，也是我最優秀的學生之一。他馬上搶著做這個練習。「我可以寫關於我侄子的事嗎？」他問道。「他才兩歲，可是已經不學好。」

「你的程度很好，」我說。事實上我非常不解爲什麼他會讀明星。「他們爲什麼把你送來這裡？」

我猜是因爲大麻。

「打架。」

「眞的？看不出來欸。」

聽到這話，他的臉亮了起來。「米勒那邊把我搞得很慘，」他說。「在那邊要把事情鬧大很容易。」

雖然明星有各式各樣的問題，不過這裡採取的小班制可能就是艾倫需要的。他說，在明星「什麼都看得到」。什麼都看得到是什麼意思？我問他。「看得到大家需要多少幫助，」他答道。

艾倫帶著臨床醫師般的口吻說話，彷彿他並不屬於那群需要幫助的學生，而是在扮演某個在一段距離外評估他們的角色。我明白，小班制之所以好，不只是因爲這個明顯的理由——大班制會忽略問題學生，使他們的情況惡化，最終導致他們被淘汰。對艾倫這種在成功與失敗的邊界上徘徊的學生而言，小班級提供了一面放大鏡，讓他能仔細估量他的同儕：他們想要什麼？什麼會讓他們抓狂？他們會爲哪些事光火？他們會接受哪些幫助，不願意接受哪些幫助？看到這些他自身的可能鏡像以後，他更清楚他希望跟他們不一樣。

在明星，我不曾看到他打架；他在所有方面一直是個模範學生。他很聰明，很有好奇心，而且從不缺課。他說在他們家，缺課是「不存在的選項」，就算感冒了他也會來上課。他的母親和祖母都有高中學歷，她們希望他也辦得到。後來事實證明，就我在明星的學生而言，「勤快到課」這件事是學習能否成功的最基本預測指標之一。

在「我是」這首造詩練習方面，艾倫是這麼寫的：我聽到所有人在我周遭飆髒話，所以我也飆髒話／我看見我的叔伯姑姑們老是吵架，所以我也照辦／我哭，因爲我飆髒話結果得了百日咳／我嘗試當乖學生，可是總有辦法捲入麻煩／我希望有一天我會破殼而出，變成一個全新的人。

坐在艾倫隔壁的是塔米爾，他看起來很害怕。他偷瞄艾倫的練習紙，彷彿他以爲這種功課是可以抄襲的。我走到他身旁。他的紙上除了自己的名字以外，還是一片空白。他的字跡非常微小，幾乎難以用肉眼辨識——我已經開始意識到，這是學生普遍採用的一種伎倆，目的是保護自己不被修正。

爲了不讓其他同學聽到，他用很低的聲音說：「我不知道要寫什麼。」

「你當然知道。」我彎身靠近他的桌子。這已經變成我在教學時最喜歡的部分了：從旁激發，抽絲剝繭地挖掘文字的奧妙，讓心智思索轉移到白紙上。

「先來做這個怎麼樣？」我指了指我看見。

「郭老師，」他說，「我看見的東西不值得拿出來說。」

我沉默了一陣。我們看著對方，他的眼神很明亮，也很嚴肅。他想寫。他經歷過很多事，一些我永遠不可能眞正知道的事。我盼望能找到某種方式告訴他：我知道我不懂得你。可是我對你有好多期許，這是我非常眞實的感受。

「我敢打賭，在你的人生中一定有某個人對你眞的很重要，」我說。

塔米爾眨了一下眼睛。的確有那麼一個人。他閃爍了一下，試著決定他到底該不該大聲說出來。「我阿姨，」最後他終於開口。「不過她過世了。」現在他帶著質疑的態度看著我，不確定她的死會不會使她不再有資格被看見。

「可是我打賭你現在還是會看見她。」

聽我這麼一說，塔米爾整個人發亮起來。

他問道：「阿姨怎麼寫？」我比畫了一下給他看。

然後他寫了：我看見阿姨在天堂跟她爸爸高高興興在一起。

「郭老師，那這個怎麼寫？」他指了一下我懷疑。

我說：「沒有正確答案。你只需要寫出你眞正的感覺，比方說你晚上進入夢鄉以前會想的事。」

然後我站起來，爲了讓其他人也聽到，我大聲說：「你一定可以寫出來。」他點點頭。

他是這麼寫的：我滿臉通紅，像破曉時的太陽／我聽到一隻狗在叫，就在我要睡覺的時候／

我假裝我什麼感覺都沒有／我懷疑我是否能活到十八歲。

寫完最後一句以後，塔米爾把整首詩朗誦給自己聽。然後他問我可不可以用我的電腦把它打字下來。

八年級學生邁爾斯一開始也不想寫。不久前剛從米勒中學被轉到明星的邁爾斯在原來的學校早就惡名昭彰——我在米勒中學教書的朋友薇薇安說，有幾個老師打算在他離校時開趴慶祝。不過乍看之下，他沒什麼問題——穿著整潔，襯衫總是紮進褲頭，褲子從不會鬆鬆垮垮。

我走到他旁邊時，他說：「中國妞滾開。」然後他發出嘲諷中文的模仿聲——清鏘，並盯著我，看我會有什麼反應。

我只給邁爾斯擺了個憐憫的臉色，露出一種旁觀者的哀戚神情，彷彿是他傷害了自己。然後我說：「這堂課結束時——」我故意慢條斯理地指著時鐘，「你得對我道歉，因為你侮辱了我祖先的文化。到時你才會覺得好受。」

其他同學暗暗竊笑。「郭老師修理他了。」

這時的我對惡意模仿亞洲人說話的行為早就習以為常。我第一次聽到學生發出那種聲音時，覺得彷彿胃部在痙攣。我想到我二年級的時候，我祖父每天早上都會陪我走路上學，連在刺骨的寒冬也不例外。他是一名雙重移民：他出生在中國，一九四九年逃難到台灣，在我上小二前不久，他又移民到了美國。某一天，我的同學對他發出那種單調而醜陋的模仿聲，結果我懇求他不要再陪我走路上學。最後我們達成妥協——他答應走在我的後面。

現在我已經有了足夠的人生經驗，有辦法把那種記憶掩藏起來。我不慍不火的態度似乎使邁爾斯平靜了下來。

「妳知道我哥哥嗎？」他問我。「他以前也上明星。」

「你哥哥是誰？」

「布蘭登．克拉克。」

我的心一沉。布蘭登是我最早那批學生之一，後來他在搶劫一家花店時被殺了。那天是元旦，他跟另外兩個小夥子一起闖進那家花店，其中一名同夥是我一個很安靜的學生威廉。第三個人應該是主事者，他拿出一把生存遊戲中玩的BB槍瞄準經營花店的老夫婦。不過老先生有把真槍，他拿出來把整個彈匣中的五發子彈射光。少年們亂中逃竄，但布蘭登跑到門口時，一顆子彈擊中他的腦後。拿在他手中的錢袋被拋落在地，裡面其實只有區區一百零三美元。

布蘭登死後一陣子，我請學生寫下關於他的事，並表達他們對他的死有什麼感受。一位姓賈斯裴的教師助理（不久前她才拿體罰板打了一名有嚴重學習障礙的十六歲學生）不知怎地聽到風聲說我在課堂上做這件事，結果她衝進我的教室。

「郭老師，雞回雞窩睡覺，惡人就有惡報！」她對我吼。「妳這是在告訴學生布蘭登做的事沒問題。一個男生搶劫被殺，你們居然在這裡風花雪月！」

我怔住了。學生們把筆停了下來。她的話對嗎？寫作是不是很愚蠢？是不是一無是處，只會爲布蘭登犯的罪提供說詞？我感到猶疑。賈斯裴助理跟萊利老師屬於同一個世代。她相信黑人社群曾經生機蓬勃，但在過去三十年中，那個社群似乎已經失去了它的道德高度。在她眼中，書寫布蘭登等於憑弔布蘭登，而憑弔布蘭登無異於主張他的清白。我讓學生針對這件事進行書寫，允許他們表達羞恥以外的情感，這樣做形同批准布蘭登搶劫的行徑。對她而言，羞恥心是尊嚴的來源。

警方沒逮捕槍殺布蘭登的那位花店老闆，他宣稱他是出於自衛。後來我讓學生看我那張黑人和白人共同參與「向華盛頓進軍」示威遊行的海報時，對那種景象的眞實性表示懷疑的就是邁爾斯。

「布蘭登是個好人，」下課鈴響時，我對邁爾斯說。

他端詳我的臉，看我是不是在說謊。

派屈克沒有食言，我親自到他家拜訪以後，他眞的來上課了，而且開始天天報到。他捧著書本走下校車時，總是一副迷失的模樣，彷彿他來到校門口是個錯誤。不過他恢復上課以後，表現一直很好。我從來不必擔心他會對某個挑弄他的人發飆，導致他被送到學校辦公室讓人用板子打屁股。

我請學生把他們的〈我是〉詩作貼在牆上，藉此使他們對自己的寫作成果感到驕傲。然後我注意到一件令我驚訝的事：他們想看其他人的作品。有些學生先前在我嘗試進行團體閱讀時會把頭趴在桌上，或看到同學在用功就故意拍他的頭，設法妨礙他當他們口中所謂的「乖寶寶」，但現在他們竟然會一言不發地站在其他同學寫的詩詞前面，用食指一行行指著專心看。

「這首很好，」某個人最後會道出這麼個評語。然後他們經常會提出這個理由：「它很眞實。」派屈克跟許多其他人一樣，仔細看了每位同學的作品。

連續好幾天觀察他們這麼做以後，我忽然明白我之前是哪裡做錯了。我沒有設法行銷「閱讀」這件事。我沒有仔細說明書何以能夠代表個人，又何以能代表某種急迫性，也就是說，書跟「我是」這種詩其實是一樣的。截至此時，除了《陽光下的葡萄乾》以外，學生們還沒能跟任何一本我指定閱讀的書產生共鳴。於是我嘗試一種新的做法。

「你們會說某某人『做表面工夫』，」我對他們說。「你們說這句話的時候是什麼意思？」

「就是某個人假裝自己很行的樣子。」

「就是說假假的。」

「就是有人對你說的是一回事，做的又是另一回事。」

「比方說某個人裝模作樣，設法吸引別人注意。」

我在白板上寫了：大家以爲我＿＿＿＿，其實我＿＿＿＿。我請他們在空白處塡入文字。他們寫出這些：

大家以爲我滿不在乎，其實我眞的很愛我媽，我想讓她爲我驕傲。
大家以爲我不好學，其實我很想順利完成學業。
大家以爲我很笨，其實我聰明得很。
大家以爲我是壞胚子，其實根本不對。

派屈克是這麼寫的：大家以爲我不在乎，其實我在乎。

「所有人都會做表面工夫，」我說。「同學們知道我爲什麼喜歡看書嗎？因爲書不會做表面工夫。」

他們在認眞聽我說話——我的辦法奏效了。

「我們可以聽見書裡面那些人的心聲，」我繼續說。「他們會做出瘋狂的舉動，可是我們可以推斷他們的感覺。我們有辦法看出他們內心在發生什麼事。」

我們一起討論「只看到別人的外在」代表什麼意思。我問他們：「爲什麼大家會把他們的內在隱藏起來？」學生們的回答充滿幾乎令人心痛的犀利洞見，其中最普遍的答案跟這句話差不多：「大家害怕如果他們誠實表達出他們想要什麼，他們反而會得不到。」

我意識到我也需要讓他們覺得他們以某種方式「擁有」書中的人物及故事。我搜尋了一些撰寫青少年讀物的著名黑人作家：沃爾特．狄恩．麥爾斯（Walter Dean Myers）、雪倫．福雷克（Sharon

Flake）、雪倫・德瑞波（Sharon Draper）、修女索爾嘉（Sister Souljah）、妮基・葛萊姆斯（Nikki Grimes）、賈桂琳・伍德森（Jacqueline Woodson）。我訂購了他們的書，然後仔細研讀。我發現這些作家比我更知道青少年需要的是什麼。書中那些主角外表看起來像他們，說起話來像他們，面對的問題也跟他們一樣。在雪倫・德瑞波的作品《老虎的眼淚》（*Tears of a Tiger*）中，一位名叫安迪的少年因爲最好的朋友死去而自責。在妮基・葛萊姆斯的《婕思敏手札》（*Jazmin's Notebook*）中，十四歲的婕思敏是她母親的主要照顧者。在雪倫・福雷克的《乞求改變》（*Begging for Change*）中，名叫「小紅莓」的女主角必須決定是否該放開胸懷，讓已經疏離很久的父親重新進入她的生活。一個贊助新進教師的州政府基金提供我八百美元的經費添購教室設備，我把那筆錢全部用來買這些書。

輔導員達德看到我抱著一箱書走向教室，從窗口大喊：「郭老師，妳幹嘛這麼辛苦？妳知道他們是不會看那些書的。」達德是學校最近聘來的一位「輔導諮詢師」，他其實是一名中學足球助理教練，被派到明星上班只是因爲他需要有教職員資格。如果你問他好不好，他的回答總是：「換了茅廁，大便還是大便。」

我試著爲學生「作媒」，幫他們找出他們可能會喜歡看的書。閱讀需求增加了，大家很快就開始通報哪些書好看，我的書架彷彿遭到洗劫。不久後，我就看到學生把那些書捧在胸口，穿梭在不同課堂之間。學生們像珍惜護身符那般守護著書。新的讀者拿到那些書時，會發現封面內頁已經有宛如領土宣示的塗鴉：這是一本好書。ＪＧ。「ＪＧ是誰？」他們丈二金剛摸不著頭腦地問。當他們發現那些宣示者的身分時，經常大吃一驚。

「潔絲敏超愛這本書的，」我會暢快地回應。

這些書籍被翻閱得開始有點破舊，於是更加顯出尊貴氣質。

我很好奇，學生們是否知道他們看書的時候是什麼樣子？聚精會神，樂在其中，認眞嚴肅。我用相機把他們的模樣記錄下來。那時的手機還沒有照相功能，我是用傳統相機拍的；在他們等我把照片沖洗回來那段時間，教室中會瀰漫一股緊張懸疑的氣氛。我把洗好的照片拿進教室時，他們會仔細端詳那些出其不意的自身影像。

我用那些相片裝飾教室牆壁，它們彷彿是充滿關愛之情的精靈，從牆上不斷鼓勵我們。我們讀完一本又一本書，並在一張掛在牆壁的方格紙上用色彩塡滿一個個格子，代表我們讀完的頁數。安靜看書成爲我班上的不成文習慣。我逐漸發現，讓學生靜默閱讀的做法有很多優點，其中最大的優點之一是老師無法事先猜測誰的表現會最好。你永遠不可能想到某個人會多渴望安靜。有個叫凱拉的女同學不久前才因爲打架被送進少年感化院管教，結果居然是她最嚴格遵守靜默閱讀的習慣。每當有人竊竊私語，擾亂了寂靜，凱拉就會全身緊繃，露出銳利目光。梅和黎安娜，那兩個不久前打架被派屈克拉開的女生，會窩在相鄰的兩個懶骨頭上看書，彷彿靜默閱讀成爲休兵停火的代名詞。

☆

每天早晨我會在五點鐘醒來。起床後，我會備課、改試卷，六點半開車到學校，在停車場等門房開校門。我養成很詭異的飲食習慣，在學校完全不吃東西，回到家則拚命吃。我的體重暴增然後又暴減。我會一直在內心自言自語。我把哪些事搞砸了，哪些做得還不錯？有時我會發現我在跟學生說話——我獨自一人大聲跟他們交談。「我就知道你很厲害，」我會逮到自己這樣對著空氣說。或者我可能會說：「這篇寫得太棒了。」

我的筆記本相當奇特，裡面寫了一些自我敦囑或下定決心的話，但經常自相矛盾。要和氣。不必害怕對他們兇。有時筆記內容看起來彷彿我已經加入某個密教：改變每天都在發生。心靈功課永遠不會白費。還有一些從杜斯妥也夫斯基11作品中摘錄下來的片段，讀起來跟我的狀況有直接相關：鍥而不捨地工作。如果夜裡就寢時你忽然想到「我該做的事還沒做」，那就馬上起來把它做完。我比較不常去曼菲斯泡書店了，不過一旦我去了，會發現自己流連在自我成長區，翻閱《保持正向心態》（*Staying Positive*）、《如何清理你的人生》（*How to Unclutter Your Life*）這類書籍。我把後面這本買了下來，但是過不久，它就消失在我家那些成堆的文件、書本和衣服底下。我住的地方非常髒亂，我既沒時間也沒意願打掃。當蒼蠅開始在廚房孳生時，我只會擺一些捕蠅紙。那些黏黏的方形捕蠅道具還真的很管用，後來死屍多到超過負荷，居然從黏膠上掉落到檯面。

「唐笙老師，」我喚了一聲。

唐笙老師是我們學校的萬年歷史代課老師。聽到我說話，他頭也不回一下，只顧著玩他的踩地雷遊戲。原來的歷史老師已經離職快滿一年了，校方到現在還沒找到正式人選接替。

上自習課的時候，我有時會設法把缺過課的學生找出來「補課」。我從眼角瞥見派屈克和邁爾斯在電腦上看音樂影片，他們的大型耳機看起來跟耳罩差不多。

「你介不介意我把邁爾斯和派屈克擄走，幫他們補一下他們沒上到的課？」

唐笙老師皺著眉頭，目不轉睛地凝視螢幕上那些標有數字的方格。他一動也不動，渾身唯一顯現的生命跡象是那根在滑鼠上點擊的食指。「郭老師，」他終於開口說話了，不過身體還是沒動。「妳知道這種事不需要徵求我的同意，把他們全部帶走都不成問題。」

邁爾斯和派屈克跟著我走回我的教室，在兩張相鄰的課桌前坐了下來。我坐進另一張桌子，並把它轉了一下，讓我能跟他們倆面對面。

我把他們的寫作文件夾拿給他們。邁爾斯很氣我強迫他放棄自習時間。他把文件夾揮打在地上，然後冷笑一聲。

「別說我擺架子，」他說。「我沒架子，我只是目中無人。」

頭低在桌上的派屈克抬眼看了一下。「你這樣很不尊重別人，很無禮。」

邁爾斯態度硬了起來，他抬頭看著派屈克。派屈克從不戲弄別人，也不會去煩他們。他不會取笑同學的外表或家世，也不會因爲他們的閱讀能力不好而輕視他們。

其他同學也很看得起派屈克。「派屈克不會找碴，」某個人說。這是眞的。他懂得自我克制。雖然他和邁爾斯同年，都是十六歲，但他看起來比邁爾斯老成許多。

「大家都有自己的問題，」派屈克說。「我有個舅舅，他因爲抽了一點快克[12]，結果把我姨婆給殺了。只他媽的爲了一點快感。要是你碰到這種事，你會有什麼感覺？可是你看，在這裡，身邊的人會設法幫你。像郭老師這樣的好人不是每天都碰得到的。」他們倆看著我坐在桌前的嬌小身影。「她不傷害任何人，她只是來提供協助。你現在就得接受這個協助，不要等到所有人都放棄你。」

邁爾斯眨了一下眼睛。

派屈克繼續說：「因爲再過幾年他們眞的會把你放棄。我很清楚這點，相信我。」

邁爾斯把頭低下。大家沉默不語。

派屈克凝視著玻璃帷幕牆，陽光透過我們用紙張拼接起來的字彙海報照射進來。「歡欣」，「勤勉」，「凝重」——每個詞彙都是用不同顏色的簽字筆寫的。他又用了「放棄」這個詞。那天我們坐在他家的門廊上說到兩個女生打架的事時，他是怎麼用這個詞來著？「也許她們已經準備好放棄自己的人生了。」年紀才十六歲的他怎麼會這麼了解這種感覺？

不過這時候他看起來好像可以讓人放心，而且我需要花點時間跟邁爾斯單獨相處。於是我對派屈克點了個頭，並朝懶骨頭的方向比了個手勢。這個意思是說我要他做靜默閱讀。他也對我點了個頭，然後到我們的書架上挑書。我看到他的手碰觸一本又一本書的書脊，試著下決定。

「嘿，」我對邁爾斯說。他把雙臂交叉在胸前。「你準備好要寫的時候，儘管說：郭老師，我可以寫了。我會一直在這裡。」邁爾斯傾下頭，看著我是、我覺得這些簡單提示旁邊的空白。也許他跟塔米爾一樣，眞的不知道怎麼把這些句子寫完整。我冒險提起他的哥哥。

「你懷念布蘭登嗎？」

他點點頭，然後又把頭別開。「我沒辦法直視我媽的眼睛，因爲我知道她在想她大兒子的事。回想他做過的那堆鳥事，不知道我以後會不會也變那樣。」

「你認爲以後……你以後會變那樣嗎？」

「我不知道未來，」他簡短地說。「只有上帝知道。」

邁爾斯嚥了口口水——他已經說得太多了。現在他決定什麼都不再說。我們默默等著對方開口，最後我打破沉默。

「我有個想法。你何不爲你哥哥寫一首『我是』的詩？」我說。

「怎麼寫？」他忍不住問。

「你想現在布蘭登在哪裡？」

「在天堂，」他毫不遲疑地說。

「他在那邊做什麼？」

「在玩。」

「這就對了，你的第一句已經出來了。」

這話使他露出微笑，不過他一瞄到紙上的空白處，微笑就消失了。他的臉孔扭曲起來——他不知道怎麼下筆。

我說：「這樣好不好？我是天堂裡的布蘭登．克拉克，我在這裡很開心。趕快寫吧，不然等會又忘了。」

他寫了下來。

「接下來呢？」他簡單問道。下一行的開頭是：我覺得。

「好，你想他現在在天上有什麼感覺？」

我們用這節課剩下的時間像這樣討論各個句子。

我一心招呼邁爾斯，忘了跟派屈克說話。派屈克就是這種人——他不會要求你注意他。我想知道他後來挑了哪本書。如果我知道他的選擇，我就會覺得自己並沒有失去他的蹤跡。

走去吃午餐的路上，我看到他腋下夾著一本《綠野仙蹤》13。

那天晚些時候我父母打電話給我。「有法學院的消息嗎？」他們把這個問題當作問候。我幾乎已經忘了申請法學院的事，現在他們提起這件事讓我有點惱火。

「謝謝你們關心我今天過得好不好，」我說。

「妳今天過得好不好？」他們問。

☆

接下來幾天，邁爾斯會在早餐、午餐或「自習課」的時候回到我的教室（所謂自習其實就是放牛吃草，老師會任由學生睡覺或玩電腦）。他在我班上從來不曾這麼用功。他把他寫的東西修了又修，一直問我：「郭老師，這個字這樣寫對嗎？」「這樣唸起來順不順？」

客觀來說，他的詩作有些濫情。他使用的語言很簡單，應該是不需要花那麼多時間寫的。他早該知道怎麼寫「天堂」、「大家」、「想念」這些簡單的詞彙，他也早該知道逗號的功能是什麼。不過，有鑑於他在開始時所處的狀況——他原本很不信任寫作，沉溺在哥哥死亡的悲痛情緒中，而且會忽然出現暴戾行爲——能寫出這篇詩文已經是不錯的成就。

我聽到媽媽每天晚上在禱告，說她有多想念我／我不要看到曾經發生在我身上的事發生在我弟弟身上／我告訴媽媽，請妳抬頭挺胸，保持堅強，因爲我在天堂受到很好的照顧／我什麼也不擔心，因爲有耶穌幫我撐腰／我哭的時候耶穌會來幫我把臉上的眼淚擦乾／我設法打進天堂的職業籃球隊／我希望大家不會爲我擔心／我是天堂裡的布蘭登，我在這裡很開心。

我開車到曼菲斯的金考快印（Kinko's），把邁爾斯寫的詩放大到三十六乘四十四英寸的巨大規格（跟教室裡的麥爾坎・X、詹姆斯・鮑德溫海報一樣大），然後把它掛在教室前面。它的旁邊是一張邁爾斯在微笑的八乘十英寸照片。在接下來幾星期中，每天一早他會在上課前就進到我的教室，看他的照片和詩文是不是還在牆上。「郭老師，妳很喜歡我寫的那首詩，對不對？」

「當然喜歡。」這是眞心話。

他的母親後來告訴我，她把那首詩拿到布蘭登的墓碑上呈獻給他。

☆

「我們要繼續寫詩，」我告訴他們。

「這不是眞正的功課，」吉娜說。吉娜是個心思敏捷、精力充沛的女孩，她原本就讀米勒中學，因爲同學笑她胖而跟他們打了架。

吉娜不是第一個這樣批判我們這個寫作練習的人。跟其他一些人一樣，她可能反而認爲文法學習單那種單調乏味的東西才叫「眞正的功課」。我當作沒聽到，只是微笑了一下。然後我請學生想出一些表示希望的比喻。我們進行腦力激盪。一根蠟燭，一扇窗戶；一小片亮光，一座遊樂場；一棵樹，因爲樹會往上看；狗挖出的一個洞。

派屈克開始動筆寫。他把頭垂到快要碰到紙張，看起來幾乎像趴在桌上。他是用左手寫字的；

他的手在紙上移動時，手掌側邊會沾到油墨。我從他的肩膀後方偷看，不過他很專心，沒注意到我在那裡。他的寫作紙上有一堆字寫好了又被畫掉。他把「內心」畫掉，改成「內心一片空白」。每個字詞都有它的麻煩之處：不是無法表達他的感受，就是讀起來不太對勁，再不然就是被他寫成錯別字。只要沒掌握好任何一個字詞，他都會認爲那是個人的失敗——他寫東西的心態跟作家相仿。

「老師，旱災的旱怎麼寫？」他才問完又說：「算了沒關係。」然後他起身去查字典。

最後他把成果帶來給我看：

小派是一條狗
一隻流浪街頭的動物
內心一片空白
套上頸圈守在院子
關在籬笆後方
沒有主人訓練他餵養他
總是自己找自己的路
被視爲低等生物
出了狗狗圈子

處處都得不到信任
他的價值只是一個價錢
因爲旱災
口乾舌燥
小命難保

我非常吃驚。這是他第一次用心寫作，而這個作品在某個很根本的層面上是一首眞正的詩。派屈克最後才下標題：社區小獸。他伸了一下脖子，關節發出劈啪響聲，這讓我意識到寫作可以是多艱難的一件事。你的身體會出現變化。你會忘記呼吸，你的手會疼，肩膀會痛。而且在情感方面也充滿挑戰性。當你決定寫作時，你得冒很大的風險。你必須脫下一個面具。你會說：我感覺到這些東西；現在請告訴我我是不是很愚蠢。你也會說：我試著釐清某些東西；現在請告訴我我是不是在浪費自己的時間。從頭到尾只有你自己知道你是多麼聚精會神，是怎麼在內心撬開了一個新的空間。這一切的關鍵從來不在於與他人建立連結，但如果眞的無法據以建立連結，那個空間就會縮小一點點。課堂這個環境使情況更加冒險。如果你把某個字寫錯了怎麼辦？假使你連那個字都不會寫，你有權利去運用它嗎？要是有人看到你的老師從旁協助你，於是宣稱文章不是你自己寫的，你怎麼辦？萬一有人硬要說你巴結老師，或說你是腦殘，你又該怎麼辦？如果有人說你刻意假裝自己是別人呢？有沒有可能大家都已經知道你在學校從來不會有過好的表現，所以爲時已晚，後悔莫及？一個人是否擁有冒這些風險的自由，是否能集中心神，是不是有種發自內心的渴望——我深深體會到，無論是寫作或從事任何其他有意義的工作，這些都是成功的先決條件。

我就這樣開始在課堂上指定「自由寫作」這個功課。我不打分數，也不批改。學生們可以寫任何他們想寫的東西，用任何他們希望的方式寫。我不會挑他們的錯誤；我不會在他們的課桌間走動，設法從他們的肩膀後面監看；事實上，只要他們希望，他們可以全權保留自己的書寫成果。如果他們想找人把他們寫的東西唸出來給大家聽，我會很榮幸做這件事，但我不會對那些文字做任何標記。

當我向他們說明這個部分時，他們臉上露出一種不可置信的表情。那種表情很難描述。狄馬克斯說：「那我什麼都不要寫。」卡珊德拉說：「應該是老師教我們才對吧？」不過後來所有學生都寫了。低沉的深呼吸聲、鉛筆刮過紙張時發出的不規則韻律，以及同學們不可思議的安靜——在那個奇特的寂靜時光中，空氣裡蕩漾著一股幾乎觸摸得到的欲望。

某些學生從不會懷疑這種練習的意義。派屈克毫不遲疑就把頭埋進寫作紙，開始認眞寫東西，他的左手隨著書寫動作不斷沾到油墨。每隔一段時間，他會把草稿揉成一團，塞進衣服口袋裡。

長了一雙大眼睛、個性強悍的凱拉是因爲打架而被送到明星，她出手打人的事相當惡名昭彰。她告訴我她並不明白自己爲什麼會打架。她的猜測是，或許那是因爲她喜歡做她擅長的事。這一陣子她恪遵我說的每一句話。在短短三星期內，她將雪倫·福雷克寫的四本書全部看完。寫〈我是〉

這篇詩文時，她挑的主題是她的母親——她發揮想像，描寫母親辛苦上兩個班（白天在幼稚園，晚上在賭場）、努力拉拔五個孩子的情景。在另一次練習中，她是這麼寫的：我要讓我的人生有所成就，但似乎有某種東西在阻礙我，而我怎麼也無法找出那到底是什麼。

她的自由書寫作品是一封寫給自己的信：

親愛的凱拉：

最近幾個月妳都在忙些什麼。希望妳一切都好。妳有沒有又跑去打架。我希望當妳遇到麻煩時，妳能抬頭挺胸，面帶微笑地走開。我知道妳有時很難克制自己，可是，喂！打架能解決問題嗎，只會讓情況變得比原來更糟糕而已。

未來我希望自己變成一個教年輕少女讀詩寫詩的年輕女老師。當我踏出校門時，我希望學生們都能改變他們的想法，重新來過一次。我希望他們永遠願意原諒自己在人生中犯下的所有錯誤。因爲人都會犯錯，這沒什麼大不了的。

我的全部學生，包括懷疑心態最嚴重的那些學生在內，後來都會安靜且專心地埋頭書寫，讓個人情感像一捲緞帶般在眼前的紙頁上鋪陳開來。

因爲人都會犯錯，這沒什麼大不了的。

這種融合天眞與世故的筆鋒多麼迷人。

我知道妳有時很難克制自己，可是，喂！

七分鐘時間結束後，他們總是要求我再給他們一點時間。

譯註

1歡樂時段（happy hour）主要指咖啡館、酒吧及其他有餐飲服務的場所針對部分或全部酒品提供減價促銷的時段，通常是平日下班後的傍晚時間，以吸引剛下班的民眾消費，在晚餐前飲酒度過歡樂時光。

2邦諾書店（Barnes & Noble）是美國最大的連鎖書店，二〇一七年時在全美五十州共有六百多家店。

3全名爲「全國有色人種權益促進會法律辯護暨教育基金會」（NAACP Legal Defense and Educational Fund, Inc.），簡稱ＮＡＡＣＰ　ＬＤＦ，總部設於紐約市。這個機構是美國重要的民權組織及法律事務所，原本它是一九三〇年代由查爾斯・漢彌敦・休斯頓（Charles Hamilton Houston）所創機構全國有色人種權益促進會（National Association for the Advancement of Colored People，簡稱ＮＡＡＣＰ）的財務單位，但瑟古德・馬歇爾（Thurgood Marshall）在一九四〇年代將其另立爲法律實體，一九五〇年代這個單位完全脫離ＮＡＡＣＰ，獨立運作，不過名稱仍保留原屬單位縮寫。

4姚明是一九八〇年出生的中國籃球員，全世界最知名華人運動員之一，曾是中國國家籃球隊隊員，隨後陸續效力於中國籃球職業聯賽（ＣＢＡ）上海大鯊魚籃球俱樂部和美國國家籃球協會（ＮＢＡ）休士頓火箭隊。二〇〇〇年參加夏季奧運會時與兩名隊友合作無間，被國際媒體冠上「移動長城」（The Walking Great Wall）的外號，聲名大噪。已於二〇一一年退休，二〇一七年當選爲中國籃球協會主席。

5柯比・比恩・布萊恩（Kobe Bean Bryant）是一九七八年出生的非裔美國運動員，前美國國家籃球協會（ＮＢＡ）職業籃球員。一九九六年首次在ＮＢＡ出賽，二〇一六年球季結束後退休。在爲洛杉磯湖人（Los Angeles Lakers）隊效力的二十年職業生涯中，總得分位居ＮＢＡ歷史上第三位，並取得五次總冠軍。

6巴布羅・魯伊斯・畢卡索（Pablo Ruiz Picasso，一八八一—一九七三），是西班牙畫家、雕塑家、版畫家、陶藝家、舞台設計師、作家，立體主義創始者之一，二十世紀現代藝術要角。他與馬塞爾・杜象（Marcel Duchamp）和昂利・馬蒂斯（Henri Matisse）是二十世紀初期在造型藝術領域進行革命性發展的三大藝術家，在祖國西班牙則與薩爾瓦多・達利（Salvador Dalí）、胡安・米羅（Joan Miró）被譽爲二十世紀三大藝術家。藍色時期指畢卡索創作生涯中的一九〇〇年至一九〇四年這段時間，當時他因爲在西班牙獨自旅行的孤寂心情及同年出生的好友卡羅斯・卡薩赫馬斯（Carlos Casagemas）自殺等因素影響，主要以藍色爲基調繪製憂傷景象，後世遂以「藍色時期」稱之。

7《黑孩子》（*Black Boy*）出版於一九四五年，是理察・賴特的回憶錄，詳細記敘他在美國南方（密西西比、阿肯色、田納西等州）的童年生活，以及成年後移居芝加哥發展寫作事業並成爲美國共產黨員的經歷。

8即發生於二〇〇一年九月十一日的「九一一恐怖攻擊事件」。這起事件是蓋達組織承認於美國本土發動的一連串自殺式恐怖襲擊。當天上午，十九名蓋達組織恐怖分子劫持從波士頓、紐約及華盛頓特區起飛的四架民航客機，讓其中兩架分別衝撞紐約世界貿易中心南北雙塔，造成兩座大樓在兩小時內陸續倒塌，並導致臨近其他建築倒塌或毀損。第三架飛機撞向臨近華盛頓特區的五角大廈。第四架飛機可能預計飛向華盛頓特區，但部分乘客與機組人員試圖奪回飛機控制權，最終墜毀在賓夕法尼亞州鄉間。作爲對這次恐攻的回應，美國發動反恐戰爭，入侵阿富汗，以消滅藏匿蓋達組織恐怖分子的塔利班政權。九一一事件是繼二次大戰日本空襲美國後，美國本土首次遭受的空中攻擊，也是珍珠港事件後外國勢力首次對美國領土造成重大傷亡的攻擊事件，直接導致至少二九九六人死亡（較珍珠港事件多出將近六百人），受傷人數超過六千人。

9奧古斯特・羅丹（Auguste Rodin，一八四〇—一九一七），法國雕塑家。《沉思者》（*Le Penseur*）是他的最知名作品之一，位於巴黎羅丹美術館的庭園。

10泰勒・派瑞（Tyler Perry），本名小艾密特・派瑞（Emmitt Perry Jr.），一九六九年出生於紐奧良的非裔美國演員、導演、監製、作家、劇作家、編劇和福音音樂作曲家。他在一九九〇年代及二〇〇〇年代初期編寫、製作和參演許多舞台劇，後來也參與許多電影和電視節目製作及演出。二〇一一年，《富比士》（*Forbes*）將派瑞評爲當年演藝界薪酬最高的人。他的作品主題經常涉及神學和與黑人教會文化有關的社會行爲。

11費奧多爾・米哈伊洛維奇・杜斯妥也夫斯基（俄語拉丁化：Fyodor Mikhailovich Dostoyevsky，一八二一—一八八一），俄國作家。他的文學風格對二十世紀世界文壇產生深遠的影響，重要作品包括《罪與罰》、《白癡》、《卡拉馬助夫兄弟》等。他描繪的角色經常生活在社會底層，但擁有異於常人的想法，部分學者認爲他是存在主義的鼻祖。

12 快克（crack）即快克古柯鹼，是一種結晶狀古柯鹼，使用者將它加熱後產生的煙霧吸入體內，製造強烈快感，但快感很快就會消失。由於加熱過程中會發出劈啪聲（crack），因而得名。

13《綠野仙蹤》（*The Wonderful Wizard of Oz*，直譯爲《奧茲國的神奇魔法師》，亦有《奧茲國歷險記》的譯法）是美國著名童話故事，由萊曼．法蘭克．鮑姆（Lyman Frank Baum）執筆，W．W．丹斯洛（W. W. Denslow）繪製插圖，一九〇〇年於芝加哥出版，深受讀者喜愛，連續兩年成爲全美最暢銷童書。故事講述堪薩斯少女桃樂絲（Dorothy）連同房子與小狗托托被一陣龍捲風吹到神奇的奧茲國，其後爲了回堪薩斯，在那裡經歷各種奇遇。一九〇二年由百老匯改編爲音樂舞台劇，佳評如潮。乘此成功之勢，鮑姆後來陸續撰寫十三本奧茲國的故事。鮑姆逝世後，露絲．普蘭利．湯普森（Ruth Plumly Thompson）又創作了二十一本續集，加上其他幾位作家的五部奧茲國故事，被視爲這個經典故事的原始完整版，合稱「聞名四十集」（Famous Forty）。除此之外，歷年亦有各國多位作家寫作奧茲國的故事。一九三九年好萊塢根據原著製作音樂片，造成轟動。音樂片與早年的舞台劇均以較短的 *The Wizard of Oz*（直譯爲《奧茲國的魔法師》）爲名，後來出版的英文版《綠野仙蹤》大都採用這個較簡短的名稱。美國國會圖書館宣布這部童話是「美國最偉大亦最受喜愛的本土童話」。

第三章　下次將是烈火
The Fire Next Time

三月間，我收到哈佛法學院入學申請處的語音訊息。我被錄取了。

我打電話給父母。「恭喜，」媽用中文說。她不由自主地笑了起來，那是一種歡呼聲，跟我本身的感覺極不搭調。我爸把電話搶過去，說現在他有理由出去吃大餐了。我好像已經很久——可能是從大學畢業以來——不曾讓他們高興，所以我沒告訴他們我不打算去上法學院，我已經決定留在三角洲。

「很快見，」我說，但他們幾乎沒聽見。他們五月會來看我。

然後我打電話給一位已經到一家頂尖法學院就學的朋友，希望他從他的角度提供意見。

「待在三角洲這邊教書，這不是一種根本性的改變嗎？」我問他。「我覺得這裡面有某種激進的成分。」用這種方式說話讓我感覺很輕鬆——說中文的時候我連激進這種概念都表達不出來。

不過他現在說的已經是另一種語言了。

「激進？」他質疑地說，彷彿上次用這個詞已經是古早時代的事了。「如果想要實現眞正的結構性改變，拿個法學學位才有用。待在三角洲沒法做到這件事。」他開始聊他正在學習的種種。他的口吻聽起來不一樣了。事實上，我的很多進步派朋友去上法學院以後都變了。他們整個人都跟原來不同，他們顯得比較有自信，比較世故。他們變得沒那麼慷慨激昂。他們開口閉口都在談審判、訴訟，林林總總的司法先例，法律與事實的區別。他們知道所有銀行和公司企業的名字，而名字是很重要的。

「不要當烈士。」

我覺得受傷。

他問我有沒有看到《時報》對政府監控人民的相關報導。

「時報？」我像個傻子般重複了一次——顯然我習慣用的詞彙也變了。

「對，」他用乾巴巴的口吻說。「《紐約時報》。也許妳聽過？」

我心想，《時報》幾乎從來不曾報導三角洲地區的事，不過我沒把這話說出來。

「這段時間妳都在教什麼？」他問。

我嚥了一口口水、清了一下喉嚨。「我是」的詩文練習忽然顯得好愚蠢。我擔心他會以爲我在哄騙那些學生，但其實我很賣力在推動他們進步。想必我這朋友不會知道我發現的那些青少年讀物作家的名字。

我說：「阿馬杜・迪亞羅[1]、警察暴力、民主這類主題。」

我原先的確打算教那麼一門課，只是情況不太理想，才上了一天我就決定半途而廢。我記得在迪亞羅遇害那天，我這位朋友和我驟然間如夢初醒。紐約市警方一共射出四十一發子彈，其中十九發擊中他。二十三歲的迪亞羅是一名來自幾內亞的移民，當天他身上並未攜帶任何武器。我很失望我的學生沒有用心思考這件事。他們只覺得阿馬杜・迪亞羅這名字很好笑，並開玩笑說赫勒拿的警察連怎麼開槍都不知道。我沒料到那個事件居然沒能引起他們的共鳴。白人警察暴力的問題在三角洲很少被拿出來談。跟整個三角洲地區一樣，赫勒拿的警察從基層員警到警長百分之百都是黑人。況且，黑人在這裡並不是少數族群。這邊的警察讓年輕人憤怒的地方是警察本身就販毒，而且當他們的朋友被殺害時，警方不會進行調查。我們的課很快就退化成日常生活閒聊。學生們問我：紐—約—市是什麼樣的地方？他們把這三個字分開來唸，彷彿每個字都是一個不同地方。那裡有沒有保齡球館？

「迪亞羅？哇，很棒呢，」我的法學院朋友帶著佩服的語氣說。「不過蜜雪兒[2]，現在我們該往前看。如果妳拿到法學學位，就可以加倍發揮影響力。」

派屈克在靜默閱讀方面表現亮眼。書讓他保持專注。他的閱讀品味相當多元：朗斯頓・休斯[3]，狄蘭・湯瑪斯[4]文選，押韻辭典。在春天的一場學校典禮上，他獲頒「最佳進步獎」。不是我幫他報名這個獎項的，是我們那位很少到校的校長；就連她也注意到派屈克開始天天來上學了。他的名字被宣布出來時，他顯得很驚訝；過去他還不曾拿過任何獎。學生們爲他喝采。他彎腰駝背，步伐緩慢地走上講台，不太知道該表現出什麼樣子。外人的肯定使他覺得尷尬。他轉身面向還在鼓掌的學生，然後忽然高舉雙臂，做出勝利姿勢。所有人都笑了出來。

派屈克得獎後不久，一位名叫理查・沃姆瑟（Richard Wormser）的紐約電影導演來到赫勒拿。沃姆瑟外型不修邊幅，頭髮斑白，穿了一條皺皺的半正式長褲。有好幾個人告訴過他，如果他打算到赫勒拿找些「風險性」學生聊聊，他就該到明星來。沃姆瑟最近才剛拍了一部跟阿肯色州小村鎮伊萊恩（Elaine）有關的影片。伊萊恩鄰進菲利浦斯郡的中央地帶，從赫勒拿往內陸方向走，到那裡只有十五英里，不過對赫勒拿居民來說，那邊已經是「偏鄉」了。理察・賴特的舅舅就是在伊萊恩遇害的，當年他經營烈酒生意賺大錢，造成當地白人眼紅，結果白人把他殺了。他被槍殺那天晚上，他的家人逃到赫勒拿，把衣服和餐具裝進一輛農務貨車摸黑開走。沒有人爲他治喪，沒有告別式，沒有人埋葬他。「那是我親身經歷過最能稱得上是白人恐怖的事，令我激憤難平，」賴特寫道。「我問母親，爲什麼我們沒有反擊，但她內心太惶恐，只好打了我一記耳光，於是我便沉默了。」

我後來得知沃姆瑟的影片要說的是「伊萊恩暴動」的故事。這個地區的居民口中所謂伊萊恩暴動其實是個誤稱，那根本不是暴動，而是白人屠殺黑人。

事件發生的起點是一所教堂。黑人佃農聚集在那裡討論對農場經營者提告的計畫，原因爲他們沒領到薪水。白人成群衝進教堂，往教堂內開槍。後來一名白人被射殺，導致鎮民怒火沖天。不出幾天，數以百計白人從鄰近各郡湧入，在市街上、在棉花田公然獵殺黑人，男女老幼都不放過。配備機關槍的聯邦部隊也開進小鎮。根據某些歷史學者的研究，這些部隊幫白人民眾槍殺黑人。最後共有五名白人死亡，數百名黑人遇難。警方只逮捕黑人，把他們羈押在赫勒拿的郡立監獄。由於沒有任何白人遭到起訴，官方一概不承認黑人被謀殺的事。

理查·沃姆瑟和我在交談過程中很快就發現我們有什麼共同點：我們都想知道，在走過那段殘酷而漫長的歷史之後，三角洲地區的居民今天呈現什麼生活樣貌。我們站在我的教室外頭說話，這時大批剛上完第四節課的學生從教室湧出，朝餐廳方向走去。

理查用手指著一個步履緩慢、肩膀下垂的學生。「那是誰？」他問我。

「他叫派屈克，」我說。我看著理查觀察派屈克。於是我明白不只是我會特別關心派屈克，這孩子身上有某種特點，會讓人想幫助他。

「他做了什麼事，爲什麼會被丟到這裡？」理查問我。他很快就已經搞清楚我們學校的宗旨何在。

「太常曠課，」我說。「很多學生都是因爲這個原因被送進來。不過來了以後，學校卻不幫他們，結果他們又開始曠課了。」

理查說他想拍派屈克。幾天後，他跟另兩名劇組人員一起前往派屈克家試拍幾段他的影片。派屈克顯得受寵若驚。想不想看他的卡丁車[5]？我們跟著他走到後院。他說他自己修理鏈輪，鏈條和其他機件都修好了，只剩下煞車器。他彎下腰，把一個螺絲旋緊。然後他讓大家看輪子轉動的情形——完美無瑕。

他笑吟吟地抬起頭。短短幾秒鐘，派屈克已經把拍片團隊迷住了。

「你覺得你想不想當機械技工？」女攝影師問道。

「想啊，」派屈克說。

理查讓攝影機繼續拍攝，並問派屈克他對明星學校的看法。

派屈克說了很多讚美我的話。他說是我讓他有了上學的動力。他說他沒到學校的時候，我會打電話到他家，甚至登門拜訪。「在米勒中學沒有人這樣關心我，那就是我課業不及格的原因，」他說。「我想現在我在明星絕對不可能不及格，因爲郭老師超關心我。」

聽到他這樣描述我，我覺得很開心。一名劇組人員轉身看我，我看出她的讚賞表情。回到學校以後，理查把攝影機朝著我拍。我聽到自己用近乎狂熱分子那種沒有心機的熱烈語調說：「最基本的一件事是確保這些孩子覺得受到關懷，其實就這麼簡單。」

五月的一個週末下午，我在我住的城區散步，試著找到楓丘墓園（Maple Hill Cemetery）。這個墓園有個更廣爲人知的名字：邦聯墓園（Confederate Cemetery）[6]。我經過一棟曾經是豪宅的老房子，看到立柱、方形窗戶，以及像寬寬的白色梯子般通向門廊的階梯。一名患有唐氏症的婦人坐在階梯頂端，正在撫摸一隻貓。她是極少數還留在這個城區生活的白人之一。

我繼續走。一條流浪狗把頭探進一個被丟棄的洋芋片袋子，我看著那隻狗，兩個小孩子則在觀望我。我等著他們發出「清鏘」的叫聲，結果這件事沒發生——我鬆了一口氣。再走一小段路，成排的楊樹和橡樹沒了，不再有樹影可供躲避火辣辣的陽光。我開始在可怕的熱氣中流汗。我脫下薄薄的連帽衫，露出底下的背心。汗水沿著我的脖子往下流淌。維多利亞風格住宅消失了，換成一層樓的簡陋房舍，這些房子侷促地緊靠街邊，路人可以看到屋內的樣子。窗戶上沒有安裝玻璃，居民只是把保鮮膜用強力膠布貼在窗框上固定。有幾棟這種房子是教會。一個教堂看板上寫著：「耶穌是你前往天堂的車票」。另一個看板上的標語是：「此處有奇蹟」。

更多流浪狗出現了。我認出一條街名，我有個學生就住在這條街上，我開始擔心他可能看到我穿背心，於是把連帽衫重新穿上。民眾坐在他們的房子外面一邊搧涼一邊看著我。有個蹣跚學步的幼兒拿著一個髒兮兮的塑膠杯子玩。

我停下腳步。遠處的墓園映入眼簾，它坐落在一片陽光燦爛的青翠山丘上，散發某種不合時宜的壯美。茂密的樹木陰影下散布著堅固的大型石碑。入口處是一座有拱形頂部的金屬大門。這是截至目前為止我在赫勒拿見到過最美好的公共空間。

我走過一座山丘，然後走過另一座，最後來到濃密的雪松遮蔭中一處鋪有砌石的台地。台地中央矗立著一座高聳的紀念碑。我伸長脖子仰望紀念碑頂端的雕塑：是一名蓄有八字鬍、手持步槍的士兵。最上面刻了一場戰役的名字——「錫羅」[7]，再往下還有「奇卡莫加」[8]。十三顆星星[9]上方則寫了這麼一句：「紀念邦聯死難者」。

然後是一段醒目的蝕刻文字：「這座紀念碑代表並象徵於此愛國情操與犧牲精神聖地所展現的英雄崇拜，對邦聯未竟志業的虔誠緬懷，以及對長眠於此之有名與無名戰士的崇高敬意。」

「英雄崇拜」，「未竟志業」——我到底身在何方？或說，我究竟處在哪個時代？在二〇〇六年，在一個黑人占多數的地方，在從前棉花生產與蓄奴制度曾經同時急速發展的地區，赫勒拿這個城鎮的少許公共空間之一竟仍在紀念邦聯的主張。

聯邦軍於一八六二年進軍阿肯色州，攻下赫勒拿，阻斷通往維克斯堡（Vicksburg，一八六三年一場血腥戰役的發生地）的補給線。聯邦軍動員兩萬兵力進行赫勒拿防衛戰，他們驅逐地主，奪取農場，釋放奴隸。不僅是在三角洲，在整個美國南方，黑奴皆以成功抵達赫勒拿爲獲得自由的保障。遷移人數多得令人吃驚。成千上萬的黑人湧入赫勒拿；根據一名威斯康辛州士兵的記述，他們「擠得像一堆黑莓般在營區四周徘徊」。

邦聯國會通過法令宣布，任何爲聯邦作戰的黑人士兵都必須處決。但黑人仍舊決定爲聯邦效力。阿肯色州最早期的一些黑人軍團是在赫勒拿訓練出來的。南北戰爭結束前夕，阿肯色州至少有五千名黑人志願者加入聯邦軍隊，其中百分之八十五來自三角洲地區。

那些爲黑人士兵與難民設立的紀念碑到哪去了？在過去那個漫長世紀中，到底出了多少問題，導致那些歷史遺跡現在所剩無幾？市區的黑人墓園——木蘭墓園（Magnolia Cemetery）——是個令人看了難過的地方，那裡缺乏維護，墓碑被掩藏在深達膝蓋的雜草中。三角洲地區的黑人解放史如同一條尚未走完的路，而墓園中那些故事被忽略、消音的現象，是那條漫漫長路上一個不容否認的事實。

奴隸制度的終結帶來新的不公。美國在重建時期[10]確實曾經促進黑人權力的提升，但這個新的權力很快便瓦解，導致更多人陷入絕望的處境。

黑奴解放還不到十年，一種惡質的佃農制度已經發展起來。它是這樣運作的：每年年底耶誕節前後，佃農會被傳喚到農場辦公室，領取一年的工錢。如尼可拉斯．雷曼[11]所言，那經常是個「希望被無情粉碎」的時刻。佃農會拿到一張紙，上面只寫了一個數字。有時這個數字代表他積欠農場主人的金額；還有些時候，他辛苦工作一整年後，只掙到幾個美元。要是佃農膽敢要求詳細核算單，可能會引來殺身之禍。「佃農制度具有虛假承諾的面向，而且農場經營者不斷強調你的窮困是你自己的錯（你和他只是單純的生意夥伴，你的損失在那張單據上寫得一清二楚），這些都使佃農感到格外痛苦，」雷曼寫道。「身爲佃農，你發現你的人生被安排的方式，只在理論上跟自由美國人的生活有某種相似性，實際情況與此截然不同。這個現象只有兩種解釋：第一，這一切的背後有某種陰謀，其目的在於讓你永遠處於低下地位；第二（這是白人的說法），你能力差，天生不如人。但這兩種解釋都無法讓人心服。」

黑人外移到非洲賴比瑞亞的熱潮證明美國南方黑人的絕望處境。在那個早期的「重返非洲運動」（Back-to-Africa）中，赫勒拿是孕育活動人士的溫床，也是其中一些人的誕生地。阿肯色移民賴比瑞亞殖民地（Liberian Exodus Arkansas Colony）第一屆大會於一八七七年在赫勒拿浸信會第三教堂舉行。不過很少人會眞的移民到賴比瑞亞，以菲利浦斯郡來說，總數不到一百人；他們的經濟條件太差，居住地點太內陸，而且經營農場的白人會假造佃農的債務，以此爲藉口不放他們離開。

大約在赫勒拿的一些黑人籌備離開美國的事宜時，佛雷德里克·道格拉斯[12]竭力譴責所有外移運動，無論是移往美國西部、北部，或移民到非洲。他向民眾勸說，南方需要進行偉大的工程。在道格拉斯心目中，南方既是他的家園，也是他的故鄉，是「他的政治權力與發展可能性奠基之地」。一八七九年間，他聲言：「南方有色人種才剛開始累積一些財產，並爲成立家庭奠定根基，因此不該急於變賣那點東西，趕到密西西比河畔（搭船離開）。一個人永遠不應該離開原來的家，到其他地方尋找新家，除非他已經透過勤懇的努力，使周遭環境符合他的想望。從一個地方流浪到另一個地方，不斷找尋更好的生活條件，這從來就不是個好習慣……比起你說『我在這裡是個異鄉人，誰都不認識』，能夠說『我生於斯長於斯，認識這裡所有人』還是比較開心的事。」

道格拉斯的樂觀心態導致他在另一方面的無感。如果黑人能參加南北戰爭而且贏得勝利，現在他們一定也能積極奮鬥，爭取到屬於他們的自由。因爲，儘管黑人移出的現象反映出個別黑人的權力主張，但它也等於是在承認卑劣惡質、無法無天的南方各州終究占了上風。整體而言，道格拉斯是一位夢想家：他相信重建大業的美好願景，拒絕接受這個計畫胎死腹中的可能性。這位全世界最著名的「亡命之徒」[13]一心希望黑人留在南方；他沒有預期到黑人表達自由的方式竟會是拋棄這個他盼望能復興的南方。

道格拉斯屬於少數派。其他黑人領袖對情勢的了解比他更透徹，他們知道南方的壓迫體制將持續下去，不受任何約束與矯正。

赫勒拿的情況確實如此。跟南方其他各州一樣，阿肯色州將從前的奴隸關進監獄，藉此榨取他們的勞力。黑奴解放以前，監獄中的犯人幾乎清一色是白種人；由於主人需要奴隸提供勞役，凡是黑奴被捕，就會被保釋出去。但解放以後，監獄人口變成以黑人為大宗，而且與白人的數目不成比例。「歷史學者大衛．奧辛斯基[14]著述指出，各地方法院儼然成為「為全州境內迫切需要勞工的雇主服務的輸送帶」。再小的罪名都可能被處以極嚴厲的刑罰。在菲利浦斯郡，兩名前黑奴居然因為假造一夸脫[15]威士忌的點酒單而遭法官定重罪，其中一人被判十八年徒刑，另一人被判三十六年。

一名被解放的黑奴形容新的制度「比奴隸制度更糟糕」，因為自由有名無實，而且遊戲規則被動了手腳。前黑奴和他們的下一代繼續做他們原本一直在做的工作：興築堤防、清理沼澤地、收割棉花。不久後，工業發展使勞動變得更加危險，煤礦、鋸木廠、鐵路工地都是勞動死亡率非常高的地方。

儘管如此，其他各種因素持續爲黑人帶來建立尊嚴的依據。黑人父母開始成立自己的學校。在菲利浦斯郡，一處蔭涼的林地成爲一所私塾；另一所私塾設在一間沒有鋪設地板的騾舍中。印第安那州的貴格會[16]人員前來協助；本地人稱他們爲「黑鬼的老師」，說他們「寵壞了黑鬼」[17]。駐紮在赫勒拿的黑人士兵募集了兩千美元，資助貴格會友興建南地學院，這所學校不久後成爲密西西比河以西的第一所黑人高等教育機構[18]。另一件令黑人感到驕傲的事是藍調音樂。在藍調酒館和歌舞飲食店，客人川流不息，他們在那裡跳舞、交際、談情說愛、暢飲私釀烈酒（這種酒在阿肯色州比在嚴格執行禁酒令[19]的密西西比州容易喝到）。

不過藍調和私塾無法阻擋由白人至上主義所驅動的暴力。從美國重建時期結束到第二次世界大戰間，菲利浦斯郡是全美私刑發生次數最多的一個郡。根據歷史學者南．伍德洛夫[20]的記載，在伊萊恩屠殺期間，一名菲利浦斯郡的教師目睹「二十八名黑人遭到殺害，他們的屍體被丟進坑裡燒掉」；後來這位教師又在赫勒拿附近看到一座橋上掛著十六具屍體。葛里夫．斯達克利[21]引述一份曼菲斯報紙的報導：「憤怒民眾從赫勒拿驅車前往伊萊恩時，還會朝黑人的屍體開槍。」一名當地居民證言道：「看到他們開槍打人、焚燒屍體，我們趕緊轉身逃走，往東邊的鐵路跑。那些白人設法截斷我們的去路，他們不斷對我們射擊……到了那天傍晚五點左右，已經有將近三百個白人帶著槍來攻擊，不分男女老少，見人就開槍射殺。」

一九二三年，即伊萊恩屠殺發生四年後，白人逞兇施暴的欲望方興未艾；超過一萬人從田納西州及密西西比州湧到赫勒拿參加一場三K黨[22]集會。同時，一名前來阿肯色三角洲[23]視察的全國有色人種權益促進會（NAACP）地方聯絡員在此之前不久才發表過這樣的評論：「對有色人種而言，今天的阿肯色州鄉村地帶比三十多年前更不安全，甚至可能是前所未見地危險。」

大量居民遷離阿肯色州。不過他們的目的地不是賴比瑞亞，而是美國北方。在一九二〇和三〇年代期間，阿肯色州人口外移的比例超過全美任何其他州，三分之一的黑人人口決定離開。後來又出現一種大幅改造社會的機器——棉花收割機。這種機器每小時能收割一千磅棉花，而一個工人每小時只能收割二十磅。將近一個世紀中在三角洲地區不可或缺的黑人勞力至此驟然被淘汰。在那個時期中，爲了黑人勞力相關議題，美國爆發了死傷慘重的南北戰爭，當局曾經制定流浪防治法[24]，法院會假造罪名判處徒刑，到處建起監獄，叛亂遭到鎮壓，學校在棉花種植及採收期會暫時關閉。那一切忽然成爲過去式，黑人勞工則如敝屣般被無情拋棄。有辦法往北方移民的人繼續遷離，人口外流日益嚴重。

在阿肯色州，如同在整個南方，能遷居他處發展的人通常教育水準比較高，而且擁有一些人脈。留在三角洲地區的人經常生活在偏遠的內陸地帶，他們缺乏離開家鄉的本錢。這些人不會讀書寫字，而且充滿恐懼：他們害怕違反跟雇主之間的「契約」；害怕無法離開的家人與親友遭受報復；害怕前往他們不知道、不熟悉的地方。生活條件不佳可能迫使一個人出走，但也可能削減他離開的動力。許多文獻資料讓我們看到南方黑人憑藉無比勇氣，經歷艱辛旅程，移民到芝加哥、紐約、洛杉磯這些城市。相較之下，鮮少有人針對那些留在家鄉的人們著墨。因此，我們似乎可以原諒道格拉斯在一八七九年對遷離南方的黑人移民顯得冷漠無感——他的重點是對留在家鄉那些人表達同情。

你是否有本錢離開家鄉，移居到其他地方？生活在今天的三角洲代表生活在這個長年老問題的陰影下。我開始眞正明白，二十世紀初期的大遷徙跟民權運動或黑奴解放一樣，蘊含了屬於它的救贖寓言。在大遷徙的歷史中，黑人做了一個選擇：爲了獲得自由，他們奮力脫離原鄉，融入美國北方熙熙攘攘的大熔爐。在那個大時代的故事中，離鄉背井的行爲帶有英雄色彩：你成功出走了，你不顧一切奔向北方，你做這件事是爲了你的孩子，爲了你們的尊嚴，爲了生存。在那樣的故事中，最重要的並非你離開了什麼地方，而是「你離開了」這個事實。在那個故事中，你離開的地方——三角洲、黑人帶（Black Belt）、整個深南部——近乎不存在。它最終必將碎裂瓦解、煙消雲散，跟某個不愉快的記憶乃至整個過去一樣。

大遷徙的故事就這樣遮蔽住那些無法離開或選擇留下的人們，使他們失去能見度。那些人可能是最一無所有的一群。他們跟外界的接觸可能最少，也可能最習慣挫敗。但是這群人卻堅忍地生存著，而他們的能耐也許就源自上述這些特質。他們年歲增長，有了小孩，而這些孩子注定得走進一個慘澹的世界，那裡工作機會稀少，教育品質不良。不過群眾暴力的故事似乎已然遠去。有些人會告訴孩子，最要緊的事是設法靠自己站起來。

派屈克、邁爾斯、塔米爾，以及我的其他學生，他們都是那些被遺留在原地者的後代。

再過一個星期，我的父母就要過來看我，而我卻還沒告訴他們我打算待在赫勒拿。我的朋友們聚在一起幫我思考對策。

「等週末快結束時再告訴他們，」某個朋友說。另一位朋友不贊成。「開門見山告訴他們，一了百了才是上策。」然後又有人說：「不行不行，等他們多看些東西再說吧。」

等他們多看些東西。這句話讓我充滿了希望。我們想出一個計畫。大家一起享用玉米麵包配肋排。我會帶他們參觀我的教室，讓他們細細欣賞每面牆上的每一張照片、每一首詩。我也會帶他們參加一個稱作「三角洲偶像」（Delta Idol）的活動，這個活動的目的是為我這群朋友正在籌設的「男孩女孩俱樂部」（Boys & Girls Club）募款。從伊萊恩、馬維爾（Marvell）到赫勒拿，來自菲利浦斯郡各地的青少年將在活動現場唱歌跳舞、朗讀詩詞、表演各種節目。德索托學校的那些學生也會參與這個活動，這將是十年來白人和黑人學生第一次相聚聯歡，同台獻藝。我還要讓父母看我朋友丹尼和我一起寫的新聞稿，當地報紙一字不漏地將它刊登出來了。

還有一件所有人都贊成的事：我得把房子好好打掃一下。

在我父母預計抵達之前那個星期，我規畫了一個校外教學活動，帶學生到密西西比州克利夫蘭市參加一個饒舌與口說工作坊。我已經開始更頻繁地辦這種活動，在早上挑出幾名學生，然後帶他們做學習性的一日遊，例如參觀曼菲斯圖書館、畢爾街[25]和各色各樣的書店。

我的駕駛技術很差，這件事讓我的學生很開心。他們會揪出我犯的每一個錯：該轉彎時忘了轉彎，撞到人行道邊緣，闖紅燈……有一次，我不小心誤闖一條私人車道，結果在設法倒車出來時撞到一個郵箱。「他X的！」我大叫一聲。

通常不太說話的派屈克聽了高興極了。

「哇，郭老師罵髒話！」

「郭老師，妳的駕照是買好傢伙爆米花[26]附送的嗎？」

「老師的責任是教我們讀書，不是讓我們撞死。」

「天啊，中國那邊的人是這樣開車的嗎？我絕對不要去那裡。」

「不要說她是中國人！郭老師是在美國出生的，」派屈克說。

「可是她還是中國人。」

他們很高興在我的車上要遵守的規則比在教室裡少。說得具體些，這表示他們可以隨意鬥嘴，不必怕被處罰。

他們也很高興在車上可以聽音樂。他們會轉到各個不同電台聽，也會把我的光碟唱片翻出來播放。他們一直不懂得欣賞我那些搖滾和民謠風格音樂收藏——尼克·德瑞克[27]、蘇楊·史蒂文斯[28]、Iron & Wine[29]。他們會為了誰可以選哪種音樂播放而爭論不休。

後來派屈克找到我那張吐派克[30]專輯，播放了〈改變〉（Changes），然後隨著音樂節奏，用手指在儀表板上打拍子。「老天，這裡變好HIGH，」坐在後座的塔米爾說。「吐派克耶！他超猛的。」

坐在前座的派屈克用心聽歌詞。

「可是你的做法很低賤，賣快克給那些小鬼……」[31]他一邊自顧自地複誦歌詞，一邊往窗外看。我沿著他的視線望去，看到一個頂多才八歲的小男生在騎摩托車。派屈克朝那小孩點了個頭，小孩看到派屈克，帶著不信任的表情盯了他一下，然後繼續往前騎。「你認識他嗎？」

「不認識，」派屈克說。「我只是想表示友善。」他開始哼唱。

開車的過程總是比目的地更好玩。我從來不需要提醒學生要好好欣賞窗外的風景。派屈克總是把他旁邊的窗戶搖下，彷彿吹進來的風可以證明我們確實在往某個地方前進。汽車是種感覺上很威風的東西。它能馳騁在遼闊的空間中，急速穿越無止無盡的平野。似乎沒有任何地方是汽車無法通過的。車子開在赫勒拿大橋上時，沒有人開口說話，所有人都在專心往外看。對多數學生而言，那是他們一輩子第一次或第二次跨越密西西比河。

越過大橋時車內那種靜謐，就像靜默閱讀時的寧靜。

我的父母到赫勒拿玩，在這裡住了三夜。我們一起享用肋排和玉米麵包。他們參加了我那群朋友爲「男孩女孩俱樂部」舉辦的無聲拍賣會，並以高昂價格買下一幅畫作，上面畫的是一隻鴨子；

我們知道那幅畫最後一定會被收進地下儲藏室。每齣表演結束時，他們都會真誠地鼓掌。唱福音歌時，我父親居然還會搖擺身子；母親和我交換了一個訝異的眼神。

在這趟旅行的最後一個整天，他們跟我來到學校。我帶他們欣賞掛在牆上的學生詩作。父親把其中一首詩唸了一半，然後踱步離開。母親從最近他們才搬去的印第安那州帶來一些自動鉛筆，她把鉛筆分發給學生，使她大受歡迎。不過真正讓我父母興奮的是放學後的數學加強課。派屈克、邁爾斯、艾倫和其他學生在教室前方的白板上各自設法解練習題，我父親在旁看得按捺不住。「不對，這樣做比較快！」他衝上前，不由分說地抓起我的白板筆。母親認出丈夫的老樣子，自顧自地笑著。

學生們也咯咯笑了起來。父親的作風跟我完全相反，他明快直接，而且顯得輕鬆自在。現在他把白板筆還給邁爾斯。邁爾斯用我父親說的方式解題，然後轉身看我是不是在注意看。

「沒錯吧？」我父親用勝利的口吻說。「這樣才快。」看來我對父母的認識真的很少。

學生們矗立在我父親身旁，使他看起來活像個戴了眼鏡的亞洲小精靈。他開始解另一道習題，是個包含分數減法的棘手題目。他做解說時渾身上下都在動，結果眼鏡差點掉下來。

那天晚上，我們坐在門廊上喝冰茶。我覺得滿懷希望，心臟急速跳動。我心想，就告訴他們吧。

「最近我在想，」我開了口。「我在想我可能會在這裡多待幾年。有一種程序叫作『展緩入學』，很多人——」

「待在這裡？」他們異口同聲地說。

父親的臉孔糾結起來；母親用手把臉蒙住。

「待在這裡？」父親帶著震驚的語氣重複了一次。

他們說，他們已經開始讓其他人知道我馬上就要進法學院就讀。我這樣做算什麼？讓他們變成騙子嗎？如果我並沒有眞正打算上法學院，爲什麼大費周章去申請？

我父親揮手指著外面的街道繼續說：「妳這麼聰明，不該只是做這個——」他說「聰明」的時候，聲音忽然變得尖銳而詭異。我可以看到脈搏在他的脖子上跳動。

「妳快樂嗎？」母親打岔道。「妳看妳，」她用中文說。「看看妳的身體。」她是指我變胖了。「妳知道妳說話的樣子嗎？妳說話的樣子很老氣。妳的口氣好嚴肅。我跟妳說話的時候會忍不住想，我的女兒已經忘記她還很年輕。妳不在乎妳的外表；妳不在乎妳沒男朋友。好像妳不想要快樂。只有學校，學生，學校，學生。他們又不是妳自己的小孩！妳是不是根本不想有小孩？妳看妳在這裡那些朋友，人家不都是一對一對的。他們不會在乎妳還是一個人。這不是他們的錯，已經有伴的人就是這樣。可是我在乎，只有妳媽和妳爸在乎。」她吸了一口氣。「妳不正常。妳那些表兄弟姐妹才叫正常。他們結婚，唸理科，變成快樂的人。他們的日子好輕鬆，過得順心如意。他們聽父母的話。爲什麼妳不能當正常人？妳是怎麼回事？妳要知道，沒人會娶德蕾莎修女[32]的。」

我感到錯愕。我不知道他們這麼不高興我在這裡。

母親繼續說話。「妳上大學以後就變了個人。我們不該把妳送到哈佛唸書的；那裡的人通通以爲他們能改變世界。妳以爲妳能嗎？看看報紙吧，沒有什麼會改變。妳以爲妳有多特別？妳以爲妳比妳爸爸媽媽行嗎？因爲妳讀過那堆書，因爲妳喜歡幫助別人？」她嘲諷地笑了起來。「妳以爲妳爸爸媽媽沒在幫助別人嗎？我們幫助了妳哪！我們讓妳去唸書。我們幫助妳上大學。我們給妳房子住，我們每天辛苦打拚。」

父親抓著胸口，彷彿那裡在痛。「妳看不起父母，」他下了這個結論。

然後他站起來走開，沒等我母親做出反應。

母親憂心忡忡地跟著他走去。

隔天一早，我開車送他們到曼菲斯機場。我們在路上停下來吃早餐，不過很少說話。

「我們是個幸福的家庭，對吧？」父親終於開口問。然後他用肯定的口吻回答自己的問題。「我們家很幸福。」

在機場跟他們道別以後，我發現自己不想回家。於是我在曼菲斯和赫勒拿之間的六十一號公路上來回開車，我想著父母，覺得喉嚨糾結成一團。

我十歲左右的時候，有一次在卡拉馬朱的一間洗車中心，我父親把車停在另一輛車後面排隊，然後我們聽到一個高亢的叫罵聲。「喂！」一名女子從後面那輛車探出頭，對著我們大喊。「死老中，你和你的死老中女兒插隊擋我！」我們眞的插隊擋到別人了？我心裡擔心的是這個問題，因爲我不知道「死老中」是什麼意思。父親衝出車子，衝著她吼：「狗娘幹出來的婊子！」我縮回車裡——

整個停車區的人都聽得到他飆罵髒話。不過讓我非常驚訝的是，那女人竟然縮回車子裡，她沒料到我父親會回罵。父親罵得很流暢，他的火氣超大，我生怕他可能會當場揍她，不過他沒有。他回到車上，現在他反而開始對著我吼，好像我也做錯了什麼事。「妳給我記住，妳是個美國人。妳是個美國公民。妳是在這裡出生的。妳懂不懂？懂不懂？」

在我父母介紹我給鄰居認識的場合，有時當我開口說話，我會在那些人臉上看到一絲驚訝的表情，彷彿他們一時忘了我說英文並沒有口音，而我們這些「外來者」的存在使他們意識到這件事的意義。我這個人，特別是我的英文，同時代表一份議和獻禮、一個犀利回應和一聲作戰怒吼。我的父母似乎在說：聽她說話吧，她沒口音，她跟你們是同一國的。對我父母來說，我哥哥和我是美國人——不是亞裔美國人，不是華裔美國人，就只是美國人。或許這個觀念只是時勢所趨，不過它也顯示出他們願意為此放棄多少東西。

我在三角洲地區的朋友中很少有人能理解我父母對我施展的力量是多麼強大。「妳在他們身邊就像個小女孩，」一位室友這樣訓過我。「他們怎麼能告訴妳該做什麼？妳是個成年人了。」但是，許多亞裔父母會以令人難以承受的程度表現出他們對小孩的失望之情，這點是外人永遠無法想像的。大眾文化對亞裔族群的滑稽刻畫並不符合實情，主要原因是那些描繪從來都不夠深入。至少就我們家而言，那些常見的責難手段——吼叫，哭泣，羞辱，引發內疚——樣樣都不會少。

不過這一切只能算是障眼的煙霧。他們策略奏效的眞正祕訣可能在於他們不願意明講的那個部分。他們二話不說，就會掏空存款讓我買書、上各式各樣的課。他們不指望在自己的人生中獲得多大成功；小孩的人生比較重要。他們不會想到要我哥哥和我做家事——在他們眼中，讀書就是一份全職工作。他們不會唸故事給我聽，因爲他們怕我染上他們的口音。他們對他們的個人歷史不以爲意，甚至沒讓我學會說他們的母語。對他們來說，移民國外向來意味著付出一個代價：他們的小孩會在這些方面打他們折扣。

「妳看不起我們，」他們帶著受創的表情對我說。這不是我父母第一次說這句話，不過是我第一次親耳聽到他們說。於是我無法克制內心湧起一股不情願而且充滿痛苦的溫情。這就是爲什麼他們不知道怎麼跟我說話；這就是爲什麼他們不懂得怎麼幫助我開口說明我要的是什麼。這又如何？有什麼大不了的。長大吧！況且他們也許知道些什麼與我有關但我不願意承認的事。

有一次，萊利老師聽到學生對我發出那種貶損中國人的模仿聲，她馬上對他們吼：「郭老師跟我們一樣都是少數族裔。你們爲什麼要這樣傷害她？你們傷害到的其實是自己。」學生們覺得羞愧，一時鴉雀無聲。他們轉過頭，重新審視我的臉孔和五官。我可以感覺他們在思忖我們之間的關係。我不是外國人，不是姚明的親戚；我可能眞的是跟他們一樣的人。我眞佩服萊利老師說出那句話。我眞喜歡她那番話的含義：妳和我都是一樣的。

「黃種人」、「蒙古種」（美國最高法院的用詞）、「討厭的華裔」（又是最高法院用詞）——這類詞語無不是在區隔亞裔與白人，將多種不同文化混爲一談，視爲同一個隨時可以遣送出境的單一實體。在一九五四年的「布朗訴教育局」一案之前，密西西比州的華裔兒童被禁止就讀純白人學校，理由是這些小孩屬於有色人種。在阿肯色州，一名州參議員於一九四三年正式宣布禁止令時表示：「我知道在座各位都不可能認為黑人跟你們的孩子一樣行，所以我也不相信有任何黃種人可能跟我的小孩或各位的小孩一樣行。」

二次大戰期間，將近一萬七千名日裔美國人以戰犯身分來到赫勒拿南方一百英里的地區。他們大都是在加州被拘捕，然後被送上火車，經過七天橫跨美國的旅途以後，他們在這裡看到的是一片蟲蛇肆虐的荒涼土地，上面建了一些只完成一半的骯髒營舍。某些營區設有監視用的瞭望塔，但卻沒有自來水供應。這些剛遭到拘禁的人大部分出生在美國，但這個事實並不重要。「日本人種是敵方人種，」領導美西防衛司令部那名將軍曾用拙劣的英文寫道，「雖然很多第二代和第三代日本人在美國本土出生，擁有美國公民身分，而且已經變得『美國化』，可是他們的種族血統並沒有被稀釋。」

在三角洲地區，日裔美國人砍樹、清理土地、種植作物。其中有些人在加州從事過農務，但有些人本來是辦公室職員，生平第一次必須學習怎麼用斧頭。他們的勞力付出使原先幾乎毫無價值的土地增值了七到十五倍。州政府當局因為害怕這些日裔在戰後買土地定居下來，因此透過立法宣布：日本人或日本人的後代皆不得購買或持有阿肯色州境內任何一筆土地。

萊利老師想告訴學生的是，我們屬於同一個歷史脈絡——密西西比河三角洲白人至上主義的歷史。她的話表達出我決定來三角洲的理由：展現我跟這些人團結與共的精神。但現在這一切忽然顯得荒唐離譜。三角洲地區那些亞洲人的奮鬥跟我有多大關係？我的學生和萊利老師的學生們，他們的奮鬥跟我又有多大關係？我的祖先不是來自這裡。我的祖父母沒有在大戰期間被羈押在這裡，也沒有被禁止就讀這些學校。我在美國的歷史很短，也很簡單；我的父母來自一個沒有人聽過的國家，而我對那個國家所知也很少。於是——現在這點逐漸變得顯而易見了——我轉而從黑人的歷史傳統尋找代理認同，用這種方式填補我自身歷史的闕如，並據以主張我身上擁有屬於美國的過去。

我繼續開車。我把車停進「鴻運來」（Lucky Strike）賭場，然後又開出去。我往北開，往南開，然後再往北開。公路沿線有一叢山核桃樹，一些神祕的十字架，一些已經休耕的田地，以及一棵矗立在水中的樹。

我父親晃動雙臂對著這個地方比畫。「留在這？」他說。這不是他和我母親前來尋找的美國。他們不知道這個地方。在赫勒拿，一個又一個移民族群消失了：三角洲猶太人，三角洲黎巴嫩人，三角洲華人，他們都曾經是赫勒拿的重要成員，但他們都走了。他們是移民，這是他們的身分屬性。他們遷走了。我在經歷一個詭異而清明的時刻。我父母對三角洲的看法其實比較接近我那些學生的看法——把它當作一條死路，一個必須逃離的地方。

萊利老師在宣告與我之間的共同連結時，也促使我思考我的忠誠到底在哪裡。我的父母一直太謙遜。他們沒告訴我太多他們自身的歷史，因爲他們認爲自己和自己的人生旅途並無任何特別之處。

我不禁有點心碎地想：也許我犯的大錯就是把他們輕描淡寫的話當成事實。但這些有血有肉、辛勤努力、滿口責備的人，這些用彷彿我屬於他們的占有心態對待我的人，他們才是我第一個該覺得休戚與共的對象哪！而且，或許我真的屬於他們。或許我對他們真的負有某種責任。

跟經常出現的情形一樣，我母親對我說的話之所以令我無地自容，部分原因在於她說的是事實。我最親近的朋友們幾乎都已經出雙入對。我差不多每天都會到住在同一條街的丹尼和露西家賴上一陣；他們有兩隻貓，而我就像他們的第三隻貓，隨心所欲地進出，在他們的沙發上打瞌睡。當我醒過來時，經常會看到爐火上有一鍋麻辣燉肉[33]，我身上會蓋著一條毯子，他們倆則會踮腳走路、輕聲細語，以免吵醒我。晚餐後，丹尼會試著教我彈吉他，露西則會跟著我們彈奏的曲調哼唱。今年我的室友也是一對情侶，他們一個是天主教徒，一個是猶太教徒，兩個人會爭論以後如果有了小孩，家裡是不是該擺耶誕樹。就連那種反反覆覆的爭吵都是一種家庭生活的寫照，而我距離那樣的生活還很遙遠。

不過我母親對我做出那些指控的真正導火線，是我跟我的唯一單身朋友薇薇安之間的交談內容。我們談論三角洲地區時，將它描述得像一座遙遠孤島——如果你是單身身分，你就會一直那樣下去。周遭沒有任何適合我們年紀的男性。我們互相哀訴生活壓力和吃下去那堆炸物害我們增加了多少體重。我們尖刻地談論那些決定長期留下來的朋友幾乎不是結了婚，就是已經有了伴。

我必須承認我是寂寞的。眼前不甚迷人的事實是，我已經快要二十五歲，但還不曾交過男友。

到三角洲前一年，我拿到一筆獎學金，到英國待了一段時間。我在那裡第一次眞正喝酒，還穿了耳洞，然後因爲一段單戀而感到被羞辱，痛苦萬分。離開英國時，我爲自己感到有點心酸，不過那年夏天稍後，在抵達三角洲以前，我已經重新調整心態，假裝那一切都不曾發生。我回歸大學時代的崇高理想，再度像當時那樣認定交友是其他女人在做的事，彷彿我要透過這種言行，展現我有多投入各種偉大抱負，對凡俗瑣事又是多麼興趣缺缺。那時的我不只否定亞洲女人「陰柔、充滿異國風情」的刻板形象，而且對這種否定心態感到驕傲，非常驕傲。我會跟其他人開玩笑說我是個女性主義獨身者；我會穿連身工裝褲和顏色不搭的衣服；我會充滿激情地說女性之間的友誼優於布爾喬亞式的異性戀情。不過現在我覺得尷尬。我過去那些信誓旦旦的話語似乎說得太響亮了。一種跟世界互動的重要方式與我擦身而過。

而且薇薇安就要走了。她申請到密西根大學公共政策研究所，在那星期稍早到家裡來吃了一頓飯。「古柏先生」——也就是她任教的米勒中學的校長——「今天拿著體罰板，在學校走廊追著一個學生跑。我想是那個學生挑起一場打架之類的事。」她把手臂舉起來，演示那個動作：先是把人抓住，然後準備打下去。「不過後來那個學生溜掉了。」薇薇安半帶哀戚的神色笑了起來，頃刻間我彷彿認不得她了。她嘲笑學校運作不良時，那模樣感覺上像是在爲自己開立許可書，以便能安心離開。

在運作良好的學校，比方說我在成長過程中上過的那些學校，教職員基本上以一個團隊的型態行事，學生如果鬧事，他會像田徑隊員傳接力棒那樣，按部就班地被送到一個個成年人那裡做相關處理。校長召開親師座談會，輔導老師安排定期輔導課，成年人共同合作，爲那個學生規畫一套方案。但在運作不良的學校中，放棄的感覺是教學經驗中非常核心的部分。放棄就是把行爲不良的學生趕出教室，於是他無法學習你原本希望能用來改變他的一堂課。放棄就是任由他暴露在奇思異想中，而學校的作用本來應該是保護他們免於那些事物的誘惑。我們的校長不在校內時，被趕出教室的學生無處可去。他們會在校舍四周流連，敲打任何一間教室的門，設法進到教室裡去。「把妳的門鎖好，」萊利老師給我忠告。「他們會一直敲一直敲，不過最後還是會走掉。」

我的父母眞的錯得很離譜嗎？無論他們是不是外來移民，多數父母都不希望自己的小孩移居到三角洲。我父母要我結婚、生小孩、找好工作、賺錢。他們對幸福的想法很美國。我覺得我生活中的人幾乎全都已經給了我離開三角洲的許可。爲什麼我偏要留下？這是個荒誕無稽的想法。我是個來自密西根州的亞裔美國女子，我跟這個地方有什麼關聯？在我前來三角洲生活這整個企圖中，現在我看到的只有其中的荒謬成分。我自以爲是誰？

天快黑時，我終於把車開回家門口，這時我已經決定離開三角洲了。我用很長時間沖了個熱水澡。走出淋浴間時，我碰巧看到自己在鏡子裡的影像。自從我來到三角洲以後，這是我第一次看到自己顯出漂亮的模樣。我不禁愣了一下。

我做決定之後兩個星期，學區宣布沒有足夠經費維持明星學校的運作，所有師生都會被送回赫勒拿的主要中學——中央中學。學區的另類學習實驗（如果那可以稱作實驗的話）就這樣前後一共進行了七年。在幾乎沒有人討論的情況下，明星就要從赫勒拿消失了。只有住在距離中央中學數百英尺的富裕社區那些白人家庭對這件事稍微做出評論：他們對於住家附近即將出現一群壞小孩這件事表示關切，認爲那是一種「危險」。其實我們也不能怪他們；比起大多數選擇生活在郊區的中上層家庭，赫勒拿這群富裕白人會比較值得非議嗎？無論他們來自哪個種族，富裕階層住在郊區不都是爲了安全，爲了遠離「危險」？在這個小城的其他區域，有人會任意朝住家窗戶投擲磚塊，老人會挨揍，他們的住處會遭人盜竊，還有居民會在自家門前的車道上被人用槍頂住要脅。

學生們跑來問我：「妳也會去中央嗎？」

我搖搖頭。

派屈克把他的筆放下。課堂變得很安靜，電腦發出沉悶的嗡嗡聲。

「我要去上法學院，」我說。「明年我不會在這裡了。」

一陣長長的沉默。最後班上個性最可愛的學生之一——莫妮卡打破了沉默。

「郭老師，妳當律師一定不太行。」

「爲什麼？」我雙手扠腰，假裝生氣。

「因爲妳人太好了。」

我看著全班同學。

我說：「我會想念你們。」我又說：「你們是我見過最堅強的一群人。」派屈克看著我，沒眨一下眼睛。他似乎是在設法慢慢消化我說的話。艾倫也是。還有吉娜。莫妮卡。凱拉。他們都相信我。他們不會認爲我只是在設法當好人，或只是混個薪水來領，或者硬要他們做什麼事；他們是眞的相信我，這點令我感動。在天地萬物的浩瀚格局中，一年算不了什麼。但是我們每天朝夕相處，我們學會相互信任。

最後一天上課時，我們上的是「戶外教學」，大夥在外面一起吃漢堡、玩遊戲。

「郭老師，留下來嘛！」莫妮卡說。我沒在她的表情中發現一絲對我做評斷的跡象。

我一直待到夏天的最後一天。我會到剛成立的「男孩女孩俱樂部」，在他們使用的臨時場地打乒乓球。我會坐在門廊上看瑪麗蓮．羅賓遜[34]的小說《基列》[35]。她在書中寫道，人對自己的最大希望是能夠有用，而他們最大的恐懼是漫無目標。我花了很長時間打包教室裡的東西；我什麼都不想丟掉。我保留了我的貼紙，那些貼紙深受十五歲男學生們的喜愛，讓我又驚又喜。我保留了他們的自由書寫作品。我保留了他們的照片。我保留了派屈克的一幅畫，它的標題寫著「愛心老師」，上面包括一張我的肖像。

離開前一天晚上，我去拜訪丹尼和露西。我們聊了一整晚。我跟他們提到先前我服務過的一家遊民收容所。你拿牙膏給遊民；他告訴你警察在他平常過夜的機場騷擾他。你們說了好幾個小時的話。你給他一個地鐵代幣，說萬一明天晚上沒床位，就進地鐵睡吧。下班以後，你繼續過你的日子；花錢買你不需要的東西；擔心一些不重要的事。這一切可有任何意義？當你看到某個人被社會完全拋棄——他衣衫襤褸，臭氣逼人，冷得直打哆嗦，呼吸散發酒味，說話口齒不清——你看著他的眼睛時，難道不會被永遠改變？難道你的人生不會出現永遠的質變？他們顯然能意會我真正想問的是什麼事。

「你們覺得你們還會在這裡待多久？」最後我終於這麼問。丹尼和露西用不帶任何評斷的溫和口吻告訴我，他們還不急著離開。他們說他們希望我快樂，還送給我一把吉他。

出發那天上午陽光燦然，天氣炎熱。隨著車子逐漸把三角洲拋在後頭，我忽然才體會出一件事：當鮑德溫斷言人類具有共通人性——無論黑人白人，我們都是對方的一部分——他的立論根據並非不費吹灰之力的人類情感，而是切切實實的努力。

他曾這麼寫道：唯有你能在自己身上面對的東西，你才可能在其他人身上面對它。相信關於共通人性的理想、相信愛，這並不是良好的出發點；信念是你得努力掙來的。你把自己掏心挖肺，或被人掏心挖肺。你付出過心力；你承擔過痛苦。跟鮑德溫一樣，你跟你的絕望纏鬥，逐漸將它馴化爲一種信念，讓你相信人類休戚與共的命運。

回想我在赫勒拿的教學生活，我確實要求我的學生付出辛勤的努力。當大衛看著一張私刑的照片時，我促使他努力思考。他把頭趴在桌上。他那麼做是因爲他看到某個祖先遭受羞辱？或者是因爲那堂課本身？他是不是察覺到，然後抗拒，一個他被期望扮演的角色——見證一個不堪入目的景象，並因爲那種景象已經不復存在而感到寬慰？

我也一直透過書寫練習，讓學生付出心力。派屈克的鄰居，那個十五歲女孩黎安娜，撫養她的人是她的祖母。她寫過這段幾乎不含標點的文字：親愛的主啊，我最不懂的一件事是爲什麼我奶奶找不到好的男朋友和好的工作讓她可以好好照顧我和我妹妹爲什麼她就是不會中樂透或其他什麼獎或拿到一些錢還有那四十畝地和一頭騾子呢。

「四十畝地和一頭騾子？」我驚訝地問她。沒有其他學生聽過這句話。「妳是在哪聽到這句話的？」我急著想知道答案。

她說：「是我奶奶。」一想到有人沒信守對奶奶的諾言，她就覺得很難過。

邁爾斯繼續寫了一些東西。不過他的下一首詩宛如第一首的狂熱變奏：我想知道那個人會不會因爲殺了我哥而痛苦/我看到那家店就想到我哥/我希望那個人殺掉/我完成時會覺得像國王。我把那張文稿抓在手上坐了下來，覺得渾身接近癱瘓。我雙耳發熱，因爲我意識到寫作並沒有爲他帶來「結案」的效果——就此結束悲情，邁向全新開始。相反地，寫作打開了一扇通往更多痛苦的門。

派屈克也付出了心力。派屈克持續自動到學校報到。每天早上他都會準時起床，每天早上他都會搭上校車。起初他蹺課的事令我感到不解。但現在原因很清楚了。他爲什麼要上學?就算他順利畢業,他的世界會眞的改善嗎?他畢業以後要做什麼?他家裡沒有人曾經讀到高中畢業。不過他還是來上學了。他寫了一首詩,內容是關於一個生活在街頭的動物。他讀了一位魔法師在堪薩斯州的故事[36]。他會搬出狄蘭.湯瑪斯的文字來運用。他也曾在筆記本中寫下這句:黑暗是條道路,光明是個地方。「唸起來不錯聽,」他說。

在《下次將是烈火》[37]中,鮑德溫寫道:我們……必須像戀人那般堅持凸顯、乃至創造對方的意識。我的學生們做到這件事了。他們堅持不懈,我則變得更具意識。不過一個沒有人說出口、但教室中所有人都明白的事實一直存在:我可能走掉。如果我眞想那麼做,我甚至可以直接走出教室,永遠不再回來。我可以走,而他們不能走——這就是我的王牌。

付出的少、得到的多,這種老話確實可以套用在我的情況。現在我獲得了一套量度標準,讓我能據以衡量什麼樣的一天稱得上有意義。這套標準是這樣的:你是否有辦法跟一個來自完全不同背景的人跨越重重困難,建立洋溢生命力的連結?那個連結是如此眞誠,以至於你根本忘了你在企圖建立連結這件事?它是如此急切,以至於你明天仍舊想要出現,而且對方也相信你會出現?如果能做到這點,那麼你就算是曾努力不讓自己滿口空談,爲自己的自由理想賦予實質,讓它成爲你的血肉。

我請學生付出心力,但我自己付出了什麼?我以爲我付出了很多,但當我開車離開三角洲時,兩年似乎顯得微不足道。也許我完全沒有改變。我現在回想起教書期間那些不愉快的日子，那些日子迫使我對自己的想法——那些與我的善意、耐心或強大信念有關的想法——浮上檯面，然後把它們完全碾碎。某個學生會對另一個學生挑釁，接著是報復、爆發、混亂。我會站在那裡，我的動脈在脖子裡猛跳，學生們則望著我，等著看我會說什麼話。

有些學生一定認爲我受夠了。我一定想放棄，車子一開就走人。這有可能是眞的。但大部分時候我的感覺剛好相反。我會覺得今天還能得到救贖。今天表現不佳的學生可能會覺得他們又把事情搞砸了——今天的爆炸夷平了昨天的成就，把記分板內容一筆勾銷，把他們丟回零蛋的狀態。不過我會主動跟他們談。我會說：沒有任何事能帶走你們已經完成的東西。看到那張你自己的照片嗎？看到那本你在看的書嗎？我會說：自我毀滅、失敗、摔倒、自我感覺不好、重新站起來，這些都是人性。你很堅強，你很棒；相信我。

言語眞的很重要。言語可以建立一個人的自尊。但有些學生不太需要我用言語激勵，就會有自覺。像派屈克這種學生，他們會自動出現，他們會主動帶來屬於他們的智慧。

四月的某天下午，在下了一整星期的雨以後，天花板忽然漏水，把我們教室裡的書毀掉一大部分。學生們絕望地叫喊。莫妮卡抓著一本被水泡濕的書拚命擦。我不知所措。

「別再一堆人鬼叫好嗎？」派屈克說。他站起來走出教室。幾分鐘後，他拿著水桶和拖把走了進來。

譯註

1阿馬杜·迪亞羅（Amadou Diallo）是一名移民到美國的非洲青年。一九九九年二月，紐約市警察局街頭犯罪科的四名警員在布朗克斯街頭將迪亞羅誤認爲一名一年前犯案的強姦犯，企圖加以逮捕。迪亞羅逃回住處，在門口掏錢包（可能是要拿鑰匙），一名員警以爲他掏出的是一把槍，於是對他開槍，連帶引起其他員警加入射擊，導致迪亞羅喪生。這起事件引起輿論譁然，警察暴力、種族貌相（racial profiling）、感染性射擊（contagious shooting）等問題成爲爭議焦點。四名警員以二級謀殺罪被起訴，後來都無罪開釋。街頭犯罪科則已裁撤。

2蜜雪兒（Michelle）是本書作者的英文名。

3詹姆斯·默瑟·朗斯頓·休斯（James Mercer Langston Hughes，一九〇二—一九六七），非裔美國詩人、作家、社會運動人士，紐約哈林文藝復興代表人物之一。他是當時非常新穎的文學藝術形式「爵士詩」（jazz poetry）的開山祖師之一。其名言爲「黑人正流行」（The negro was in vogue），後來被擴大挪用爲「哈林正流行」。

4狄蘭·湯瑪斯（Dylan Thomas，一九一四—一九五三），威爾斯詩人、作家。二次世界大戰期間曾爲英國廣播公司服務，戰後繼續負責爲該公司的一個重要文藝節目寫稿播音。一九四六年發表詩集《死亡和出場》（*Deaths and Entrances*），這部作品爲他奠定偉大詩人的地位。評論界普遍認爲湯瑪斯是繼奧登之後英國又一位重要詩人。他的詩作主要屬於超現實主義流派，內容饒富夢幻色彩，且注重押韻，易於朗誦。

5卡丁車（go-cart，也寫作go-kart，或簡稱kart），是一種小型開輪車（open-wheel car），涵蓋的款式與型態多元，從腳踏式玩具小賽車到引擎驅動的競速用小賽車都包括在內。

6此處的邦聯指一八六一年到一八六五年間存在於現今美國南方，但未獲承認的美利堅邦聯。詳見譯註9。

7錫羅戰役（Battle of Shiloh）是南北戰爭西部戰區的重要戰役之一，發生於一八六二年四月六日及七日，由北方聯邦獲勝。戰場位於田納西州西南部，因附近的衛理公會錫羅教堂而得名。這場戰事造成雙方共三千餘人陣亡，兩萬人受傷或失蹤，成爲截至當時美國歷史上最血腥的戰役。

8奇卡莫加（Chickamauga）指奇卡莫加戰役，這是美國南北戰爭重要戰役之一，發生於一八六三年九月十八到二十日。戰役發生地位於喬治亞州西北部，因田納西河支流奇卡莫加溪蜿蜒流經戰場附近而得名。這次戰役是北方聯邦在西部戰區最慘重的一次失敗，奇卡莫加進攻行動至此告終。雙方傷亡人數達三萬四千餘人，在南北戰爭中居第二位，僅次於同年七月蓋茨堡戰役（Battle of Gettysburg）的五萬人。

9十三顆星星代表美利堅聯盟國（南方邦聯）的十三個州。一八六〇年十一月，亞伯拉罕·林肯（Abraham Lincoln）當選爲美利堅合眾國總統，由於他極力反對奴隸制度，美國南方六個以生產棉花爲主的蓄奴州（南卡羅萊納、密西西比、阿拉巴馬、喬治亞、佛羅里達與路易西安那）決定脫離聯邦，於一八六一年二月建立美利堅邦聯，並選出傑佛遜·戴維斯（Jefferson Davis）爲首任邦聯總統。後來德州也加入邦聯，這七個州自行控制境內的軍隊、港口與海關。三月初，林肯宣誓就職爲聯邦總統，在就職演說中指出美國憲法比先前的邦聯條例（Articles of Confederation）勾勒出「更完整的聯邦」，而南方的分離「不具法律效力」。他表示無意入侵南方諸州，但爲維護聯邦所轄機關與領土，將不惜動用武力。最後他呼籲邦聯回歸聯邦。四月間，南卡羅萊納向州內駐紮在查爾斯頓桑特堡（Fort Sumter）的聯邦軍隊開火，戰爭正式爆發。林肯召請聯邦各州發兵保衛聯邦，結果卻導致維吉尼亞、阿肯色、田納西、北卡羅萊納州四州決定脫離聯邦，加入邦聯，使邦聯州數增至十一個。密蘇里州與肯塔基州政府繼續留在聯邦內，但兩州內的敵對派系被邦聯招攬，邦聯接受其爲成員州，總州數再增爲十三個。十三顆星星因而成爲美利堅聯盟國的象徵，並出現在其國旗上。

10美國重建時期（Reconstruction Era）指一八六五到一八七七年之間，在南方邦聯與奴隸制度被摧毀後，試圖解決南北戰爭殘留問題的時期。廣義的重建時期指美國歷史上一八六五至七七年這整個時期，狹義則指在美國國會主導下對南方進行的政府與社會改造工作。「重建」涵蓋南方分離各州如何重返聯邦、南方邦聯領導人的公民地位、黑人自由民的法律地位等課題。重建時期可分爲三個階段。總統重建期（一八六三—六六）先後由亞伯拉罕·林肯與安德魯·詹森（Andrew Johnson）兩位總統主導，以迅速團結國家爲目標。他們的溫和方案受到激進共和黨人（Radical Republicans）的抵制，這個共和黨派系在一八六六年大選後取得權力，開啟國會重建期（一八六六—七三年），以自由黑人的公民權和投票權爲重點進行改革。一個由自由黑人、來自北方的提包客（carpetbaggers）和南方共和黨白人（Scalawag）組成的共和黨同盟掌握了南方大部分的州。在救贖期（一八七三—七七年），以「救贖者」（Redeemers）自居的南方民主黨白人擊敗共和黨，重建時期逐步告終，南方各州被民主黨白人一直控制到一九六〇年代。重建時期結束之際，黑人未獲平等整合於法律、政治、經濟、社會體系中，南方依然是高度仰賴農業、貧困落後的「偏鄉」，白種南方人則迅速透過暴力、威嚇與歧視，重新建立對黑人的法律及政治支配。因此，重建時期有不少成就，但許多史學家認爲整體上它是失敗的。

11尼可拉斯·雷曼（Nicholas Lemann），哥倫比亞大學新聞研究所教授、前所長，美國文理科學院院士。

12 佛雷德里克·道格拉斯（Frederick Douglass，約一八一八—一八九五），美國黑人革命家、政治家、演說家、作家。在馬里蘭州逃脫奴隸生活後，他成爲廢除奴隸制度與社會改革的領袖，畢生爭取黑人權益。他也是第一位擔任美國外交使節的黑人。在道格拉斯的時代，許多人認爲奴隸缺乏智能，無法成爲美國公民，但他成爲此一說法的絕佳反例。反奴隸的北方人陣營幾乎不敢相信，這樣偉大的演說家竟曾是奴隸。

13 此指道格拉斯逃離奴隸生活一事。道格拉斯出身馬里蘭州奴隸階層，有一部分歐洲與美洲印第安人血統，且據傳他的主人即是他的父親。擁有他的蓄奴主則是參議員、原馬里蘭州州長艾德華·洛德（Edward Lloyd）。（按：蓄奴主皆是當時的名流士紳，在林肯當選總統以前，歷任美國總統大都也是蓄奴主。這些蓄奴主會把奴隸租給農場、工廠、私人家庭等，雇主爲奴隸的主人。）道格拉斯自幼被迫與母親分離，與外婆生活到六歲，然後被送到白人農場，並數度「易主」，期間一名主人的妻子教他識字。知識啓發他的反蓄奴意識，而他在少年時代即於農場上開設主日課，教其他奴隸讀《新約聖經》。他二度企圖逃逸未果，十九歲那年在碼頭工作時邂逅並愛上自由黑人安娜·穆瑞（Anna Murray），使他更相信自己能獲得自由。一八三八年九月，大約二十歲的道格拉斯再度企圖逃脫，他成功搭上火車離開，途中獲穆瑞提供旅費及水手裝束、一名自由黑人水手提供旅行文件，透過廢奴運動人士及部分自由黑人（包括穆瑞在內）建立的「地下交通網」，於當天深夜輾轉抵達紐約。穆瑞旋即趕赴紐約，兩人於十天後結婚。

14 大衛·奧辛斯基（David Oshinsky），一九四四年出生的美國紐約大學歷史系教授及醫學院醫學人文所所長。

15 夸脫（quart）爲英國、愛爾蘭及美國的容量單位，相當於四分之一加侖。美國的夸脫分爲乾濕兩種，濕量夸脫約爲九四六毫升，乾量夸脫則約爲一一〇一毫升。英制夸脫則約爲一一三七毫升。

16 貴格會（Quakers）是基督教新教的一個派別，正式名稱爲「教友會」（Religious Society of Friends），又稱「公誼會」（Friends Church）。這個教派成立於十七世紀的英國，傳說因爲一名早期領袖告誡「聽到上帝的話要顫抖」而得名「貴格」（Quaker，「震顫者」），但也有人認爲這個稱呼是因爲初期聚會中常有教徒全身發抖。該派主張和平主義與宗教自由，不起誓，並強調人與人之間像兄弟一樣平等，因此不尊稱任何人，也不要求別人尊稱自己（即不用「先生」、「女士」之類頭銜，僅以名字互稱）。貴格會信徒因受英國國教迫害，與清教徒一起移民到美洲，但後來又受到清教徒的迫害。貴格會堅決反對奴隸制，對南北戰爭前後的廢奴運動發揮了重要的影響。

17 「黑鬼」譯自英文「nigger」一字。早年 nigger 這個字單純指「黑人」，與 negro 語義大致相當，但後來帶有貶義，目前在美國已經成爲最具冒犯性的詞彙之一。不過在非裔美國方言中，這個字常被用作「老兄」、「朋友」之意，不帶貶義。Negro 這個稱呼在杜博伊斯等人廣泛使用下（如杜氏一九一五年名作《黑人》〔*The Negro*〕），於一九二

○年代取代更早期慣用的 colored（有色）一字，但 negro 在一九六六年正式被 black 取代，一九八○年代起African American、Afro-American（非裔美國人）也開始通行。Negro 一字現已過時且具貶義，但冒犯程度低於 nigger。本書引用的早年作家、學者等人大都使用「negro」，本書中譯文採當時的中性意涵，譯爲「黑人」。

18 南地學院（Southland College）的前身是一家孤苦黑人兒童救濟院，由南北戰爭期間從北方印第安那州來到赫勒拿宣教的一對貴格會友夫婦（艾莉妲與卡爾文·克拉克〔Alida and Calvin Clark〕）創辦。救濟院不久後成爲學校，學生多爲密西西比河流域的黑人農民小孩與白人農場經營者的混血後代。一八七六年改制爲南地學院，可頒授高等教育文憑，營運至一九二五年爲止。

19 美國於一九二○到一九三三年間實施禁酒令（Prohibition）。一九一九年，美國通過憲法第十八修正案，成爲禁酒國家，並於一九二○年一月開始執行禁酒令。目前美國南部和中西部仍有一些禁酒的郡或鎮。

20 南·伍德洛夫（Nan Woodruff），一九四九年出生的美國歷史學家，賓州大學教授，主要研究二十世紀非裔美國人歷史。

21 葛里夫·斯達克利（Grif Stockley），全名小葛里芬·賈斯培·斯達克利（Griffin Jasper Stockley Jr.），一九四四年出生於田納西州曼菲斯的作家、歷史學家及律師，畢生致力促進民權。著作包括一系列小說以及記述伊萊恩屠殺的《血色眼眸：一九一九年的伊萊恩種族屠殺》（*Blood in Their Eyes: The Elaine Race Massacres of 1919*，二○一一年出版）等。

22 三K黨（Ku Klux Klan）簡稱KKK或 Klan，是美國歷史上三個不同時期奉行白人至上主義和基督教恐怖主義的民間仇恨團體，也是美國種族主義的代表性組織。「Ku Klux Klan」這個名稱是由希臘語的κύκλος（kyklos，「圓圈」）及英語的 clan（「宗族」）這兩個字組合變化而成。最早的三K黨在南北戰爭結束後不久的一八六五年底由六個南方軍隊老兵在田納西州成立，最初目標是在美國南部恢復民主黨的勢力，並反對聯邦軍隊在南方強制實行的黑人待遇改善政策。一八七○年，共和黨總統尤里西斯·格蘭特（Ulysses Grant）簽署三K黨法案與一八七○年執行法案（又稱一八七○年民權法案），強行取締該組織，使其於隔年消失。第二個三K黨組織是一九一五年在亞特蘭大附近成立的一個營利機構，其宗旨爲爭取以英國裔爲主的新教背景白人族群相對於羅馬天主教徒、黑人及猶太人等族群的優勢地位。這個組織在一九二○年代的巔峰時期估計擁有六百萬成員（包括許多政府官員），相當於全美有選舉權人口的六分之一，後來逐漸式微，於一九四四年消失。第三波三K黨運動是由二次大戰後民權運動反對分子於各地建立的組織所構成，這些組織從事各種恐怖暴力活動至今（包括犯下美國歷史上最後一宗私刑案——一九八一年的麥可·唐納德〔Michael Donald〕謀殺案），並與新納粹等仇恨團體連結合作。

23 阿肯色三角洲（Arkansas Delta）是阿肯色州的天然地理區域之一，即該州東部密西西比河沿岸一帶。廣義的阿肯色三角洲最西端可達該州中部的小岩城。

24 流浪防治法（vagrancy law）的制定可追溯到十四世紀的英國。當時由於封建采邑解體、黑死病導致勞工嚴重短缺，英國通過實施「勞動者規約」（Statute of Labourers），要求缺乏生計的體格健全者接受固定薪資工作，藉以避免原來的奴隸四處流浪乞討，防治可能由此衍生的犯罪問題。一八二四年的流浪防治法（Vagrancy Act）進一步使露宿街頭及乞討等行爲等同犯罪，警方可據以逮捕遊民與乞丐。這類法令及政策隨著殖民者被移殖到新大陸，邦聯條例禁止貧民（pauper）和流浪者（vagabond）在各州間自由移動。南北戰爭結束後，流浪防治法被用來將原先的奴隸繼續維持在奴役狀態。在以種族隔離爲目的的吉姆克勞法（Jim Crow laws）實施期間（一八七六—一九六五），流浪法經常成爲迫使非裔美國人接受不合理工作條件的理由。直到一九六〇年代中期，美國多數州均實行各種防止流浪、晃蕩及不端行爲的法令。但由於流浪的概念含糊不清，且相關法令易遭濫用，變成迫害窮人及其他弱勢群體的藉口，因此美國最高法院於一九七二年裁定流浪防治相關法律違憲。

25 畢爾街（Beale Street）是曼菲斯市中心一條長約三公里的東西向街道，西端瀕臨密西西比河。這條歷史名街是藍調音樂的搖籃，現已成爲曼菲斯重要景點，藍調俱樂部及主題餐廳林立，並經常舉辦藍調音樂節。

26 好傢伙（Cracker Jack）是美國的一個知名零食品牌，目前爲百事食品集團旗下的商標。它是由爆米花混合花生裹上焦糖製成，具有濃厚的糖蜜風味，著名特色是包裝盒內會附送一個驚奇禮物（不過二〇一六年起不再附送實體禮物，改爲掃描ＱＲ圖碼贈送遊戲）。一八九三年，盧克翰（Rueckheim）兄弟開始生產「糖漿玉米花和花生」，並在當年的芝加哥萬國博覽會販售。一八九六年盧克翰將其改良，某天一名推銷員吃到時大讚：「眞是好東西！」（That's crackerjack!），於是產品正式定名爲Cracker Jack，並以「吃得越多越想吃」爲廣告口號。後來美國棒球賽現場幾乎都會販售這種零食。某些食品歷史學家將其視爲世界上第一種垃圾食物。

27 尼克·德瑞克（Nick Drake，一九四八—一九七四），英國創作歌手。

28 蘇楊·史蒂文斯（Sufjan Stevens），一九七五年出生的美國創作歌手。

29 即薩謬爾·畢姆（Samuel Beam），一九七四年出生的美國創作歌手，Iron & Wine（鐵與酒）爲其藝名。

30 吐派克·阿瑪魯·夏庫爾（Tupac Amaru Shakur，一九七一—一九九六），是非裔美國西岸嘻哈饒舌歌手和演員，藝名爲2Pac和Makaveli。吐派克曾是《金氏世界紀錄》中擁有最高銷量的饒舌歌手，在全球共賣出超過一千萬張專輯。他的歌曲觸及暴力、黑人貧民區、種族主義、社會福利等議題，充滿激進的革命反抗意識。一九九六年遭槍擊喪生，直接導因是先前發生的一場肢體衝突，但也有人認爲忌恨他的東岸饒舌歌手界可能有所牽連。

31 這句歌詞出自〈改變〉，該曲部分歌詞摘譯如下：我看不到改變，每天早上醒來我都要問／人生値不値得活下去？乾脆把自己轟掉／我厭倦身爲窮人，更厭倦身爲黑人〔……〕我看不到改變，只看到歧視臉孔／莫須有的仇恨，讓所有種族蒙羞〔……〕我們得做出改變／作爲一個民族我們應該開始做出改變〔……〕但我仍舊看不到改變；難道一位兄弟無法得到些許平靜？／戰爭發生在城中，戰爭發生在中東，卻沒人對貧窮衝鋒／不過他們對毒品宣戰，所以警察來找我麻煩……

32 德蕾莎修女（Mother Teresa，一九一〇—一九九七），天主教會全稱加爾各答聖德肋撒修女（Sanctus Teresia de Calcutta），原名安涅澤（艾格妮絲）・岡哲・博雅玖（Anjezë Gonxhe Bojaxhiu），阿爾巴尼亞裔印度籍羅馬天主教修女及傳教士，生於鄂圖曼帝國所轄科索沃州史高比耶（即今馬其頓共和國首都）。十八歲追隨天主聖召前往愛爾蘭修行，一九二九年赴印度宣道及從事慈善活動，一九五〇年創辦羅馬天主教仁愛傳教修女會，扶貧濟病。德蕾莎曾獲諸多榮譽，包括一九七九年諾貝爾和平獎。二〇一六年獲天主教會封聖，忌日九月五日成爲其聖日。

33 麻辣燉肉（chili con carne），常簡稱 chili。

34 瑪麗蓮・桑默斯・羅賓遜（Marilynne Summers Robinson）是一九四三年出生的美國小說家、散文家，曾多次獲獎，包括普立茲文學獎、美國國家書評獎、美國國會圖書館美國小說獎等等。最知名作品爲處女座《管家》（*Housekeeping*）及《基列》（*Gilead*）。她的小說擅於針對鄉村生活與信念等議題進行主題式描繪，散文則廣泛探討當代議題，包括宗教與科學的關係、核污染、美國政治等。二〇一六年《時代》雜誌將羅賓遜評爲百大人物之一。

35《基列》是羅賓遜繼《管家》後睽違二十餘年的第二部小說，出版於二〇〇四年，即本書作者居住於密西西比河三角洲期間。該書榮獲二〇〇五年普立茲文學獎、二〇〇五年美國國家書評獎。小說主角是愛荷華州偏僻小鎮基列的一名年邁公理會牧師約翰・艾姆斯（John Ames），故事以生命即將結束的牧師寫給六歲兒子的回憶錄展開，呈現他自己的一生。「基列」是聖經〈創世紀〉中的地名，原意爲「見證之丘」，該地位於約旦河以東的山丘，盛產乳香，林木密布，既是牧羊美地，也是逃亡者隱匿的處所。

36 指《綠野仙蹤》。

37《下次將是烈火》（*The Fire Next Time*）是詹姆斯・鮑德溫的一九六三年著作（一九六三年刊登於《大西洋月刊》

〔*The Atlantic*〕，一九六四年以書籍形式出版），內容包括兩篇論述文章：〈地牢撼動：黑奴解放一百週年致侄兒書〉（My Dungeon Shook: Letter to My Nephew on the One Hundredth Anniversary of the Emancipation）和〈十字架下：寄自心田一隅的信〉（Down at the Cross: Letter from a Region in My Mind）。第一篇的形式是作者寫給十四歲侄子的一封信，探討種族在美國歷史中所具有的核心地位。第二篇探討種族與宗教的關係，並聚焦於作者青少年時代的基督教會經驗，以及紐約哈林區某些人的伊斯蘭思想。這本書被認爲是一九六〇年代思考種族關係的最重要書籍之一。書名取自黑人靈歌〈瑪麗妳別哭〉（Mary Don't You Weep）的歌詞：上帝賜予諾亞彩虹記號／下次將不是水而是烈火（God gave Noah the rainbow sign / No more water but fire next time）。這段歌詞的典故是聖經〈創世紀〉中上帝以彩虹爲記號與人立約的故事：「神曉諭諾亞和他的兒子說：我與你們和你們的後裔立約，並與你們這裡的一切活物〔……〕立約。我與你們立約，凡有血肉的，不再被洪水滅絕，也不再有洪水毀壞地了。神說：我與你們並你們這裡的各樣活物所立的永約是有記號的。我把虹放在雲彩中，這就可作我與地立約的記號了。我使雲彩蓋地的時候，必有虹現在雲彩中，我便記念我與你們和各樣有血肉的活物所立的約，水就再不氾濫、毀壞一切有血肉的物了。」（〈創世紀〉九：八—十五）

II

出去
又回來
貓兒的戀情

——小林一茶[1]

第四章　伊凡・伊里奇之死
The Death of Ivan Ilyich

法學院很快就讓我變得連自己都認不得。我這輩子第一次不覺得自己是個好學生。我在課堂上很膽小，不敢發言。我的成績很普通。我會擔心自己說起話來是否顯得聰明。那些看起來最聰明的學生總有辦法迅速果決地應用相關規則。他們能成功做好他們被要求的事：以抽象方式思考問題。他們的思緒不會因爲那些問題的編撰靈感可能是來自眞實人物的故事而受到干擾。

第一學期第一堂契約課時，教授告訴我們一個故事，是關於一名丈夫過世了的女子。由於丈夫人壽保險中某個技術性細節的關係，保險公司拒絕給付保險費給妻子。教授說明那個技術性細節時，我們感到非常錯愕。她應不應該獲得給付？全班八十個人幾乎都舉了手：應該。學期過了四分之三以後，當教授再次向我們提到這個案例時，只剩下一小部分同學舉手。

那個學期我讀了托爾斯泰[2]的《伊凡・伊里奇之死》。伊凡是一名法官，原先他是一名律師，更早以前他曾是個法律系學生。他非常勤奮，努力往上爬升；未獲拔擢時，他感到絕望；後來升了官，又繼續往上爬升；最終獲任命爲法官。他告訴自己，無論從哪方面看，他的人生都合宜、得體且良善。

不過他後來生了病，於是一切都變了。身體上的痛苦使他驚恐。他痛得呻吟、打滾。他開始聽到來自體內的一個聲音。

你想要什麼？那聲音問。

伊凡回答說他不想繼續受苦，他想好好活著。

那聲音回道：活著？怎麼個活著法？

伊凡發現，當他傾聽那聲音時，他的痛苦就會消失。

伊凡不禁自問他是不是沒有按照他應該活的方式活著。可是他已經做了人所該做的一切，怎麼可能會活得不正當？

每當他覺察到（他經常有這種覺察），這一切之所以發生正是因爲他活得不正當，他就會立刻設法憶起他人生中所有合宜的部分，然後把這個奇怪的想法趕走。

法學院讓我這輩子第一次有機會參加用金錢堆砌出來的豪華活動——公司法事務所舉辦的招募派對。第二學年展開前，我多次穿上黑色洋裝，戴著我母親的珍珠首飾，向招聘人員展現我對公司收購與合併的高度興趣。在那個杯觥交錯、美食連連的季節（昂利法國餐館的葡萄酒與精美鮭魚點心，查爾斯旅館的巨型巧克力噴泉……），每項活動都安排得精采紛呈，設法獲得你的青睞。主辦公司會期待你向他們提出求職申請，然後去那裡實習一個夏天，最後——假設你不至於把宿醉的樣子表現得太明顯——你將接到正式錄用的大好消息。這場誘惑遊戲中也攙雜了其他一些因素，例如逼不得已（唸法學院得背負極高的學貸）、同儕壓力（別人都在做這件事）、合理化心態（公司企業主宰世界上一大半事務，因此你應該要知道它們如何運作）等。我竭力設法忽視某位法學教授的可怕忠告——他把進法律事務所發展的路線稱爲「阻力最小的道路」，並表示「你死的時候，不會希望墓誌銘上寫的是：『他畢生保留選擇的餘地』。」

法學院第二和第三學年之間，我在曼哈頓一家法律事務所待了一個月，擔任他們的暑期實習律師。工作把人壓得透不過氣，不過薪水單令我大吃一驚。除了午間免費享用五道菜大餐以外，暑期實習律師每隔幾天都會受邀參加餐宴晚會，現場提供琳琅滿目的高級美食與無限暢飲的酒吧服務。例如公司舉行過一場頌揚亞裔美國人的「多元族群」活動，那天的主題演講者被宣傳爲「《倖存者》[3]中的亞裔勇士」。在另一場晚會中，我們參加了一個精緻乳酪製作教學活動。某家公司還曾將暑期律師送到一所空中鞦韆學校上課。

每位暑期實習律師都會被分配到一位指導律師。我的指導律師很盡責，他請我到曼哈頓一家很棒的日本餐廳用午餐。我很喜歡他，因爲他不像我聽過的一些其他指導律師，不會一副很在意要不要雇用我的模樣。我的指導律師其實比我小一歲，不過他的言行舉止顯得老態，看起來頗憔悴，而且會提到身體上的疼痛。他很喜歡聊喝酒的事。我後來知道他是韓裔美國人，大學一畢業就進了法學院，然後直接到法律事務所上班。他會帶著某種令人難解的懷念之情回憶起從前參加考試的日子。我不禁好奇，那些考試是不是讓他想到過去那個不需要問問題就明確知道該使出哪些招數的人生階段。

在那四星期期間，我生活中的紐約宛如托爾斯泰筆下的莫斯科。我們都做著沉悶的工作，中間會停下來吃吃喝喝，第二天我們又回到沉悶的工作前，然後又停下來吃吃喝喝。我其實挺愛吃喝這個部分，不過又覺得很煩。

我上班的法律事務所位於時代廣場的一幢大樓內，那個夏天我父母來拜訪我時，我們約在大樓外頭碰面吃午餐。他們忽然間變得很像名副其實的移民，忙著抬頭看那些摩天樓。他們前來美國的旅途現在顯得眞的很漫長。三十多年前，他們從很少有美國人知道的島國台灣來到密西根州，然後學英文、找工作，在一個中西部的城市郊區扶養兩個小孩，而現在，矗立在他們頭頂上的，就是他們已經成功的證明：他們的女兒就在這個地方，就在這棟摩天大樓裡上班。我父親——他是那種吃午飯時就會想晚餐要吃什麼的人——請我描述我受邀去吃的那些五道菜美食大餐，我照辦了。我提到我覺得事務所中的同僚似乎都不快樂，不過我父母很難理解爲什麼，所以我很快就把這件事帶過去。

我在法律事務所的工作在四星期期滿後結束。作爲聘雇策略的一環，公司最初就同意支付我在暑期剩下來的時間到任何一家非營利機構實習所需的費用。我很快就把我的辦公室清理完畢（我沒什麼想保留的東西），然後待在紐約，到一家名叫「門徑」（The Door）的青少年機構服務。那是個宛如豪爾之家[4]的喧鬧場所，提供各種以年輕人爲對象的活動，如舞蹈班、饒舌班等課程，現場還有輔導人員。我幫一名偷渡入境的中國年輕人辦妥了居留簽證，覺得很高興。在那四個星期中，我搞丟了法律事務所借給我的黑莓機[5]。原本我應該在暑期結束時把它還給公司的，但我把它放在我在「門徑」的辦公桌上某個角落，或者也可能放在別的地方，然後它就不見了。某個星期五上午，我正因爲我籌辦的一項勞工權益訓練課程而感到飄飄然，忽然間我的私人手機響了起來。「妳在哪裡？」是法律事務所的暑期律師協調人。

「妳的意思是？」我問。原來我錯過了一場爲獲得正式任用的暑期實習律師舉辦的典禮，相關細節先前已經透過我搞丟的那支黑莓機傳送給我。

「總之妳獲聘了，」她說。「謝謝，」我回道。我有點緊張，不知道接下來她會不會說聘用的事被撤銷了。

其他暑期實習律師正式獲聘時會打電話給父母報喜；我沒這麼做。

我試著交友，或說學習怎麼約會。在那種場合，我不可免俗地會聊起我在赫勒拿教書的經驗。如同任何強烈的生命經驗，那段人生歷程很難用言語描述，而且由於它在時間上還相當晚近，因此我尚未——或者該說不想——將它視爲我的過去，也不願意只把它當成一個「很好的體驗」。也許這可以解釋爲什麼我甚至會用未來式說三角洲的事。我會在第一次約會時說：「如果我以後的男伴願意的話，我可能會回去那裡生活。」

然後我還覺得奇怪，那些約會後來怎麼都沒下文。

最後一年開學之際，我跟其他同學一樣，最關心的事是畢業後找工作的問題。暑期實習那家公司說要聘用我，但我還舉棋不定。我也在考慮到政府機關或非營利機構上班。哈佛的學生在這方面很幸運；非營利機構的工作機會很少，眞要招聘時，他們傾向於採取不公平做法——專挑頂尖名校畢業生。我在其他法學院那些原本迫不及待想進公家機關上班的朋友後來卻紛紛往私人部門跑。我有選擇的奢侈，可是我該去哪工作呢？

當初我是帶著一個特定想法進了法學院：將教育視爲一種民權，並爲此而奮鬥。從大學時代開始，我就一直很崇拜一九五〇與六〇年代的民權律師，他們曾經甘冒生命危險，致力爲南方學校解除種族隔離。我看中全國有色人種權益促進會法律辯護基金會，並在法學院一年級暑假時到那裡實習。不過我發現學校已經不再是民權律師的戰場。曾在「布朗案」訴訟期間擔任法律辯護基金會首席律師之一的羅伯・卡特（Robert Carter）法官，在一篇發表於一九八〇年的文章中，對那場具有時代指標意義的勝利做了一番思考。

他指出，當年那些律師犯的主要錯誤是假定融合制教育代表平等的教育。我們不能責怪那些人有這種想法。在布朗案以前，南方的學區公然、公開而無恥地欺負黑人學校。布朗案的律師們彙整出來的大量證據清楚顯示，黑人學校每名學生分配到的經費與白人學校之間的差異大得令人咋舌，黑人教師及校長的薪水少得可憐，學校設施則老舊不堪。但是，在布朗案之後，他們才明白根本的罪過並非依法實施的種族隔離制度本身；那只是一個副產品、一種症狀，眞正嚴重而險惡的疾病是白人的種族優越感。無庸贅言，白人優越感絕不只是地區性的污染。

在北方，富裕的白人紛紛遷往郊區，避免小孩跟黑人上相同學校。無論過去或現在，在兒童這個人口群中，居住區的分隔一直是種族孤立現象的最普遍成因。這就是爲什麼白人小孩總是跟白人小孩上同樣的學校，黑人小孩則跟黑人小孩上同樣學校，而且種族隔離在今天的學校比在一九五四年（即布朗案裁定那年）時更嚴重。與此同時，在美國南方，阿肯色州州長決定動用州民兵[6]封鎖校舍出入口。在三角洲這樣的鄉村地區，爲數眾多的小型私立學校開張營運。早在一九八〇年以前，卡特法官就已經心知肚明：族群融合不會在他的世代發生。不過就目前而言，將焦點單獨放在融合問題上是中產階級才負擔得起的奢侈。假使不滿意的話，他們有本錢離開公立學校。爲了今天的兒童教育——用他的話說就是爲了「眞實的人生」——我們應該集中心力，設法讓這些黑人就讀的學校獲得高品質教育。關於這個問題，W．E．B．杜博伊斯在一九三五年發表的論點似乎具有先見之明。當時他就警告，無論採取隔離制或融合制，魔法都不存在。他認爲黑人需要的，既不是隔離制學校也不是融合制學校。黑人需要的是「教育」。

其他人繼續抱持校園種族融合的夢想。重點不是黑人兒童需要白人兒童的存在才能學習。重點在於——如社會學家奧蘭多．派特森（Orlando Patterson）所言——融合制可以讓非裔美國人與歐裔美國人在人生觀成形階段共同相處。多項研究顯示，曾跟黑人一起受教育的白人傾向於對非裔美國人比較包容，而且比較支持爲他們提供更多教育與經濟機會。至於黑人兒童，他們得以觸及更多社會資本，並獲得與廣大社會群體接軌所需的可貴人脈。瑟古德·馬歇爾法官7也曾寫道：除非我國兒童開始一起學習，否則我們就很難奢望我國人民能學會如何共同生活。

我的立場介於以上兩個觀點之間，但我很快就會發現，在這個議題上，無論是我的觀點，或其他任何人的觀點，都因爲一項美國最高法院的判決而變得無足輕重。二〇〇七年六月底的一個大熱天，我跟法律辯護基金會全體工作人員一起登上最高法院的階梯，旁聽最高法院針對一個標誌性訴訟案所做的判決。在鴉雀無聲的擁擠法庭中，羅伯茨（Roberts）法官宣讀了一項判定結果，禁止西雅圖與路易維爾（Louisville）各學區在將學生分發到學校時考量種族這個因素。羅伯茨法官將這種制度稱爲「種族均衡化」（racial balancing），並撰文表示布朗案所代表的修正提案是學校不得以種族爲標準分發學生。他指出，若要終結奠基於種族因素的歧視現象，我們應該採用的辦法是停止以種族爲基礎進行歧視。布瑞爾（Breyer）法官不同意這個觀點，他從座位席發言表示：「這麼少人在這麼短時間內就做出這麼大的改變，這種情形在法律領域很罕見。」史蒂文斯（Stevens）法官也持異議，他認爲這項多數判決改寫了布朗案的歷史，是一個殘酷的諷刺。

我自己也覺得很氣餒。進法學院時，我一心以爲我似乎在大步邁向權力的核心機制。但那項最高法院裁決向民權律師們發出的訊息是，校園種族融合的議題是一條死胡同。上述兩個地方學區決心正視各自的種族隔離歷史，並且主動嘗試融合；可是最高法院卻認爲它們採行的制度違憲。如教育法教授詹姆斯·萊恩（James Ryan）撰文所言，包括本人在內，許多相信融合目標的人士都不禁產生一種失落與遭受背叛之感。

接下來那個夏天，我先後在法律事務所與「門徑」工作，那兩個地方可說是天壤之別。我的心情像在射飛鏢，設法釐清自己的歸屬到底在哪裡。第三學年開始時我已經堅定地認爲，如果我只能從法學院獲得一樣東西，那將是一些可能對深陷危機的窮困民眾有幫助的基本技巧。假如你的房東企圖把你趕走，你該怎麼做？假如你的老闆不付你工資，你該怎麼辦？萬一政府把你的父親或母親遣送出境，又該怎麼辦？我後來申請了一個獎助金，打算到一個叫「拉沙法律諮詢中心」（Centro Legal de la Raza）的非營利機構工作。該機構位於加州奧克蘭的弗魯特維爾（Fruitvale）城區，那個地方後來變得很有名，因爲警方在那裡殺害了奧斯卡·格蘭特[8]。我的當事人大都會是說西班牙語的無證件非法移民。「這不是什麼光鮮亮麗的工作，」那裡的一位律師說；於是我立刻受到吸引。「不過民眾來這裡尋求協助時會覺得很安全，這樣的地方少之又少。」

我拿到了獎助金。那筆錢比加州某些公立學校教師的薪水低，按生活費調整換算後也比不上我在阿肯色州當老師的薪水。不過這份小小收入似乎可以爲我證明，我的良知依然完好無損。

然後丹尼從赫勒拿打電話給我，告訴我一個壞消息。

「派屈克・布朗寧是妳教過的學生，對吧？」他劈頭就說。我心想，他該不會是要告訴我派屈克死了。

結果不是這樣。是派屈克殺了人，現在他在牢裡。他跟別人打架，然後拿刀刺了對方三次。我大吃一驚。這一定是誤會，派屈克不可能殺人。

我跟丹尼再談了一下。我問他，知不知道監獄的會客時間？星期六開放探視嗎？我發郵件給教授們，說我會離開一陣子。

派屈克被捕三天後那個星期六上午，我在會客時間結束前抵達菲利浦斯郡監獄。那是一棟兩層樓磚造建築，外觀低矮堅實，乍看不會讓人聯想到監獄。

門廳的天花板很低，上面有許多水漬。門廳內唯一的裝飾是一張警長騎在馬上的有框黑白照片。一個告示牌請訪客將所有貴重物品交給坐在前台的警衛。只有一個人跟我一起等著探視，是個看起來像在唸中學的男生。他把手上那袋多力多滋（Doritos）玉米片遞過來請我吃。

警衛帶我穿過一條窄窄的通道。他側過頭來看我，臉上露出疑惑的表情。「妳知道他做了什麼事吧？」

「派屈克是個很棒的學生，」我簡單答道。

他沒答腔，只是伸手指了一個玻璃窗口。派屈克就在另一邊等著。

往那扇窗走去時，我幾乎期待看到記憶中那個派屈克：缺了門牙，半咧著嘴微笑，一個融合嘲弄與沉思、靦腆溫順的奇特綜合體。當他沒做家庭作業，當我登門拜訪他，當我跟他說了幾句好話時，迎接我的總是那麼一副表情。

派屈克的臉變削瘦了。他的條紋囚衣大了兩號。他的嘴角往下垂，看起來老了些──他的年紀的確也大了些，我上次見到他已經是兩年前的事了。

他看到來人是我，顯得很驚訝。

我拿起掛在牆上的黑色話筒。

「郭老師，我不是故意的，」他帶著求情的語調脫口就說。

這是他對我說的第一句話。他的口氣很平常，彷彿是做錯事的小孩在說話。可是實際上他已經不是小孩了；他現在應該不是十八歲就是十九歲。不過我想，在我心中他仍舊是個孩子。

我問他出了什麼事。他告訴我，那天晚上他回家找他的妹妹小潘。小潘十六歲，在特殊教育班就讀。由於家裡沒看到人，他到一位鄰居家敲門。沒人應門，他又返回家裡。這時小潘正跟一個名叫馬可斯的男子往門廊走。他們看起來應該是嗑過藥，至少那男的絕對是喝醉了。馬可斯開始對他大吼大叫。派屈克叫他走下門廊離開，馬可斯不從。派屈克心想，馬可斯的口袋裡一定有武器，他覺得很害怕，便抓起一把刀；他說那刀剛好就放在門廊上，因為那天他才用它修理了外甥的嬰兒車。他的目的只是要嚇唬對方，但是他們打了起來。馬可斯跛著腳走開；派屈克正準備進屋子，卻看見馬可斯倒在人行道旁。警察趕到現場。他們把派屈克上了手銬。他告訴我，他已經在監獄待了三天，裡頭有一些很壞的人，簡直就像地獄。

我問他馬可斯跟小潘是什麼關係。「他們有性關係。」語畢，他停頓了一下。然後他又開口：「我不是故意殺他的。」

他沉默無語，我們隔著玻璃窗看著對方。他搖了搖頭。「郭老師，我根本不知道怎麼回事。」他說這句話的方式——「郭老師，我根本不知道怎麼回事」——使他的樣子顯得比較熟悉了。

我們又談了些話。他的爸爸媽媽好不好？不錯，馬馬虎虎。監獄裡吃的東西怎麼樣？不好，很糟糕。學校的情形呢？進度跟不上，後來乾脆不去了。他真的努力過了。不過他現在不想談這件事。

警官回來找我，時間到了。

我起身，心裡想著我上次看到他的樣子。我們相處那年年尾，某種形式的自我覺知開始在派屈克心中閃動光芒，那份自我覺知還太薄弱、太遲疑，稱不上是「傲氣」。不過我可以把它稱作一種對自己的溫情。「我在這裡頭可以聽見自己的聲音，」派屈克曾經這樣對我描述過我們的教室給他的感覺。現在那份溫情要不是消失了，就是進入休眠模式。我們一起得到的收穫現在都褪去了。那些收穫還重要嗎？

我跟派屈克說我會寫信。我提醒自己，一定要信守這個承諾。

派屈克被捕那陣子，我正在上一個寫作班。探視他回來以後，我開始寫關於教書那段日子的事。我聚精會神，瘋了似的想要記得所有細節。我離開三角洲已經兩年了，不過某些學生的名字像反射動作般再度閃進我的腦海。邁爾斯，塔米爾，凱拉。寫作讓人感覺彷彿重新踏進一個往昔的夢境。

一開始，我覺得寫作是種迫切而必要的練習。寫作把我跟派屈克連結起來，讓我記得他是什麼樣的人，並憶起我在三角洲度過的時光。在我的房間這個私密空間內，我可以直視三角洲，思考我爲它做了什麼，又有什麼我沒做到。我試著誠實地評估自己。我戒愼恐懼地自問，我離開三角洲跟派屈克輟學這兩件事之間是否有任何關聯。就像疫苗將病株注入人體，寫作讓某種負面的人生充盈在內心。我承認危險的存在，承認犯錯的可能性，而在這麼做的同時，我變得更堅強了。

但那份堅強感覺起來也很怪異。因爲，在我完成寫作之際，我幾乎覺得自己也把派屈克這玩意兒「做完」了。我記憶中關於他的所有細節都被翻得透爛；他的姿態動作彷彿會開始自行反覆。在試著回憶他的同時，我把他處理成某個迷失的人。在我的書寫中，派屈克成爲紙頁上的一個物品；這個人物的存在彷彿是爲了服務我，以及滿足我不想忘記三角洲的個人需求。

五個星期過去。二〇〇八年十一月，歐巴馬贏得美國總統大選。在一個吹著大風的波士頓之夜，我找了三家報攤，終於買到一份《波士頓全球報》（*The Boston Globe*）。我要讓派屈克看歐巴馬的勝選照片，讓他感覺他也是這件歷史大事中的一部分。我收拾好行李，並把詹姆斯．鮑德溫的《下次將是烈火》也打包進去，我在那本書裡用X記號把我特別喜歡的段落標註起來。我沒跟學生分享過這本書，因爲我怕他們會覺得無聊。

然後我寫了一封信給他。信的開頭有點客氣過了頭：你好嗎？我很好。

☆

籬笆樹叢左邊，一名身穿紅襯衫的黑人男子臉朝下躺在地上〔原述照登〕，身體底下有一攤血。我和羅斯警官人在現場，我把被害人翻轉過來，看到他在抽搐著喘息。然後我試試著〔原述照登〕找他的脈搏，可是找不到，被害者胸部上側有兩個很大的傷口，看起來應該是刀傷，他的眼睛固定不動，瞳孔已經開始擴張。

法學院最後一學期那個春天，我把派屈克的警方報告拿給我的教授看。這位教授原先當過公設辯護人，是個出了名的狠角色，我希望這種特質能爲派屈克帶來助益。我選修了她的「刑事辯護診所」[9]課程，並被指派處理好幾個案子。我的主要當事人是一名海洛因成癮者，他被控襲擊與毆打罪──被害人是他的母親。他母親是一名六十七歲的糖尿病患者，得過五次中風，只能坐輪椅生活。全家人都無法忍受他。他會偷母親的殘障補助支票，把她家搞得到處是毒品針，差點讓他們被趕出去。

我的教授要我查出他母親住的地方，然後親自去敲門，設法說服她放棄追訴。

「妳要我找……找他媽媽談？」我緊張地嚥了口口水說。

「不然找誰談？」

我照她的話做了，不過登門造訪時，那位母親不肯改變立場；我自己倒可說是鬆了一口氣。

在所有人當中，這位教授當然最有可能在派屈克這個案子中發掘出某個或許對他有利的面向。派屈克的逮捕狀上寫了「死罪謀殺」（capital murder），在阿肯色州，這代表犯行者將以毒劑注射處死；後來罪責降爲一級謀殺（first-degree murder），不過這仍然是過度指控。陪審團審判所費不貲而且非常耗時，因此過度指控是檢察官的標準戰略，目的是要嚇壞被告，使他先認罪再說。州法院過度指控也可能是爲了一個比較簡單的理由——因爲它有辦法這麼做。過度指控發出一個訊息：我們有權力能眞正傷害你，所以你要服從我們。一級謀殺如果定讞，刑責是無期徒刑；非預謀殺人罪（manslaughter）的判決則是三到十年。很少有被告（包括清白的人在內）願意拿陪審團審判當賭注，因爲陪審團可能會決定把他們送去坐一輩子牢。

只有在某些情況下（例如被告得到大眾的同情），檢察官才可能從輕指控，或確實按照法律標準進行指控。舉例而言，路易西安那州那個在家門口近距離射殺日本少年的白人男子被控犯下非預謀殺人罪，因爲檢方考量了兩個法律上的相關因素：一是「堡壘準則」（castle doctrine），也就是說一個人的家就是他的城堡，而人都有權捍衛他的城堡；二是眞正的恐懼。理論上這兩個因素當然也可能在決定派屈克的案子該怎麼判才恰當時發揮影響力。但是，派屈克不是一名生活在中產階級郊區的白人男子，因此他被控犯下一級謀殺。

我的教授對派屈克遭到過度指控的事似乎不覺得驚訝。「他得設法讓指控等級降低，」她邊翻資料邊說。然後她問：「他跟警方談過嗎？」

「他簽了一份棄權書，」我說。

她的臉一沉。

「他身邊沒有律師嗎？」

「沒有，」我趕緊答腔。「文件上說警方對他宣讀過他的米蘭達權利[10]，不過老實說，我很懷疑他知道什麼是米蘭達，還有那些權利代表什麼意義。」

教授對這個部分興趣缺缺。事實上，大多數經濟條件差、教育程度低的刑事被告都是這個情形，而且米蘭達訴亞利桑那州案那個法律基本上對所有人一視同仁，就算對象是精神失能者也幾乎完全不會通融。

「他認罪了嗎？」

「對，而且他爸爸也簽了一份聲明。」

她把資料夾闔上。他認罪了；所以「法律上無罪」的問題不存在。派屈克就是犯下那項罪行的人。這只是個很普通的案子，有人打架，造成非常不好但不難預料的結果。他打贏了那場架，然後他把事發經過全部告訴警方。他過度保護了自己，然而他又完全沒保護自己。

教授把資料夾遞回給我。「我實在很不想說爲時已晚，」她說。「可是現在妳幫不了多少忙了。」這不是個有轉圜餘地的案子。身爲一名經驗豐富的辯護律師，她想告訴我的是：不要抱希望。

☆

那個夏天我參加了律師資格考試，然後搬到加州。時序進入九月，我的新生活就要展開。奧克蘭的獎助金將在一個半月後開始生效。

我母親飛到舊金山幫我打點家當。本著她性格中特有的一絲不苟，她熨燙了每一件衣物——襯衫、西裝外套、連身裙、長褲。看著我那些衣服被飛往美西的長途旅行折磨得皺紋累累，她不禁哀嘆地搖頭。當她覺得某件襯衫和長褲搭配起來特別好看時，她會把它們掛在同一個衣架上。我帶母親到附近散步。「妳在這裡會很開心，」她高興地說。

我要住的地方是舊金山教會區（Mission District）。我的朋友艾迪娜爲我們倆找到一間公寓，我們簽下一年租約，並付了保證金。想到能夠一起生活，我們很興奮。那條街上有一家塔丁（Tartine），是馬克·彼特曼[11]最愛的美式烘焙店。同一個街區就有三家很棒的書店，它們離得很近，令人有點困惑，不過對愛書人士來說這實在太美妙了。我們社區的一個側邊有一些以迪耶哥·里維拉[12]爲靈感所創作的壁畫，它們用色彩詭麗的渦漩圖案迎接我的到來。往另一個方向走，一些商家的店名令我莞爾，它們有的搞笑，有的嘲諷，有的令人費解，比如有家餐廳叫「外國電影食堂」。

每個街角都會有家酒吧打著「歡樂時段」的特價促銷廣告。身形魁偉的牧羊犬與嬌小得離譜的吉娃娃犬共同漫步街頭。不分晝夜來來往往的行人使街道更顯熱鬧非凡，他們的穿著五花八門，從多色稜格襪、長靴、內搭褲，到充滿叛逆氣息的帽子，可說無奇不有。這個城區已經開始變得布爾喬亞，不過租金還相當合理。

我母親離開之後那天，我的朋友和她丈夫來拜訪。我們搭公車到大洋海灘（Ocean Beach），在那裡瞭望太平洋。鹹濕的空氣，千變萬化的霧氣——從前存在於我幻想中的加州現在成爲現實。我們三個人坐在沙灘上，分享一條天然酵母麵包，視線沿著嚎叫聲尋覓，最後落在附近一座小島上的海豹群。一條黃金獵犬一邊追著球一邊衝進海裡，然後渾身濕透地從海水中冒出來，牠把球叼在口中，展現勝利姿態。

寫作班的人告訴我，說我寫的那些關於派屈克的文字很不錯，應該可以出版。我開始思考這個可能性，但心裡有些罪惡感。然後我試著安慰自己，畢竟那些書寫不帶勝利者的筆調，也不至於對我自己在道德上的缺失輕描淡寫；我試著用溫暖而人性的方式描繪派屈克和我的其他學生。訴說別人的故事必然帶有行使權力、背叛私人關係的性質，但我所做的努力是否足以淡化這些因素？

一位老師幫我跟《紐約時報雜誌》（*The New York Times Magazine*）牽了線，那裡的一名編輯提議以一個名爲「生命故事」（Lives）的專欄形式刊載我的作品。我跟自己立了個協定：如果派屈克不喜歡，我就不讓它刊出來。於是我把這篇關於派屈克的文章寄給他。

可是他沒回信。難道他沒收到？

我只好請編輯繼續處理刊登事宜。

事情就緒以後，我卻開始擔心起來。我擔心派屈克會怎麼想。他會不會覺得我的描繪不正確？他有沒有可能認爲我只關心怎麼寫他的故事，而不是關心他？「寫作」和「關懷」之間陡然出現一種出人意表的詭異對立。我從不曾懷疑關懷這個部分；我甚至可以說，我的整個身分認同都建立在這件事上。所有認識我的人想必都知道我是超典型那種心腸軟到會滴血的自由主義者，而且我的心是眞的滴血了！可是現在，我決定把文章刊出來，這個行爲似乎卻從根本上掏空了我的誠意。

我跟自己做了另一個小小協定。十月妳回去看派屈克時——我原本就已經計畫在奧克蘭的工作開始以前再去探視一次——把文章當面拿給他看。

☆

我在十月初的一個星期六上午開車前往赫勒拿的郡立監獄，距離上次見到派屈克幾乎剛好屆滿一年。馬路上沒有半輛車，街頭空蕩冷清。我一下就在監獄入口處找到停車位。對已經在舊金山生活了一個月的我而言，這眞是難以置信的事，因爲在那邊，找地方停車可是件折損心靈的大工程。

我在等候區坐了下來。前台有個牌子用橘色粗體字標示「開放」，可是現場竟然沒有警衛。

這次跟我一起等的只有一名女子，她穿的襯衫上寫著斗大的幾個字：別問我要屎。

十分鐘後，一名警衛拿著一份特大號包裝熱薯條現身。

我告訴他我是來看派屈克・布朗寧的。

「妳不能見他，」他說。

「可是現在不是探視時間嗎？」我迷惑地問道。

「也許是我不想去帶他。」說完，他眨了個眼。

現在我懂了，原來他只是在「跟我玩」，而且期待我「玩回去」。我也不再覺得迷惑了——說眞格的，要是他的工作表現眞的專業，恐怕我反倒會更驚訝。

我把眉頭皺起來，假裝不高興。看到我的表情，他把頭往上揚。

「妳有男朋友嗎？」他問。忽然間我感覺到他的手在碰我的手。「妳沒戴戒指。」他對我嘟嘴，然後咧嘴笑了起來。

在三角洲地區，聊天扯皮動不動就像性騷擾。女人的外貌不怎麼重要，只要年紀不到五十就好。

他自我介紹——他叫尚恩；他非常高興認識我。

尙恩說他要讓我用律師會客室，他說在那裡比隔著塑膠玻璃擋板說話好。我不太知道他爲什麼這麼做。是因爲他知道我不是家屬？還是因爲他以爲我千里迢迢從東方國家跑到這裡來？或者因爲我讓他跟我調情？

他帶我走到一個私人房間，門邊有褪色的模板印字寫著「偵訊室」。這個房間潮濕而且有霉味。角落放了一個水桶，用來收集漏水。上方的天花板上有一片紫黑色的污漬。我設法屛住呼吸，不想吸入那種有點像毒氣的空氣。派屈克出現了，他大吃一驚，然後露出微笑。

「你好嗎？」我問。

「很好啊，過得還不錯。」

然後他彷彿忽然想起什麼事似地補上一句：「郭老師好嗎？」

「很好。」

「妳現在住在哪裡？」

「加州。」

他仔細重複了一次，「加州」。他似乎在設法想起這個地名，或在心中思量那是在地圖上的哪裡。

我問起他的家人怎麼樣。

「他們都不錯。」他說完打住，我們兩個都沉默了一陣。他明白我期待他多說些。

「是啊，之前他們來看過我，」他說。「我那三個姐妹，我爸，他們都擠在玻璃窗口。」

「你有三個姐妹？」

「對，老師。」

「沒有兄弟？」

「沒有。」

我當老師的時候對派屈克的家庭背景所知很有限，我甚至不知道他有三個姐妹，沒有兄弟。現在我才明白這個事實有多麼重要。

他的母親之所以要他去找妹妹，想必是因爲他是唯一的兒子，家中的男子漢。

「你媽媽沒來嗎？」

他搖頭。「她要工作，而且眞的，如果……如果她來看我的話會很難受。我已經好幾個月沒看到他們了。」

他們家離郡立監獄不遠，頂多只有五英里。我一定是露出了驚訝的表情，因爲他馬上就把目光往下垂。「老師，說老實話，我不想在這種情況下看到他們。」他一時打住，試著找到合適的詞語。「我會對他們微笑，可是妳也知道……我不喜歡做表面工夫。所以我乾脆叫他們不要來了。」

派屈克又沉默了下來。

「我們不需要聊這個話題，」我提議。

學校是我們建立連結的地方，所以我想知道：爲什麼他後來輟學了？那是怎麼發生的？我關心這些問題的程度，不下於我想了解一年前那天晚上到底出了什麼事。我想我在內心深處相信，假使他當初能繼續上學，這一切就不會發生，我們就不會像這樣在監獄裡見面。我暗自想像他有正當理由輟學；也許某個人——他母親或他的某個姐妹——生了病，他得找工作幫忙維持家計。

「所以你是什麼時候——」我差點用了「輟學」這個詞，「沒再去上學的？」

我刻意讓語調顯得輕鬆，結果反而做作。

派屈克把目光移開。看來這件事他也不想談。「我試著……」他開始說。「後來的學校老師不像妳在明星的時候那樣照顧我。我幾乎完全沒學會三—角—幾—何。」他慢條斯理地唸出這個名詞，希望把每個字都唸得很清楚。

「所以你是數學應付不來？」

「對。」

「你拿到什麼成績？」

「很差。」

「有多差？……F[13]嗎？」

他的頭垂著。

「老實說，我完全不懂三角幾何。」

我想起他解分數問題的情形。「你的數學本來不錯啊，」我說。

「不是那種數學。」

「你沒請老師幫忙嗎？」

派屈克還是低著頭。

「你想過要請老師幫忙嗎？」

我試著讓自己維持平和的語氣。然後我忽然明白，無論我用什麼語氣說話，甚至無論我說什麼，都已經無關緊要。這是個無法挽救的對話：我當過他的老師，而他後來輟學了。

「只是沒有很多……」他的聲音越來越小。「要我問問題我會覺得壓力很大。」

我們在明星上的數學課完全沒有讓他爲學習三角幾何做好準備，至少我的課後數學輔導一定沒辦到這點。明星的正式數學老師在米勒中學負責訓練棒球隊和橄欖球隊，所以他經常提早離開學校去比賽和練習，把學生丟給駐校警官。

短短幾分鐘前，我對派屈克爲什麼會輟學這件事還百思莫解，但現在我可以完全想像他的情況了。我可以想像他走進數學課堂，在三十張臉孔組成的一片人海中悄悄坐進後面的座位，不動聲色地觀察其他同學。我可以想像他開始蹺課。數學這個學科特別需要能力的累積，只要一天沒上課，隔天就聽不懂了。我想像他在消失一陣子以後回到學校，希望有個全新的開始。然後他拿到一份練習題，上面是一堆三角形和各種圖形，以及 sin（正弦）、cos（餘弦）、tan（正切）這類術語。他一定覺得不知所措。我從沒看過派屈克請別人幫忙，如果你主動提供幫助，他會接受，但他自己不會請人幫助他。

我冷酷地想，他的確有輕易放棄的傾向。

我在座椅上往後靠。看來學校這個話題跟家庭的話題一樣，又是個很難說下去的死胡同。

「那你跟你的公設辯護人談過了嗎？」

「我的什麼？」

「你的律師。」

「沒有，我不認識他。」

「你知道審判的日期嗎？」

他搖頭。「天啊，那些東西我通通不知道。」

「你知道你是因為什麼罪名被起訴嗎？」

派屈克第一次把身體往前傾，他似乎明白在他這個案子上，我可能知道些什麼他不知道的事。

他顯得心慌而激動。「因爲什麼罪名被起訴？郭老師，他們什麼也沒告訴我。」

他被指控的罪名——當然了。這就是他想談的事，他認爲這是現在我可以幫他的部分。我是懂得些基本的東西，不過沒料到我會成爲在這裡傳遞這些資訊的人。

我小心翼翼地選擇用詞。以前我會設法想出有創意的方式來說明「主題」、「象徵主義」這類詞語，現在我則必須設法避免使用深奧的法律術語，例如「犯意」（mens rea）、「預謀」（malice aforethought）。

「這種事跟心理狀態有關，」我開始說。「我們會有所謂一級和二級的說法——」我把話打住，不想說出「謀殺」這兩個字。

「一級的意思就是說某個人故意——」

派屈克打斷我的話，這是他第一次這麼做。他的身體緊繃起來，聲調變得絕望而高昂。「我不是故意要傷害他，我只是在找我妹妹。他開始對我大吼大叫，說一些血腥的事，說他參加幫派什麼的。他說話簡直像瘋子。我試著走開，結果他把我抓住。」

「你記得他說什麼嗎？」

他把身體縮回座椅，對自己情緒失控顯得很尷尬。「我記不清楚了，」他用低沉的語氣說。「事情很混亂，一切都發生得太快了。」

我清了一下喉嚨。「你在那個當下有什麼感覺？」

「老師，我真的沒有要傷害他，也沒有——」他停了一下，設法鼓起勇氣把句子說完，「要殺他。」說到殺這個字，他沉默了。「我只是……他們告訴我說我闖了什麼禍時，我就只是開始哭。我真的沒有那個意思，我真的只是要找我妹妹。」

「你記得那時候你爲什麼哭嗎？」

「他們說我殺了人！我沒……我也不知道。」

他的聲音忽然變了，音調變得詭異而高亢。派屈克雙手抱頭，手指緊抓著頭皮。

直到此刻，我一直設法抗拒思考死者是什麼樣的人。他長什麼樣子？他一定也有家人——父親母親，兄弟姐妹。思考另外那群悲悼中的人是很折磨人的事。在抽象層面上，我可以理解那些人的哀痛程度足以令派屈克家人的悲傷黯然失色，但我無法去把腦海裡的那個部分召喚出來。

要我在內心同時容納派屈克和馬可斯似乎是不可能的事。同情其中一個人，就是懷疑另一個人。那就彷彿天文學中有某種限制因素，使我們不能同時觀察兩顆星星，因爲其中一顆星星的光芒會影響另一顆。

「非預謀殺人罪，」我繼續說。「如果——」我設法不用「殺死」這個字眼來描述，「發生的事情不是有意的，那就叫非預謀殺人罪，跟謀殺罪不一樣。」

不過派屈克好像已經進入關機狀態了，他被自己的記憶折騰得筋疲力竭。尙恩把頭探進來，用手指了一下手錶，然後又消失。

我知道我很快就得走了，可是我還沒讓派屈克看我寫他的那篇文章。我心想，他總得知道有這麼一篇文章存在，這樣比較公平。

我從包包拿出印刷精美的《紐約時報雜誌》。

「我寫了這篇跟你有關的文章，」我說。「內容是關於你，還有我在明星教書的生活。你想不想朗讀一下？」

「好啊，老師，」他說。他那種反射動作般的順從口吻讓我覺得他沒有眞正聽到我的問題。

「那就開始吧！」我說。我指著文章開頭的第一個句子。

派屈克把身體往前傾，整個人因爲集中注意力而顯得緊繃。忽然間我想到他是在緊張。上次他大聲朗讀文章——不管是書或雜誌——是什麼時候的事？而且是在一個老師面前朗讀？他的左手在顫抖，他把手指握成拳頭，彷彿想要制伏那隻手。他的右手手指小心翼翼地捏著雜誌頁，好像他怕一不小心就會把它撕破。

我估算了一下他當我的學生是多久以前的事。三年又四個月。他輟學是在我離開三角洲之後那年的事。就技術上而言，他最後讀完的年級是八年級。

我有股衝動想停止這個練習，不過派屈克已經開始往前衝刺。他讀得很快，表現出很有自信的樣子。但是過沒多久，他在讀到一個描述他的句子時忽然結巴了起來：他內心有種慷慨寬宏的特質。「慷慨寬宏」這個詞難倒他了。

「老師，對不起，」他說。

我看到他的臉灼熱發紅，然後發現我自己也是。

我們彷彿在跛腳行進。他奮力讀出這句：融合嘲弄與沉思……然後他用眼角瞥了我一下，看我會不會矯正他的語音。

「對不起，」他又說。「我把很多東西忘掉了。」

我看到他的目光迅速往下閃到最後一行，接近頁面下緣的地方。那裡彷彿帶有某種應許——只要讀到那，這場咬文嚼字的奮戰就結束了。

書寫派屈克的故事是否合乎倫理，這個問題一直盤據我的心思，因此我根本沒想到我們會遇到這個很基本的問題：他太缺乏練習，閱讀能力已經變得很差。這是現在眞正的派屈克；我不認得這個派屈克，因爲我太忙於回憶從前的他是什麼模樣。

那天稍晚我不禁思考，我要他做那個朗讀練習是多麼自我陶醉而愚蠢的事。那樣做有什麼意義？我不該讓他置身於那個處境——那樣很殘忍，讓他感到很難堪。在我被自我懷疑的感覺糾纏住以前，原本我至少應該可以誠實而且簡單地告訴他我爲什麼寫了那篇文章，最初的理由是什麼；我應該開誠布公地說：我寫這篇東西的原因是，書寫是我理解事物的方式。我寫這篇文章的目的是想進一步認識你，還有認識我自己。或者我本來也可以幫助他朗讀，爲他解釋某些字詞的意義。但我太久沒教書，已經失去當老師的本能，結果我任憑他因爲看不懂而覺得羞恥，就那樣一個人結結巴巴地讀下去。

派屈克終於讀到文章的最後幾句：我無法抗拒對派屈克產生慚愧之感。「抗拒對派屈克」這幾個字的組合太饒舌，使他又唸得有些遲疑。「抗拒」，我字正腔圓地把這個詞唸給他聽，他跟著重複了一次。

唸完最後一句時，派屈克大大吐了一口氣。我感覺到他的肩膀不再緊繃，隨著呼吸往下垂擺。

我自己也覺得放鬆不少。

他用食指劃過雜誌頁面，彷彿在用肌膚享受那光滑的觸感。那種感覺對他來說想必很新奇。

「你覺得如何？」我問他。我的語氣開朗得有點虛假。

「我覺得——」他努力找出恰當的形容詞，「很不錯。」

我們看著對方。他發覺自己好像應該多說些話，於是說：「妳的記憶力很好。」然後又說：「郭老師，老實說我不記得那些事。」

我問他：「你記得你去拿水桶和拖把進教室的事嗎？」

他搖頭。

我又問：「記得你護送我走回車上的事嗎？」

他又搖頭。

難道我文章裡寫的是別人？

「我記得下雨的事，」他彷彿送給我一點安慰。「我記得那陣子下了好多雨。」然後他說：「說起來那間學校不是什麼好學校，不過妳在那裡，而且妳在乎我們。所以上學變得——怎麼說呢，變得眞的有意義，那裡有人會關心你。」

他把視線移開，然後隨手翻閱其他文章，只在翻到有彩色插圖的頁面時眞正停下來看。

全部翻完以後，他問我：「這些都是妳做的？」

我疑惑地皺眉。我做什麼？然後我恍然大悟。「喔，不是，」我說。「這是一本雜誌。」我把它翻到封面。「你看這裡寫什麼？」

他鏗鏘有力地大聲唸出封面上的文字：「紐約時報雜誌」。

然後他說：「紐約的人會看這個？」

「這個嘛，」我說，「很多不住紐約的人也會，可能有好幾百萬人會看這個。」

這個數字對他而言似乎不代表太多意義。

「妳去過紐約？」他問。

我說我去過。

「怎麼去的？」

「搭飛機去的，」我說。他點點頭，彷彿他懂了。爲了繼續聊開來，我問他有沒有搭過飛機。

「沒有，老師。」

「你離開過阿肯色州嗎？」

「我去過曼菲斯一次。」他停頓了一下。「我也去過密西西比州，因爲去曼菲斯的路上會經過那裡。」

我低頭往下看，沒說話。

派屈克說：「是啊，鞋子壞了，而且也不合腳。」

他以為我在看他的拖鞋。那雙鞋子是橘色的，而且尺碼太大，有點像小丑鞋。鞋面部分已經快要脫落了。

「喔，」我說。「好像不怎麼舒服。」

「沒錯，的確不舒服。」

我們靜靜地坐在那裡，盯著那雙鞋子看。他把手臂往鞋子的位置晃去，用手指撫摸鞋面和鞋底之間的鬆垮縫線。

派屈克搖搖頭，張口想說什麼，卻又打住。他似乎在猶豫要不要告訴我某件事。

我帶著期待的表情向他點了個頭。

「我會想我——」他的聲音顫抖起來，「女兒的事。」

「女兒」這個字眼在他口中彷彿是個外來語。

我吃了一驚。我問他小女兒幾歲了。

「她現在一歲多了。」他停了一下，然後說：「我覺得我不是……不是好的模範。」

然後他迷濛地對著空氣說：「事實就是事實。」

又是一陣沉默。

又是我打破沉默。

「她叫什麼名字？」

「珍愛。」派屈克的臉稍微顯出光彩。「不過我都叫她珍珍。」

「這是誰取的名字？」

「她媽媽。因爲她有個侄女叫珍寶。」

我點點頭，然後又不知道要說什麼了。這次探視到此爲止嗎？現在就離開似乎不太好。

「她是什麼時候出生的？」

「六月，」他說。

「所以你跟她相處了三個月。」

「對。」

「她長得像誰？」

「大家都說像我。」他的嘴抽動了一下，稍微出現要咧嘴笑開的模樣。「下巴大，膚色明亮。」

他的嘴巴又垮了下去，半露的微笑戛然而止。「總之他們是這樣說的。」

「感覺起來好可愛啊，」我說。

他的頭往下垂，思緒轉向別的地方。他把說話音量降低。

「郭老師，」他終於耳語般地說道。「有人——」他打住，然後才又開口。「這裡有人跟我說我拿刀刺了那個人十三次、十四次。」

他凝視著我，彷彿在搜尋我臉上的神色。忽然間我明白，他並不知道那個說法是不是眞的。

「是誰告訴你的？」

「就那個說他住在我們家斜對面的人。他說當時他人在場。現在他也被關在這裡，在十六個人那間牢房。他跟監獄裡很多人說過這件事。」

「派屈克，」我說。「看著我。」

他定睛看我。

我沒把視線移開。「我上次來這裡的時候已經看過警方的報告了，」我慢慢地說。「報告上說你在他的胸部刺了兩刀，在手臂上刺了一刀。所以——絕對不是十三次。」我把聲音放得很低。「了解嗎？不要聽那些人胡說。」

他鬆了一大口氣，又把頭朝地面垂下去。我看著他頸側被擠壓出來的皺紋。

「喂，」我說。「把頭抬起來。」

他不情願地把頭往上揚，用目光搜尋我的眼睛，可是四目相接以後，他又迅速將視線別開。

我開始說話：「你的家人非常愛你。」我已經好久沒對年輕人做精神講話了；我竭力擠出那些鼓勵人的陳腔濫調。「我們都很愛你。」

我的話空洞地迴盪在空氣中。我有什麼資格說話，有什麼資格安慰他？但是派屈克已經把頭往前傾，這是他第一次這麼聚精會神，彷彿我的話語用某種非常根本的方式滋潤了他。我忽然想起我的學生凱拉；有一天我開車送她回家時，跟她說了句鼓勵的話，應該又是類似廣告台詞那種句子，大致是說她是個很聰明的女孩，而其實那本來就是顯而易見的事實。但她的臉上立刻煥發感激的光彩：「郭老師，這是我一整個星期第一次聽到有人說正面的話。」

「你給我留下很深的印象，」我告訴派屈克。「你在我班上的表現眞的很棒，而且我知道你——」我停了一下。「我知道你還是很棒。」

他表情嚴肅地點頭，試著露出微笑。透過這個有點難爲他的禮貌神態，他在設法讓我知道我的話對他很有意義，或者說我努力說出鼓勵的話這個舉動對他很有意義。

我起身準備離開。他也站了起來。

「我會寫信給你，」我說。

「好啊，」他說。

他沒說：我也會寫信給妳。

他也沒說：希望很快再見到妳。

我往門口走去，不過他先走到那裡，幫我把門打開。

「郭老師，謝謝妳來看我。」

郭老師。現在還有誰這樣叫我，用這樣的語氣叫我？在他的心目中，我沒有別的名字。

我在布滿灰塵的走廊上左右張望，試著找到警衛。然後我看到他了，他手裡還抓著他的特大包薯條。我點點頭，讓他知道我們結束了。

派屈克和我並肩往前走，我們經過一扇門，上面標了「圖書室」。我倏地停下腳步。

「這是什麼？」我興奮地指著那扇門說。

他自顧自地繼續走。「那裡面只有塑膠餐具。」

☆

我踏出監獄，暑氣撲面而來，周遭沒有一絲動靜。炎熱的空氣把我嚇了一跳——原來方才屋內相當冷。

這時是星期六上午，小城中心寂靜無聲。商家不是緊閉店門，就是空無一人。旁邊的空地上是一堆雜亂無章的木板和廢棄物。這就是三角洲。空蕩寂寥的街頭沉悶得令人窒息，卻又如此美麗。這種情景該如何形容才是？

我在二十二歲時第一次來到這裡。南極那樣的地方深深吸引社會適應不良的人，他們在世界的盡頭找到純粹的美。在三角洲的任何角落——恣意攀附在電線杆上的葛藤，漲水期間矗立在沼泊中的落羽松——我都看到類似的美感。有人告訴過我，在這裡教書很艱苦，脆弱的人會受不了打擊。可是，打仗若是不受傷，那算什麼打仗？受傷是我心甘情願的事。

現在我已經離開了，我展開新局，奮力求生，積極進取。現在我以訪客的身分回來，而派屈克則是孤單一人。我們之間的不平等擴大了。我們各以各的方式成長，歲月令我們漸行漸遠。他向我道謝時並不期待我會回來。他不期待我——或任何其他人——給予他什麼。或許他早已懷疑會有災厄發生。或許他之所以感到驚愕，只是因爲事情居然會以那樣的方式落在他身上；他向來設法明哲保身，與他人保持安全距離，從旁觀察其他人互相傷害或自我傷害，但最後卻是他出了大事。他不奢望能逃脫這一切，可是他再怎麼也料不到自己會落到這步田地，難以翻身。

在三角洲生活那段日子，我經常思考自由意志的問題，以及自由意志存在與否在鄉村地區黑人的生活中具有多麼核心的重要性。赫勒拿的年輕人一直因爲一個隱隱作祟的問題——一個隱微不見的陰影——而感到擔憂、迷惘：你是否站得起來，是否能比周遭眾人爬得更高？人的身分認同有一大半在出生之前很久就已經注定。但一直要等到我置身於法學院的同學之間，我才開始好奇，爲什麼我們這群天之驕子無法理解、無法體會我們有多麼自由——或者至少說，比起大多數人，我們擁有的自由何其多。

我在哈佛的同學大部分都接受了法律事務所的聘雇提案。對其中幾個人而言，就讀法學院產生的債務——以及償還債務的必要——是眞實而切身的壓力；對其他一些人而言，進法律事務所上班就是他們的夢想。不過多數同學並不確定他們爲什麼要接下那份工作。一位朋友告訴我他剛被「艾諾—波特」（Arnold & Porter）錄取了。我從沒聽過這家公司，但從他的口氣聽起來，那應該是一家很重要的事務所。

我問他：「你會接下這個工作嗎？」

他的嘴唇抽動了一下。「我不確定。」他的樣子看起來彷彿好運讓他爲難了。

我習慣把別人當作鏡子，彷彿他們身上帶了各種關於我自己的祕密；現在我在他的臉上搜尋，心想：難道這也是我的模樣嗎？我這輩子是否一直在做半吊子的決定，只爲了合理化我的喜好，幫我的苟且偏安找藉口？

在監獄外頭，我站在自己的車子旁邊，再度想起伊凡・伊里奇。他完全照他應該的方式行事。他從法官席上指揮訴願人。他用某種特定方式跟他們說話，他很清楚他所掌握的權力，但他懂得以柔濟剛。他告訴自己，無論從哪個方面看，他的人生都合宜、得體且良善。不過整體而言，伊凡・伊里奇的人生是按照他相信人生應該具有的樣貌在進行——輕鬆、愉快而合宜……在那一切當中，人必須知道如何排除所有接近生命原初本質的成分——那些東西總會擾亂公務的正常進展。

我以爲我從東部移居到西部是勇敢的舉動；我拒絕法律事務所的聘雇提議，選擇到一家非營利機構工作，爲人生開啓新的扉頁。合宜、得體、良善——伊凡這樣評量他的人生。我是否也開始用這種方式思考？伊凡似乎不曾做過任何明顯錯誤的事。但在他所屬的那個高教育程度社會圈，他發展出某種態度，某種對待他人的行爲取向。那種態度源自一份預期：他預期他的人生將舒服自在，而不會不舒服不自在，他預期自己的良知無須被迫操勞。

我是否已經背棄人生中所有眞正接近生命本質的成分？只要我想起監獄中的派屈克，我的良知就會開始躁動不安。

〔伊凡〕忽然發現，在對抗高層人士認爲好的事物時……他感受到的那些幾乎無法察覺的衝動可能才是眞實的部分，而其他一切可能都是不對的。他的工作，他的生活處境，他的家庭，乃至那些社會上和專業上的利益——那一切可能都不對。他曾試圖對自己捍衛那一切。然後他忽然感覺到他在捍衛的事物有多薄弱。再也沒什麼可以捍衛。

我獨自走在街頭，試著釐清派屈克和我之間剛發生的事。我們早已不再是師生關係。我們到底聊了些什麼？在某方面我以爲我們會有更多事跟對方說。關於教學有個陳腔濫調的說法：一日爲師，終身爲師。這話其實很有道理。某種對學生的責任感永遠留在我們身上。我們會想知道他們後來走上什麼人生道路。我們會自問是否辜負了他們。

一個內心的聲音說：當初假如妳沒離開，現在派屈克可能不會坐牢。妳對他有虧欠。那聲音繼續說：留在這兒。放下其他事，在這裡多待一陣子。

別瘋了，我回嘴。再過三個星期，妳的工作就要開始了。難道妳要打電話給妳未來的老闆說，抱歉，結果我沒辦法來？那些面試妳、出錢讓妳去那裡工作的基金會人員，妳打算怎麼告訴他們？哎呀，我得到阿肯色州去，因爲……因爲什麼？這是不負責任的事；這樣太隨便了。既然妳已經是個成年人，做事就要有成年人的樣子。況且妳爸爸媽媽對妳很讚賞；他們認爲妳現在的表現有模有樣；妳參加了律師資格考，而且很可能已經通過了；妳找到工作，而且他們喜歡加州。妳媽才剛幫妳把妳的家當搬過去，那堆衣服和碗盤，妳現在要存放在哪？還有轉租房子的事——妳得找別人租下妳的房間。艾迪娜一定會怨妳，她可是看了一間間房子，千辛萬苦才找到這間的。

妳現在腦筋糊塗了，我告訴那聲音，因爲妳感到難受。妳已經開啓人生新頁，可是派屈克卻坐困牢裡，這讓妳感到難受。他有了小女兒，可是卻害怕想到她，這讓妳感到難受。寫派屈克的事對妳而言意義重大，結果對派屈克來說卻毫無意義，這讓妳感到難受。妳要他讀文章，但現在他不會閱讀了，這讓妳感到難受。妳很難受，因爲那篇文章並不是眞的在談他，它更多是在談妳，談曾經存在的那個妳。妳是多麼天眞，以爲當妳在教室裡讓他坐在懶骨頭上看書，或當妳坐在他家門廊上時，妳就改變了他的人生。現在妳看到派屈克被關在牢裡，孤單一人，不指望妳或任何人給他什麼——看到派屈克自責，看到派屈克不知道他被起訴的罪名，看到派屈克連他把那人刺了幾刀都不知道，只知道他奪走了一條人命。現在妳知道妳並不是妳以爲的那個人，現在不是，從前也不是。

不對，那聲音說。妳這樣講很憤世嫉俗。爲什麼樂觀就該是罪過？妳曾經是個懷抱信念的人。每天妳醒來時，心裡都很篤定到學校上班是很重要的事。那確實很重要。記得那些孩子看書時有多安靜嗎？妳不需要強迫他們。因爲所有人都明白：在約莫二十分鐘時間當中他們置身於某個新的世界，那裡既私密又安全。在那樣的時刻，我們發現自己有多麼強大的能力，可以營造那種靜謐又充滿關懷的氛圍。我們的意識飽滿充盈。離開了三角洲地區的教學環境，那一切可能顯得矯揉造作或無關緊要。在外面的世界中，用某種知識分子那種攙雜了企圖心的宿命論調來談三角洲，顯得比較精明睿智。妳可能會振振有詞地說：「若要振興這個在歷史上一直被忽略的地區，就必須進行大規模的財富重分配，並動員舉國上下的力量，」然後妳調整一下眼鏡：「否則就很難有希望。」但在這個地區內部，情況卻完全無法用這麼肯定的方式來陳述。在這個地區內部，只消一天、一個小時，就會發生許多事。

然後妳離開了。爲了合理化妳離開這件事，妳說妳想學習法律，因爲那是一種值得熟稔的強大語言，而且也許妳將得以造就更廣泛的改變。但妳可能已經忘了妳在三角洲開始學習的語言——那個讓妳能跟來自不同生活環境的人交感共鳴的語言。那也是一種強大的語言，而妳可能已經把它忘了。也許那才是唯一要緊的語言。沒錯，妳是要去幫一家非營利機構工作。可是在紐約或舊金山灣區那種地方，教育程度高的善心人士多得像過江之鯽，非營利機構想招聘這種人才不難，要找人取代妳容易得很。其實想回到三角洲來並沒有錯。基於被需要的感覺而產生動機不是羞恥的事。妳渴望感覺自己接近生命的原初本質，渴望擁抱一些不被認爲冠冕堂皇的事物。別把這種渴望摒棄了。不—必—過—度—思—考。

我的防禦機制開始軟化。我開始想，如果我決定回來，我能在這裡做什麼。幫他處理他那個謀殺案？可是那個案子清楚明白；我的老師都已經這樣說了。我可以再教書。可是到哪兒教？明星已經關了。或許可以到男孩女孩俱樂部——我一直還沒看到那個當初我協助興建的場館蓋好以後是什麼樣子。我可以多寫點東西，關於三角洲。可是如果我能說的只有「一切都太遲了」，那麼寫作就毫無意義。

切莫這樣寫：寫作是問題的一部分。寫作要求妳閉門造車。這是憂傷的人在做的事。妳是個用心做事的人，妳跟人走得很近。學生打電話給妳時，妳會接聽手機。人們談起妳時會說：「我需要她的時候，她給了我支持。」

接受以下這個故事版本：妳時候未到就離開了。妳被法學院絆了一跤——基本上法學院的出現是個意外。妳屈服於妳的父母。妳很軟弱。妳認爲教學不是很光彩的事。妳認爲三角洲不是適合定居下來打拚的地方。

可是留下來又能怎樣呢？我心想。留下來不就只是讓自己感覺比較好的一種方式，讓我彌補原先沒做到的事？不就只是爲了重返過去，回到那個對我和派屈克而言每條路都走得通的時候？

別想了吧，回來就對了。如果妳現在不回來，對派屈克來說就太遲了。如果妳現在不回來，對妳來說也太遲了——妳就再也不可能回來。

從阿肯色州開車到印第安那州花了我八小時。在密蘇里州某地，我把車開進一座加油站，幫我的車胎打氣。我可以感覺心臟在胸口跳動。

首先我得告知我的資金來源——負責我那份獎助金的主管。這位主管說話一絲不苟，記憶力無懈可擊，喜歡穿耀眼的大紅套裝，這些都是她的招牌特色。

我撥電話給她。

「我需要照應派屈克的案子，」我說。她已經看過我那篇《紐約時報雜誌》的文章，所以我不必解釋派屈克對我代表什麼意義。「我需要足夠時間跟他一起衡量他的各種選項。我深深覺得我一直在逃避三角洲，可是我在那裡還有事情沒完成。」

「妳需要多少時間？」

我並不知道。我隨口提出一個時間：「到五月份。」我只是在猜測。五月感覺起來好像能讓我有充分時間重新建立跟當地的連結，可是又不至於久得讓她想拒絕。

她計算了一下。「七個月？這樣夠嗎？」

「可以，七個月，」我重複說了一次，彷彿我事先就已經做好這個決定。

我打電話到我將服務的那家法律諮詢中心，通知那裡的主任。「妳眞的計畫來加州嗎？」她問道。「如果不來的話，我們得做一些準備。」

有一段時間我試著想像完全拋棄加州，永遠定居在赫勒拿。在門廊上喝啤酒，跟青少年一起種種花草，戴美麗的大帽子——我將富於道德精神，洋溢在地特色，而且身強體健，就像托爾斯泰小說《安娜．卡列尼娜》（*Anna Karenina*）中的男主角列文那樣，一邊推著手推車，一邊哼唱他從農民那裡學來的曲調。然後我想起，我住在赫勒拿那兩年，當那些結了婚有了伴的朋友去度假時，我經常獨自開車前往曼菲斯。還有那個某天在一間雜貨店向我搭訕的老先生，他說他在二次大戰期間跟日本鬼子打過仗。我沒法判別他是在表示友好還是敵意；那得看他看到的我是哪種亞洲人。

「喔，我會去，我不打算留在那邊，」我說。「我已經在練習西班牙語了[14]，」我補上一句，希望她不會開口說西班牙語。要是她眞的跟我說起西語，我會說：「喂？喂？聽不到欸！」然後把電話掛掉。所幸她繼續說英語：「祝妳好運，隨時告訴我們情況。」

然後我打電話到舊金山給艾迪娜，跟她說我們合租的公寓得做些處理。不久前她才剛幫忙我母親和我開箱整理碗盤、燈具，讓我在那裡安頓下來。我向她道歉。我堅持要她把我付的訂金留著。我說我會飛回去拿我的東西。

最後還得應付我的父母。我等到最後才做這事，因爲我最怕他們。過去這幾年有點不好過。我犯了個錯——告訴他們一個第一年在紐約的法律事務所上班的律師能拿多少薪水。他們完全不知道律師能賺那麼多錢。想到我居然會放棄那樣的機會，他們都覺得我瘋了。一場家庭戰爭隨即展開，那種期待與失望交纏的情景彷彿在復刻此前兩年我們在三角洲吵的那一架。不過這次我學乖了：不要請求他們允許，要堅持立場。我哥哥跟我站在同一邊，這對我很有幫助。畢業將屆時，我父母已經忘記吵架的事了。「回來吧，」他們說；他們知道我需要地方讀書準備律師資格考試。「我們一直都很支持妳想做的事，」他們帶著標準修正派歷史學家的口吻繼續說道。

家一直是讀書最好的地方。在我們家，讀書的人好比皇帝，集寵幸於一身，沒人敢打擾你。我把他們的廚房餐桌當成我的讀書共和國，用書本和筆記打造學術小城堡。父親會用心聽我複誦那些繁瑣枯燥的合約法和侵權法條文，偶爾插口說：「這條法律很愚蠢，我可以告訴妳爲什麼。」母親會端著水果和茶走進來。切芒果時，她把果肉最多的部分擺在盤子上給我，自己則拿著核的部分啃。

我最好的朋友即將在我的律師考試前兩天結婚，我打點行李時，他們一臉不解地看著我把一套禮服擺在一堆厚重的書本底下。我父親說：「我從沒聽過有誰會在參加重要考試前跑去參加婚禮。」不過他沒再說什麼。

離開前那天晚上，母親把我拉到一旁，告訴我她在台灣也參加過很重要的考試。高中時她的成績很好，她想當醫生。爲了實現這個理想，她得在高三結束時參加一連串激烈考試。換句話說，她的專業夢想能否兌現，維繫在她十多歲時參加的那場聯考。那是個可能造成心理創傷的制度：如同在日本、韓國或中國，在大考前後那段時間，不時會聽到有學生自殺的事。考物理那天她很恐慌，結果沒考好。她告訴我她的成績，然後把頭別開。我在她轉頭前看到她的表情，在那一刻，我特別對她感到深深的愛。

母親一個人做菜，一個人打掃，而且做的是全職工作。二十多還沒三十歲的時候，她曾夢想拿個博士學位。她到密西根州立大學註冊就學，不過邊讀書邊帶兩個小孩是很不容易的事，更不用說還有她逐漸年邁的公婆和小姑，他們都擠在我們家住。於是她就輟學了。跟很多她那一代的婦女一樣，特別是移民婦女，她很少得到鼓勵。很久以後，她讀到一篇我寫的文章，那是孕育出這本書的種子之一。她用不太純熟的英文寫下感想：今天早上我看了第二次，我流淚。然後又看一次。它眞的很感人，讓人覺得是眞的故事。繼續寫吧，每天都把妳的感覺寫下來。

在我的成長過程中，父親陪我上鋼琴課時會在外面等到下課，但我母親深受我鋼琴老師的吸引，經常會試著抓住最後一段尾巴旁聽。我的老師會問我：「妳怎麼讓聲音延續？」她沒有意識到她的問題中潛藏著一股跟生存有關的騷動。她會敲一個鍵，聲音揚起，而後退去。我們安靜無聲。她會再敲一個鍵。我們等著聲音持續。「現在妳試試看，」她會說。「別忘了妳手腕上有銅板。」（老師在我的手腕上擺了一塊銅板，訓練穩定性。）我母親會把頭湊到我的手邊仔細看。她不是在調節我的彈奏，也不是在監視我學習；事實上，在那個珍貴的片刻，她已經把我忘記了。她希望自己也能彈琴，但又認爲那是一種奢侈。這其中有種千眞萬確的移情作用：她把她想要的東西給了我。當我在家練習時，我會聽到她在廚房裡跟著哼旋律。她的聲調清脆明亮，盪漾在切菜的聲音中。

「虎媽」（tiger mom）這個詞在美國被用來形容紀律嚴謹的父母，通常指亞裔父母。在我看來，這個詞完全不適用。它把一個人的脆弱錯誤詮釋爲他的力量。我母親在學習這件事上顯得很威權，原因在於她不知道還可以用什麼其他方式表現。那不是在不同教育方式之間做選擇的問題，而是出自一種不得不爲之的絕望心態。假如她的小孩沒能成功，她要怎麼做人？

在老家準備律師考試那段期間，我看了納博科夫[15]的小說《普寧》（*Pnin*）。這部非常爆笑的作品敘述一名俄國移民生活在紐約上州[16]的故事。在故事開頭，我們看到禿頭的普寧搭火車準備去講課，但他不知道他搭錯了車。我看得津津有味。普寧！我的夢中移民出現了。不是可憐的中國鐵路工人[17]，不是遭人唾棄的苦力，不是因爲不公道的理由而被拘禁的日本人。普寧的英文措辭相當上道，他會說 okey-dokey [18]和 to make a long story short（長話短說）這些很道地的詞句；普寧對美國的洗衣機著迷不已，他會把一堆短褲和手帕塞進洗衣槽，只爲了觀賞那些衣物像海豚般不斷翻轉；普寧在經歷痛楚難耐的牙科手術後擺出勝利姿態，他大剌剌地展示他的新寶物——一套假牙，假牙會對他報以微笑，他經常把它從嘴裡拿出來秀給同事看，然後又放回去。別人在普寧背後殘忍地嘲笑他，把他叫作怪咖。普寧對此毫不知情。可憐的普寧！壯烈成仁的普寧！

總之普寧完全不像我的父母——我父母的樣子不笨拙，他們從沒聽過普希金[19]，他們也不會把爹地提點滴唸成街妓齊撿雞。可是追根究柢，他們難道不也有幾分像普寧？他們沒有屬於他們的「普寧時刻」嗎？我媽會說「要多做優格」，她把瑜珈（yoga）和優格（yogurt）當作是同一個詞。談起她剛到美國那幾年的事，還有她第一次吃到漢堡這種食物時的感覺，她會幸福地嘆息。我父親總是狼吞虎嚥般地大聲吃麵，他的眼鏡會起霧；然後他會把眼鏡拿下來，這樣才能吃得更快。

我的父母不擺架子，不裝模作樣。他們聽到律師的薪水時之所以大驚小怪，是因爲他們一個律師都不認識。對於上大學這件事，我父母除了告訴我要唸醫科、不要交男朋友以外，並沒有提供多少意見，這點眞的證明了他們其實是多麼單純。這點終究可以解釋他們爲什麼用那種武斷教條的方式指點我——他們心裡隱約知道，他們能幫我的，大概就是他們已經做的事了：帶給我一個充滿機會的童年。於是我發現，就像我知道普寧搭錯了火車，我也有能力辨識我父母在這個世界上的位置，把他們的故事寫下來。我擁有某種比他們更大的力量。

我把車開進我父母家的車道時，關於他們的思緒仍在心頭洶湧。普寧之所以可愛，在於他的創痛隱微難見。從沒人說：普寧你這個外來者！普寧你這個移民！普寧你這個背負歷史重擔的可憐蟲！這就是普寧讀來暢快的原因：他的狀況外是那麼始終如一、那麼冥頑不靈，他簡直成了箇中大將，於是我們忘記這個世界辜負了他。我想到我的父母，他們跟普寧一樣，都是在超乎他們控制範圍的種種力量作用下形成的產物。我的父親本身就是移民的後代：他的母親和父親都在一九四九年從中國到了台灣。如同那個世代的大多數難民，他們再也沒見過留在故鄉的親人。我的父母在實施戒嚴法的台灣成長，並在台灣民主化以前離開。他們對台灣的記憶凍結在他們離開的時代——一九七〇年代。他們可能已經不再認識滋養他們長大成人的台灣，雖然他們不盡然願意承認這點。而也或許這就是爲什麼他們經常提醒我，他們在美國生活得比我更久。他們希望我把他們看成美國人。

車子停進車庫時，我父母衝出來迎接我，儘管時序進入秋季，外頭已經相當冰冷。父親伸手接過我的行李，母親摸著我的頭髮。他們還沒吃飯，他們要等我一起吃。

他們對我回三角洲的決定會怎麼想？我知道他們要我努力打拚我的人生。他們認爲我做決定的方式很自私，沒有考量到他們。他們是對的：學習如何置他們的意見於不顧一直是我生活中非常重要的一環。但我希望他們知道，我想到他們的時候，內心眞的充滿溫情。

晚餐時，我試著比平常說更多中文；每當我企圖討好他們時，就會使出這一招。我告訴自己說話速度要放慢，要有耐心地使用簡短的句子。我說英文的速度一直太快。雖然我父親大致上聽得懂意思，但母親沒法明白。這些年來我們到底都是怎麼溝通的？我們都談些什麼？我們之間的關係需要靠分數和獎賞來中介。這個世界是怎麼看我的？我的老師們喜歡我嗎？我聰明嗎？我的成績回答了這些問題。成績讓我在父母眼中變得清晰可讀。

現在我已經把這輩子該拿的成績都拿完了，於是現在，似乎只有一個東西可以用來代替成績：故事。我是否有辦法說出一個能感動他們、能讓他們理解的故事？這是迫在眉睫的事。

我交替使用中文和英文，告訴他們我見了派屈克。我告訴他們那監獄的樣子就像我原來教書的學校——老舊而且彷彿沒人管。我告訴他們派屈克甚至不知道他的律師叫什麼名字。聽到這裡，我父親搖了搖頭。然後我說派屈克好像已經把他學過的東西幾乎忘得一乾二淨。我讓他大聲朗讀。他很怕把那些文字讀錯。我告訴他們，不管發生了什麼事，派屈克仍舊跟從前一樣可愛。他很感謝我去探望他。他似乎不期待我會再去看他，彷彿他不再對任何人有任何期待。他把所有事都歸咎在自己身上。然後我告訴他們，我大概永遠不會再去三角洲定居。「你們是對的，」我說。「我在那邊不快樂。不過我還是需要回去一下，我得花點時間讓自己心安理得。所以我想——」我終於把這句話說出口了，「我會待上一陣子。」

從母親的表情看起來，我知道她是明白了。她安靜無語，想聽我進一步說下去。

父親問道：「妳的生活費怎麼打算？」

我提醒他，我在那邊教書時，分租那棟有三個房間、硬木地板，門前還有一棵無花果樹的大房子每個月只花了我區區一百五十美元。如果把那些好處加總進去，一年的租金在舊金山大概只夠租一個月。

「有道理，」他擺出就事論事的態度說。「因為沒有人想去那裡生活。」

母親咳聲嘆氣地說，我那堆衣服要從舊金山搬到阿肯色州是多麼費勁的事。

然後某個想法讓她的臉亮了起來：我們家有那麼多沒人在用的舊書，那堆我小時候看的書——也許派屈克會想看？

父親顯得相當開心，他大概是想到我可能會因此清理一下地下室。

譯註

1小林一茶（一七六三—一八二八）是日本著名俳句詩人，一生著有兩萬餘首俳句。此處依據本書原文引述的羅伯特・哈斯（Robert Hass）英譯詩句翻譯，不過根據考證，在小林一茶的作品中並無完全對等的俳句，不無可能是經過詮釋的結果。意境較接近的俳句有「なの花に／まぶれて来たり／猫の恋」（栽進油菜花／沾一身回來／貓兒的戀情）或「闇より／闇に入るや／猫の恋」（從暗處來／往暗處去／貓兒的戀情）。

2列夫・尼古拉耶維奇・托爾斯泰（俄語拉丁化拼音：Lev Nikolayevich Tolstoy，一八二八—一九一〇），俄國小說家、哲學家、教育改革家、政治思想家、非暴力基督教無政府主義者。托爾斯泰是貴族出身，頭銜為伯爵。托爾斯泰被認爲是全世界最偉大的作家之一，最重要作品包括《戰爭與和平》、《安娜·卡列尼娜》、《復活》等。

3《倖存者》（*Survivor*），是一種電視實境節目。在這個節目中，參與者被侷限在一個孤立的環境中，依靠有限工具維持生存並參與競賽，經過一連串淘汰後，由最終勝出的「唯一倖存者」贏得大獎。《倖存者》的最初節目形式是由英國電視製作人查理·帕森斯（Charlie Parsons）於一九九二年設計，但第一次實際於電視製播是瑞典的《魯賓遜探險》。美國版《倖存者》自二〇〇〇年起由哥倫比亞廣播公司（CBS）製播至今，在台灣播放時譯爲《我要活下去》。由於美國版在全球普遍播出，因此常被誤認爲是這種實境秀的開山祖師。

4豪爾之家（Hull House）是一八八九年成立於芝加哥的移民社教機構，爲剛抵達美國的歐洲移民提供活動場所及相關服務。這個社教中心按其所在建築物原持有人姓氏取名爲「豪爾之家」。豪爾之家以舉辦創新的社教及藝術課程而聞名，發展迅速，不但周邊陸續擴增十多棟樓房，而且在全美蔚爲風潮，至一九二〇年已有將近五百家類似機構。豪爾之家原址大部分建築在一九六〇年代被拆除，改建爲伊利諾大學 Circle 校區的一部分，不過豪爾之家協會繼續在主館營運，直到二〇一二年爲止。主館於一九六〇年代即被列爲芝加哥市定史蹟及美國國定史蹟。

5黑莓機（Blackberry）是加拿大黑莓公司出品的行動無線通訊裝置及相關服務品牌，於一九九九年年以呼叫器形態首度問世。黑莓機的主要特色是支援電子郵件服務及附有完整的小鍵盤，成爲當時最方便的行動通訊解決方案，廣受商務人士及政要採用。二〇〇二年推出行動電話後功能持續增加，二〇〇八年開始推出完全觸控的機型，以虛擬鍵盤取代實體鍵盤。二〇一二年六月全球用戶數達到八千萬的高峰。但自從二〇〇七年第一款蘋果 iPhone 推出，以及隨後搭載安卓（Android）作業系統的智慧型手機問世，黑莓機遭逢強勁競爭對手，雖然陸續推出新機型（如二〇一一年的 BlackBerry PlayBook、二〇一三年的 BlackBerry 10、二〇一五年的Android系統版 BlackBerry DTEK50 等）以求因應，但無法挽回頹勢，全球市占率自二〇一一年起不斷降低，至二〇一七年已遠低於百分之一。用戶數亦迅速跌落，二〇一七年五月份僅剩一千一百萬。

6即美國的州防衛隊（State defense forces），又稱州衛隊、州預備隊或州民兵。州防衛隊是隸屬於州政府的軍事部隊，但也受聯邦政府所轄美國國民警衛局的部分管制。州防衛隊的用途主要是災害管理和國土安全。美國幾乎所有的州都訂有法律授權設立州防衛隊，其中二十二州和波多黎各實際成立了州防衛隊，但活躍程度、裝備和實力各有不同。

7瑟古德·馬歇爾（Thurgood Marshall，一九〇八—一九九三），美國法律界重要人士，一九六七年至九一年擔任美國最高法院大法官，是首位擔任此職的非裔美國人。

8奧斯卡·格蘭特（Oscar Grant）是一名非裔美國人，二〇〇九年元旦凌晨，他在進舊金山市區跨年狂歡後搭乘灣區捷運系統返家，途中遭捷運武警擊斃，時年二十二歲。當時捷運警方接獲通知說一輛列車上發生鬥毆，員警趕到現場，拘捕包括格蘭特在內的數名乘客，格蘭特手無寸鐵，卻在臉朝下被壓制在月台上時遭一名員警開槍射擊背部致死。事發過程被在場民眾錄影，使外界得知眞相，輿論譁然。隔年十月該名警員以過失殺人罪被判輕刑，一時引發小規模暴動。這起事件於二〇一三年被拍成電影《奧斯卡的一天》（*Fruitvale Station*）。

9「刑事辯護診所」是「法律診所」的一種。法律診所是美國法學院開設的課程之一（目前也已普及到以歐洲地區爲主的其他一些國家），旨在透過實務教學方式，讓學生獲得第一手專業經驗，一般做法是在某個特定領域爲各種當事人提供免費法律協助，包括免費的公共辯護。在某些訴訟案中，被告沒有財力聘請律師，因此由政府提供法律服務，但服務品質經常不佳。法學院法律診所的出現可能與這點有關，學生可以透過這個機制，爲較窮困的人提供法律諮詢。學生通常會協助法律研究、撰寫法律論據，並與當事人會談。在許多情況下，診所的一名教授會出庭參加口頭辯論。許多司法管轄區立有「學生實踐」的規則，允許法律診所的學生出席庭審及發言。

10米蘭達權利（Miranda rights）是指美國警察及檢察官根據美國聯邦最高法院在一九六六年米蘭達訴亞利桑那州案的判例中最終確立的米蘭達規則，向刑事案件嫌疑人告知的權利。在訊問嫌疑人之前，警方必須宣讀米蘭達警告（Miranda Warning），明確告知他有權援引憲法第五修正案（即刑事案件嫌疑犯有不被強迫自證其罪的權利），行使沉默權和要求獲得律師協助。典型內容爲：「你有權保持沉默，否則你所說的一切將可能成爲不利於你的呈堂證供；你有權向律師諮詢，也有權請律師在訊問時出席；如果你希望聘請律師但出不起律師費，法庭將爲你指定一名律師。」

11馬克·彼特曼（Mark Bittman），一九五〇年出生的美國美食記者、作家，前《紐約時報》專欄作家。

12迪耶哥·里維拉（Diego Rivera，一八八六—一九五七），墨西哥藝術家，全名 Diego María de la Concepción Juan Nepomuceno Estanislao de la Rivera y Barrientos Acosta y Rodríguez。里維拉的作品以大型壁畫聞名於世（如繪於墨西哥國家宮的代表作《墨西哥的歷史》），一九二二到一九五三年間在墨西哥城、紐約、舊金山等許多北美城市創作壁畫。他在青年時期曾赴巴黎遊學，起初深受當紅藝術家畢卡索的吸引，鑽研立體主義，後來又接觸塞尚等人的作品，風格轉向後印象主義。返回墨西哥後，里維拉因不滿長年殖民統治造成的嚴重社會階級差異，決定加入共產黨。當時教育部長聘請一批藝術家進行創作，希望透過藝術幫助大眾認識本國歷史文化，重建民族自信。自此里維拉積極創作大型壁畫，奠定墨西哥藝術中的「壁畫運動」。

13F是等第制計分方式中的最低分數等級，代表「未達成最低目標」（Minimum goals not achieved），約相當於百分制中的二十分。等第制最高分數爲A＋（有時極度優秀也可以評爲A＋＋），此後由A到F遞減，C算及格（六十—

六十九分）。有時也有X等第（即零分）的評法。

14 加州西班牙語系居民比例高，而該機構的服務對象主要是西語系人士，因此這句話代表她已經在爲加州的工作與生活做準備。

15 弗拉基米爾・弗拉基米羅維奇・納博科夫（Vladimir Vladimirovich Nabokov，一八九九—一九七七），生於俄國的作家、批評家、翻譯家、詩人、昆蟲學家。一九一七年俄國二月革命後舉家流亡，陸續移居英國、柏林，後在美國定居多年。納博科夫以俄文及英文創作，最廣爲人知的著作是一九五五年出版的《羅莉塔》（*Lolita*）。《羅莉塔》大舉成功後，他返回歐洲專事寫作，定居瑞士。

16 紐約上州（Upstate New York）泛指紐約大都會區及長島以外的紐約州，但並無正式界線。

17 主要指一八六〇年代興建美國第一條橫貫大陸鐵路（原稱「太平洋鐵路」）的華工。美國於一八四〇年代從墨西哥手中取得加州，隨後因發現金礦，到加州淘金的熱潮席捲世界。在這個背景下，美國決定迅速修築通往加州的鐵路，並爲此大量雇用華工，這是第一批大規模赴美的中國移民。鐵路連結舊金山與愛荷華州，一八六二年開建，一八六九年建成，共有一萬兩千名華工參與，約占勞工總數的百分之八十五。

18 「OK」、「okay」的趣味版，類似用中文說「好滴」。

19 亞歷山大・謝爾蓋耶維奇・普希金（俄語拉丁化拼音：Aleksandr Sergeyevich Pushkin，一七九九—一八三七），俄國詩人、劇作家、小說家、文學批評家和理論家、史學家、政論家，俄國浪漫主義代表人物，俄國現實主義文學奠基者。許多人認爲普希金是俄國最偉大的詩人及現代標準俄語創始人，並尊稱他爲現代俄國文學之父。

III

「不成，不成！」王后說。「先判刑，後裁決。」

——路易斯·卡羅爾《愛麗絲夢遊仙境》

第五章　罪與罰
Crime and Punishment

赫勒拿的中國餐館是我通常盡量避免去的地方，只有在偶爾極端絕望地想吃中國菜時，才會進去虐待自己。不過因爲我以前那個出席率百分百的學生艾倫想到那裡吃飯，我只好答應了。

開門時，我揚起一陣鈴鐺響聲。兩個客人轉頭盯著我看，他們都是白人。我立刻就知道他們在做什麼：他們要觀察我這個亞洲面孔的人會怎麼跟同樣是亞洲面孔的餐廳老闆說話。

我用英語跟她打招呼。

「哈囉，」我說。

「哈囉，」她回道。

於是那兩個男人又把頭轉回餐桌了。

艾倫和我往自助餐檯走。他把盤子裝滿食物，每道菜他都要試一試。「我超喜歡雞肉炒麵，」他笑吟吟地說。

艾倫過得很不錯。中央中學畢業以後，他進了社區大學修讀環境科學，同時還到麥當勞兼差，賺錢養小兒子。

「妳聽說塔米爾的事了嗎？」他滿口都還是炒麵就忙著問我。

聽到塔米爾的名字，我心頭一振。

「沒有，」我說。「他現在怎麼樣？」

「妳一定認不得他了，」艾倫說。「跟以前的他完全不像，變得沒個樣子。和那些狐群狗黨混。」

「狐群狗黨？」

「就那堆街頭夥伴嘛。」艾倫把嘴巴上的油擦掉，然後繼續大啖雞肉。「他人在小岩城，變成在街上混的毒蟲，只會討錢買快克。」

我上次聽到塔米爾的名字是離開三角洲後一個月的事，距離現在差不多三年了。那時塔米爾的九年級英文老師打電話留言給我，她說她請學生針對這個問題寫作文：「有沒有哪個人改變了你的人生？」塔米爾選擇寫我。

「我要怎樣才能找到他？」我問。我的聲音不太平穩。

艾倫聳了聳肩，他大概覺得我問了等於白問。人一旦跟世界失去聯繫，就像風箏斷了線；不再有電話號碼，不再有電郵地址。

我在艾倫的臉上看到某個熟悉的表情，某種我在教書那段時間認出來的東西。是什麼？幸災樂禍嗎？我想應該不是。那裡面鬆一口氣的成分多於暗自高興，另外還隱約帶著一股驕傲感——我本來可能也會那樣呢，幸好我沒變那樣。艾倫的語調被他心中那扎實的價值觀調和了，不過我還是聽出他的潛在心聲。

「邁爾斯呢？」我又問。

「邁爾斯？他無所事事。下一個塔米爾就是他。最近邁爾斯會對別人射擊。」

「你是說用槍？」我差點嗆到。

「對，因爲他不在乎。他被抓了馬上又會出來。因爲他家現在有錢，一眨眼就可以把他保出來。他們家好像有一百多萬美元，現在忙著撒錢。」艾倫指的是邁爾斯的母親告花店老闆的事，也就是那個開槍把布蘭登打死的老先生。想必雙方後來達成和解，死者家屬拿到了賠償。「是啊，他們買了新房子，買了五部車，好幾輛摩托車，卡車，凌志（Lexus）。以前他只有一輛奧茲摩比（Oldsmobile）老爺車。」

我把滿口食物吞了下去。

「那潔絲敏呢？」

「潔絲敏現在有寶寶了。」

「凱拉呢？」

「她也有寶寶了。」

「卡珊德拉呢？」

「她生了兩個寶寶。本來應該有三個的，不過一個流掉了。」

艾倫把餐盤裡的菜吃得一乾二淨。我的視線若無其事地掃過他，不過假裝沒在看他。為什麼他順利畢業了，其他人卻沒法畢業？有個重要因素是他是男生。女生懷孕以後幾乎都走上輟學的路，除非家裡大力幫忙。不過還有另一個因素是，他家本身的教育背景也比較好。他的母親在療養院做行政工作，而且如果我沒記錯的話，她擁有高中學歷。他的祖母在城中心經營一家有縫紉服務的布店，那是赫勒拿經濟衰退以後市區碩果僅存的少數商家之一。明星其他學生的家長幾乎沒有人讀到高中畢業，而且大都工作不穩定。說到最後，一切的關鍵是否就只在於幾個基本條件——家庭的教育程度和就業品質？

「郭老師，妳怎麼都沒吃？」埋首餐食的艾倫終於抬起頭來問我。「一定是因為沒有媽媽的味道。」他從我的餐盤挑了幾塊雞肉過去吃。

走出餐廳後，我問他要不要搭車在城裡兜風。

「搭郭老師的車兜風？」他咯咯笑了起來。「我又不是頭殼壞去！」然後他坐進前座。

艾倫很愛講話，不需要別人問什麼他也能說個不停。他對兩旁的景物指指點點，然後說他要帶我參觀「地獄城」。我一邊開車，他一邊告訴我要往哪條路拐，要開進哪個社區。

「那裡就是從前邁爾斯住的區，在他們變有錢以前，」他說。「警長在那個地方實施宵禁。」

我問他是哪種宵禁。「就是封鎖起來。因爲有人大白天被人開槍打。」

其實艾倫大概忘了我以前經常到這些社區，我會開車送派屈克和其他學生回他們在這一帶的家。艾倫彷彿感應到我的想法，他忽然隨口說派屈克也住在這附近。

「郭老師，妳知道派屈克出事了嗎？」

又是那種有點八卦又有點幸災樂禍的口氣，不過現在我在其中還聽出別的東西，某種潛藏在內心的溫情或懊悔，那種語調比較像是一種替代性的超然，或說一種迴避悲悼的方法。

我們經過中央中學附近的一小片綠地。艾倫說：「前幾天一個十六歲的小個子去中央看橄欖球賽，在回家的路上被殺了，回家路上欸。他被揍了一頓，然後有人開槍打他的頭。他們連是誰幹的都不曉得。」

然後我們經過警察局，那裡離郡立監獄只有一百碼。「七月的時候，國慶日隔天，我一個表哥在監獄附近被殺了，就在警長辦公室前面。現在那裡還剩下兩三朵花。」

他把他那邊的車窗搖下，於是我減慢車速。我們一起凝視那個簡陋但色彩繽紛的臨時紀念壇，是用五花八門的物品拼湊而成的，有玩具動物、帶框照片，其間散落著一些枯萎的粉紅色和黃色花瓣。

我向他的表哥致哀，他聳聳肩，輕描淡寫地說：「那個唸知識學校的女生才剛死掉，這件事就發生了。」他鏗鏘有力地說出學校的名字。所謂知識學校是「知識即力量計畫」（Knowledge Is

Power Project）架構下所設的特許學校2，在我初次抵達赫勒拿之前幾年建成。「有人對她媽媽的男朋友開槍，那個男朋友把她推到前面，像是拿她當盾牌。她被槍射中，胸部、手臂、大腿都吃了子彈。」

看來這裡已經出現變化。隨著「知識即力量」擴展為具規模的中小學，它的名氣越來越響亮，許多民眾都知道那裡的學生比較好學。

「她上的是知識學校喔，」艾倫帶著欽佩口吻重複了一次，意思似乎是說，因為她是個用功的人，所以她被殺絕不會是她的錯。

艾倫用手指了郡立監獄給我看。我沒提我已經知道那個地方的事。他說有個他認識的人被關進去以後，爬到屋頂上跳下來逃獄成功。

「他沒受傷嗎？」我問。

「沒，他是矮胖型身材，一點都沒受傷。」

原來那傢伙是溜出來玩，他去看家人，隔天又自己回監獄報到了。

最後我們做了件懷舊的事：回明星看一下。學校已經廢棄了，我們隔著鐵絲網往裡面看。一個垃圾桶被打翻在地上。草地沒人修剪，一片荒煙蔓草的景象。

我們開車離去，艾倫在手機上撥了個號碼。

「吉娜，妳猜誰來了，猜猜看我現在跟誰坐在車上？」他停頓了一下說：「郭老師！」電話另一端傳來一陣尖叫聲，艾倫趕緊把手機拿開，以免耳膜被震破。我們兩個都爆笑出來。

「我們一起吃了午飯，」他繼續說。「吉娜，我只告訴妳一件事：感謝上帝，車裡有安全帶。」

我忍不住笑了起來，這種重返舊日的感覺讓我覺得很自在。

「老實說，她的駕駛技術現在更爛了。妳知道我們赫勒拿的特色就是路上的坑坑洞洞吧？郭老師差不多撞到七十個洞。」

他把電話交給我。

「吉娜．戈登同學！」我笑吟吟地對著電話說。「妳好嗎，親愛的？」

她回道：「我現在舌頭上有舌環，鼻子上有鼻環。我變了一點點，不過沒變很多。」

我搬進丹尼和露西家。露西忙著做格拉諾拉[3]，丹尼在玩他的塡字遊戲[4]。只有他們的貓似乎不高興看到我。

他們告訴我這些日子赫勒拿發生的事。有不少好消息：市區開了一家新的墨西哥餐館，而且那裡喝得到瑪格麗特調酒。還有一間新的健身中心，那裡有新型跑步機，並提供瑜珈課程。年底會有一座新的圖書館啓用，資金是丹尼協助籌募的。圖書館設有兒童部和電腦教室。我們的藍調音樂節已經成爲年度活動，今年也辦得有聲有色。然後還有「自由公園」的興建計畫，那是個用來紀念赫勒拿黑人難民的公共空間，不久後就會開工。

三角洲知識學校在數學和識字測驗方面的表現在全阿肯色州名列前茅——來自阿肯色州內最窮困地區的黑人學童，比那些在最富裕的地區上私立學校的白人小孩成績更好。如果是在十年前，大多數決策者都會笑說這是不可能的事。有些赫勒拿的白人家庭現在開始抱怨他們的小孩無法進入該校就讀。

☆

隔天早上我去看派屈克時，獄監換了人，現在是一位卡森斯先生。他體型矮小圓胖，神情愉快，甚至有種邪氣。

這次監獄裡一樣沒人登記我的名字，甚至沒人想到要問。我的包包沒被檢查，手機沒被拿走；我只說我要探視派屈克．布朗寧。

卡森斯先生把我上下打量了一番，然後咧嘴笑著說：「如果妳不抱我一下，我就不讓妳進去。」

我咳了一聲。「你說什麼？」

「抱我一下，」他說。「就是那種老式的擁抱嘛。」

他把身體往前傾，期待擁抱發生。

我屏住呼吸。我們的身體互相碰觸時，他在我背上按壓了一下。

然後他沾沾自喜地挪開身子。我們並肩往前走。

靠近牢房時，金屬鏗鏘作響的聲音越來越大，我發現原來囚犯正在牆壁上敲。

「我猜一定是因爲他們想起他們做的好事，」他咯咯笑道。

管制室裡，幾名獄監邊看《虎父虎女》[5]邊吃早餐、聊天。室內散發一種混合了油脂和霉味的怪味道。

「我要辭掉這個操他媽的工作。」

「你才不可能辭掉。」

「你等著瞧。」

「算了吧，你去其他地方只會被炒魷魚。你那張嘴巴誰受得了！」

「這倒沒錯。」

我盡量設法不要干擾到他們，不過好像也沒人注意到我在場。

我又回到那個沒有窗戶的房間，抬頭看著天花板，試著找出地板上那攤水到底是從哪滴下來的。

這時派屈克忽然出現在門口，他一看到我就咧嘴而笑，並把那身寬鬆的黑白條紋囚衣往上拉。

「郭老師！」派屈克說了就搖著頭走進來，一臉不可置信的表情。「妳居然回來了。」

然後他問：「老師來這裡做什麼？」

我告訴他我這次待在赫勒拿的時間會比原先打算的久些，我很懷念這裡的生活。

「這裡？」他說。「老師頭殼沒壞掉吧？」他又搖了搖頭，不過滿臉笑意。

我們聊了一下近況。我告訴他我剛回印第安那州看了我爸爸媽媽。

「妳有爸爸媽媽？」他問道。

我說當然有啊。我拿出手機讓他看照片。

「妳能用這玩意拍照片？」他問。

我用拇指在螢幕上滑了一下，讓下一張照片出現。派屈克看得目不轉睛。

「看到了沒？」我說。「現在換你試試看。」

他把手伸到身側，在囚衣上擦了一下，然後把手指放到手機螢幕上，小心翼翼地模仿我的動作。

「妳長得跟他們很像，」他說。

他似乎對照片很感興趣，每個畫面都很仔細看了以後才換到下一張。「那是什麼？」他問。我拍了一些我母親做菜的照片。我說那是湯麵，還有炒中國青菜——我不清楚那種蔬菜用英文怎麼說。有些菜餚他自己就知道答案。「這是蝦，」他自言自語地說。

然後他說：「郭老師，妳去過中國嗎？」

「去過。」

「去過非洲嗎？」

「去過。」我停了一下。「你想不想去那些地方看看？」

他的目光還停留在我的照片上。他說：「我不知道那些東西。我只想快點出獄。」

他把手機交還給我。

「你過得怎麼樣？」我問。

派屈克的神情忽然間變了，彷彿我提出了什麼禁忌話題。他往回靠在椅背上，肩膀鬆垮下垂。

「這裡沒搞頭。」

「沒搞頭？」

「沒搞頭。都是些很蠢的事。」

他用手把臉蒙住，接著又把手移開。

「我表哥也進來了，有個傢伙對他胡鬧。那傢伙有毛病，他把我表哥的托盤往牆壁上丟，又把裝果汁的瓶子拿起來往上丟。」他停頓了一下。「還有他們在燒塑膠。」

「燒什麼？」我問。我不確定自己聽清楚他說了什麼。

「塑膠，」他大聲說。

我被搞糊塗了。

派屈克試著耐心跟我解釋。「就是把窗戶遮住那種板子嘛。他們設法在窗戶上燒出一個洞。」

我想起電影《刺激１９９５》的情節——提姆．羅賓斯爲越獄而鑿牆的情景[6]。

「爲什麼？」我覺得自己的問題很愚蠢，心想答案是不是太明顯了。「是爲了逃走？」

「不是啦，是要透過那個洞拿大麻，拿到以後他們會賣給獄監。不然就賣給信任組。」他說著便皺起眉頭。

「賣給誰？」

他說明給我聽。所謂信任組是另外住在獨立牢房的那些囚犯，獄方把一些清潔維護方面的工作交給他們做。「他們負責做飯，還有打掃環境之類的。他們拖地板，做各式各樣的事，不過就是沒領錢。」

「信任組？」我重複說了一次。我從沒聽過這種說法。

「對，信任組。意思就是那些你應該信任的人，應該值得信任的人。」他做了個鬼臉，露出難以苟同的神態。顯然他心中還期待語言說的是什麼就該是什麼，既然叫信任組，就不該胡搞瞎搞。

他張口想說什麼，不過又止住。他把頭晃低——這個動作我現在已經相當熟悉了。

「郭老師，我不——我眞不知道自己闖了什麼禍。」

他用手把頭抱住。

「我沒辦法睡覺。那裡面菸味太重，我幾乎沒辦法呼吸。」

室內氣氛僵結不動，我茫然不知所措。

我聽到自己問他：「你可以換到別的房間——牢房去嗎？」

他的聲音從雙手下方悶著透出來。「要獄監那邊肯才行。」

然後他的話語忽然變得像連珠砲。「這裡什麼都不對勁。比方說他們裝了一大堆對講機，可是根本不能用。如果你需要得到別人的注意，或者有人打架，你得敲窗戶才行。比如說前幾天有個傢伙在後面那邊癲癇發作，可是那些獄監只有在他們想來的時候才會來，不然連個影都沒有。你得猛敲窗戶，可是他們並不知道你在幹嘛，是不是眞的有事情，因爲平常大家沒事也會在窗戶上亂敲。」他用手搓太陽穴。「被困在這堆爛人裡面，簡直倒了八輩子楣。」

我笨拙地伸手碰了一下他的肩膀，像是試探性地要拍他的背。可是他的身體縮得好緊，似乎沒法感受到我的碰觸。

「時間，」他說。「時間沒辦法回頭。所有發生的事都是因果關係。今天發生的事造成明天發生的事。然後我就到這裡了。」

派屈克又用手把臉蒙住。

「嘿，派屈克，」我終於試著想說點什麼來安慰他。「你是很堅強的人，你要抬頭挺胸撐下去。」

聽到這話，他眞的抬頭挺胸起來，彷彿我說的句子不只是個比喻。

那天下午，一個我教書那段日子的老同事——喬丹——忽然打電話給我。喬丹屬於那個跟著「爲美國而教」來到這裡、然後決定留下來的特殊族群。他比我早一年到赫勒拿，後來他買了房子，娶了另一位老師，生了兩個小孩，現在計畫永遠定居在這裡。他是個天主教徒，身上有宗教刺青，渾身散發某種陰鬱的氣息，彷彿從前的黑幫分子洗心革面變成神父。

我在明星的學生曾在米勒被他教過，他們說起他時會肅然起敬，同時又顯得有點畏縮。當學生在課堂上覺得被期待要成功——深層意義上的成功——而且眞的被教導成功所需的方法，他們會永遠記得。一個人只要曾經感覺自己很聰明，就算只是一天或一個星期，那種記憶不可能完全消失。

喬丹問我加州怎麼樣。

我用有點不置可否的語氣說：「還行，我要做法律扶助方面的事。我還滿開心的。」

在決定長期留在三角洲的幾十位老師面前，除了丹尼和露西之外，我通常習慣自我克制，避免提到任何會讓我顯得輕浮的事。這很可能是因爲我在他們面前覺得無所遁形：他們做了我無法做到的事，而且他們似乎輕輕鬆鬆就辦到了，看不出有任何痛苦。

喬丹現在是一所「知識即力量」特許學校的校長。他說他們學校急著找兼任老師教西班牙語，因爲專任老師艾爾瓦拉多女士負責七個班級，已經無法再負荷了。「我的西班牙語很爛，」我開門見山就說。「我只在大學時代學過兩年。」

喬丹笑了一下；在三角洲，這樣就已經很夠了。

「我可以教英文，」我自告奮勇。不行，他需要的是西班牙文老師。

我這個人向來不太知道怎麼說不，而且我也希望喬丹喜歡我。

「兩班就好，」他說。「初級西語。妳就教兩班吧？星期一開始上課。」

也許這就是我回來的原因——在一所運作良好、而且學生被期待有好表現的學校教書。此時我回想起那些知識學校的學生在市區中心整齊排隊等校車的情景，心中漾起一股暖意；幾乎每個學生手裡都會拿著一本書，可能是菲力普．普曼[7]，也可能是《黑孩子》。另外，能賺份薪水也是不錯的事，否則我得完全依靠自己的儲蓄和一筆國稅局的退款過活。這個小城實在太需要中產階級專業人士了，所以我回來沒幾天就有了新工作。

「那就恭敬不如從命，」我說。我心裡打定主意，盡量不要跟艾爾瓦拉多老師碰到面，免得她硬要找我說西班牙語。

再過幾天我在知識學校的工作就要開始了，可是我還得找時間見派屈克的律師才行。我已經答應派屈克說我要設法查出他的庭審日是什麼時候。這是他唯一請我做的事。他已經進郡立監獄一年多了，到現在還沒審判。

我因爲對赫勒拿這地方有點了解，所以心裡推測派屈克的公設辯護人會是那種穿運動褲、嚼菸草的傢伙。結果出乎我意料，羅伯看起來相當體面：一身黑色訂製西裝，搭配鮮明的金絲雀黃領帶。羅伯是黑人，看樣子年紀應該是四十多歲。他是阿肯色大學法學院畢業的，學生時代曾在麥當勞打工賺學費。當初他決定當公設辯護人是因爲他相信窮人需要享有法律援助的管道。不過他很快就發現，他得另外在私人部門工作才能餬口。赫勒拿除了他，另外只有一位公設辯護人，他們兩個都得兼差，因爲阿肯色州政府不肯多付他們錢。他們每個人每年得到的就只有一台影印機和一千七百張影印資料；郵資、長途電話、車馬費——這些花費他們都得自掏腰包。他們進行私下調查得不到任何資助，這包括調查警方行爲不當、找精神科醫師和鑑識專家諮詢等等。這些調查都需要錢，而羅伯沒有錢。

「你有沒有跟——」我停頓了一下，設法找到謹慎的措詞，「有沒有找到恰當機會跟派屈克談過？」我問。

「我的當事人有一百多個呢，」他回嘴。

然後彷彿是對我提的問題讓步，他無奈地說：「這是一種合法化的失職。」

羅伯解釋道，赫勒拿每年只有四次庭審期（相較之下，麻薩諸塞州的刑事法庭全年所有上班日都開庭）。赫勒拿的每個庭審期爲期只有三個星期多一點。只要有一項審判舉行，所有其他案子——而通常排隊待審的案子多達一百個以上——就會被推延到下一個庭審期。像派屈克這種案子不屬於「優先處理」的範圍，因此他的案子不斷延宕。

羅伯繼續說，「不完整自衛」（imperfect self-defense）大概是派屈克能用的最好主張了。這個論點完全可以從字面上解讀：派屈克相信他在防衛自己——他以爲馬可斯身上有武器——而他的想法是錯誤的、有缺陷而不完整的。這點也許可以讓他的罪責從謀殺降爲非預謀殺人。

我說，在充斥暴力與死亡的窮困社區，我們應該可以合理推斷大多數人都相信其他人具有危險性吧？相信自己被傷害的可能性——這種想法不正是恐懼的核心元素？只不過那既可能有事實依據，也可能是判斷錯誤的結果。就算馬可斯身上眞的沒有武器，派屈克的恐懼感、他認爲自己置身危險的想法，那眞的是錯誤，眞的「有缺陷」嗎？

羅伯露出莞爾的表情，而他的微笑似乎在說：原來這就是哈佛教育的價值。

「這個論點很好，」他說。「可是我們不能跟檢察官這樣說。法律就是法律。」

「那就說是出自單純的自衛吧？」我把案子詮釋了一下。「你是個十八歲的青少年，還算是個小孩。有個喝醉酒的傢伙出現在你家門廊上。他的塊頭比較大，他的年紀比你大，他顯露出攻擊性。而且他旁邊就是你妹妹。你妹妹才十六歲，有輕微的智能不足，是特教班的學生。你叫那傢伙離開你家門廊，可是他怎麼都不肯。他眞的喝得很醉，而且——」

「這眞的得看陪審團怎麼判斷，」羅伯打斷我。「可是把案子交到陪審團手上是很危險的事。」

「假如派屈克是個白人……」最後我終於試著提出這點——這是我們的對話中那頭隱隱潛伏的巨獸。我認爲如果是一個白種居民在他家遭逢喝醉酒的黑人攻擊，很顯然他不會被控謀殺。

羅伯的眼睛閃動揶揄的光芒，他又露出那種莞爾的表情。我心想，他會不會認爲我很白癡。「我同意，我同意，」他說。「可是這部分我們實在無能爲力。」

那個星期我又去探視了派屈克兩次。即使在那麼短的時間內，我們的談話已經開始變得很有默契。首先談的是我。「郭老師，妳好不好？」他會問。（有時他也會試著用正式口吻說：「您好嗎？」）幾乎任何瑣事——電影、吃飯、天氣——都能吸引他的注意力。我們的對話內容基本上很平凡：有下雨嗎？妳吃了哪些東西？妳開的是哪種車？他會把身體往前傾，仔細聽我說的每句話。我手機裡的照片幾乎每一張他都看得津津有味，不管照片拍的是什麼；他用一種專注的神情研究眼前的影像，彷彿那裡面含有某種來自外面世界的鎖碼訊息。我回答他的經常是技術性問題：這是在哪個城市？老師是怎麼去那裡的？

不過一旦話題轉到他身上，我們談的似乎就大都是監獄，還有這個地方有多髒。最糟糕的是淋浴間。信任組那些所謂模範囚犯會把沒喝完的飲料倒進排水孔，搞得蟑螂從那裡爬出來。派屈克認為「酷愛」飲料[8]是罪魁禍首。「我會把酷愛倒進馬桶裡沖掉，可是別人都隨便亂倒，」他說。他沖澡的時候會讓手臂緊靠身體，以免碰到牆壁上那些五顏六色的黴菌。

馬桶壞掉沒人修，無論你離廁所多遠，整個監獄都充滿可怕的臭味。信任組用黑色垃圾袋包住他們沒辦法修的馬桶。「後來我們只好都用同一個馬桶。在另一間牢房裡，他們甚至隨地撒尿。我不是開玩笑，跟這些傢伙住在這裡，不知道我會得什麼病。」

牢房沒有門，所以別人會自由進出派屈克住的房間。有個人擅闖他的牢房，在地板上吐痰，然後又鬼鬼祟祟地走出去。還有個年紀比較大的傢伙會一邊走來走去，一邊喃喃自語說他是小馬丁·路德·金恩。在長達兩星期中，獄方把不對的藥拿給派屈克那個精神分裂的表哥，害他吃下另一位囚犯的心臟病藥物。隨時有人八卦說誰打算扁誰，誰準備走著瞧，監獄裡不斷有人打架、吼叫、敲牆壁。

那些細節變得反反覆覆，越是強調越是沉悶無聊：浴室牆上長黴；蟑螂從排水孔爬出來。有時派屈克會忘記一些他已經告訴過我的細節。「我住的是最好的一間，」他說。「因爲其他牢房的馬桶都壞了。」

我告訴他我跟他的律師談過了，我假定這個話題會激起派屈克的興趣。可是他只問了一個問題：審判日是什麼時候？他希望這件事能有個了結。我把羅伯的話重複了一次，說審判日期又往後延了，應該至少會拖到十二月甚至明年二月。講到這裡，他對法律方面的事就完全失去了興致。他不想談他的案子怎麼辯護的事。我沒經大腦過濾不小心用了「謀殺罪名」這個詞語，他的眼睛眨了一下。

他把話題轉到他從前的生活。也許他沒有別的事可說，或者沒有別的生活面向。回顧起來，他覺得所有事件似乎都有關聯。他說，他大約十二歲的時候，有天騎著腳踏車要去偷某個東西。那是他一個朋友的點子。在那之前他從不曾偷過東西。前去那裡的路上，他被一輛卡車撞到，從腳踏車上摔了下來。「那一定是一種神諭，郭老師。」

「神諭？」我重複了這個詞。我知道他跟其他多數學生一樣有宗教信仰，但我不知道他信得那麼深。

對，有神諭：上帝在那一刻、在那個地方跟他說話了。上帝說他不該做他正打算做的事。沒有人比上帝更了解他。

派屈克把他人生中的一些重要事件重新詮釋為被他忽略掉的警訊。十一歲那年，有一次他在後院玩一桶汽油，結果他被燒傷住院，好多個星期無法上學，於是他的課業就脫節了。在那段時間中，紐約世貿雙星大樓崩垮下來。他讓我看他燒傷留下來的疤——他的腳踝上有一些顏色變深的斑塊。

「對，」我說，「我記得你說過這件事。」

「都有因果關係，」他對自己重複說了一次。這個普通的句子被冠上嚴肅的神學意涵以後，彷彿就可以解釋為什麼他現在人在監獄。派屈克似乎被困在一種反饋迴路中：首先他會自責，然後他會想忘記，然後為了忘記，他又自責起來。

每個對話都有特定模式。他會開口說話，然後停頓。他會說某件事讓他心情不好，說著說著他的頭就會垂得很低，使他的背部和後頸部形成一個平滑的表面，彷彿一個桌面。有時會出現一些沉默無語的空檔，在很長時間中兩個人都沒說話。我不想用瑣碎的聊天或空洞的安慰詞語填補沉默。我心想，在這種時候不說話反而才能誠實呈現出真我——不是某個激勵人心的演說家，不是滿口「你可以辦到，我對你有信心」那種人。在不說話的同時，其實我在試著說：這才是真正的我——一個跟你一樣茫然、不知道該說什麼話的人。

不過通常到後來是我自己承受不了那種沉默。他畢竟需要聽到一些好消息，他需要一個報佳音的使者。「嘿，看著我，」我會說。他會稍微把頭抬起來，讓他的目光跟我接觸，然後我強迫自己給他做精神講話。「派屈克，今天的你並不是某天晚上發生在你生活中的事塑造出來的，懂嗎？」或者我會說：「你的家人提到你的時候說的都是好話，知道嗎？他們都稱讚你。」或者：「你的家人都很愛你也很想你。」不然就簡單說：「發生這種事我也很難過。」儘管這句話毫無創意而且缺乏實質意義，但我的語氣能傳遞出眞誠的悲傷之情。

他回我話的時候，總是用一個簡短的肯定句：「妳說的對」，或者「好的，老師」，或者「謝謝郭老師」。

學校曾經是我們共享的世界。在我離開那三年中，我們不只失去了聯絡，更不再有任何交集。我假定現在能重新相處在一起就很足夠了。但我們生活在兩個截然不同的世界中。他所處的實境是來自四面八方的感官攻擊。我所處的實境則鮮明地出現在我的手機螢幕上；他會用指尖小心翼翼地碰觸螢幕，設法不要把它弄髒。維繫我們的是以前的老師和以前的學生之間的連結，而這種關係的脆弱性現在似乎躍然眼前。

有可能對派屈克來說，我們的對話內容並沒那麼糟；能跟某個人說話總比沒人說話好。但對我而言，我們的交談是瑣細而累人的。破舊簡陋的郡立監獄似乎已經達到它的目的：這是一種懲罰，而派屈克在這種環境中讓自己膠著在不斷懺悔的狀態。他想要覺得有罪惡感；他想要感到痛苦。但我卻沒有資格扮演告解神父這樣一名預設角色。

若要說派屈克必須爲馬可斯的死負起全部責任，這是無稽之談，對吧？派屈克被控謀殺，但他跟典型的謀殺犯有如天差地別。他並未掩飾他的蹤跡，沒有編造不在場藉口。他沒把凶器上的血跡洗掉，沒把它藏起來。他看著他刺傷的那個人走開。他完全沒想到那人會死掉。他坐在門廊上等警察抵達現場。他邊等邊流淚。他坐進警車，沒要求律師協助，而他現在也不想思考辯護工作怎麼安排的事。他沒責怪社會、窮困這些因素。他只怪自己。問題不在他不肯懺悔，而在於他懺悔得太多；若說他可能一輩子都將沉溺在懺悔中，那絕不是太離譜的想法。

然而，或許他需要的正是這份罪惡感；否則死亡的發生就變得沒有理由，只是各種因素隨機碰撞的結果——不同心理狀態、身體衝動和種種因緣巧合間毫無道理的碰撞。為了求得心理上的踏實，他需要把自己的一連串失敗編織成一個完整的故事。「因果關係，」這是他的詮釋方式。這其中的關鍵線索是他因為忽視上帝而把人生搞砸了。

可是我不相信他告訴自己的故事。我要打破他的迷思。為了做到這點，我跟他必須打造出一種連結。但我有什麼能跟他共享的東西？

我唯一能想到的就是書。他也喜歡一些別的東西——他曾經悉心呵護他的卡丁車，有一次他說過想當個機械技工。我不認為閱讀在本質上比學習怎麼修車高級，也不認為閱讀一定可以讓人變得更好。不過我真的喜歡書，而且我至今還不曾跟他分享過任何自己喜愛的事物。假使我擁有一副好歌喉，我會跟他分享唱歌的快樂。

於是十月底，也就是我抵達兩星期以後，我聽到自己說：「派屈克，我想請你做一件事。」

派屈克用期待的眼神看著我。

我說：「我要你每天做一點功課。」

他發出一陣孩子氣的小小驚呼聲，並露出那天的第一個笑容。「郭老師！」他大笑，然後用手遮住張開的嘴巴。「不會吧，我現在不是學生了。」

「不然你打算每天做什麼？吃東西？混日子？」

他還在笑。「妳說功課是什麼意思？」他已經很久沒聽到這個詞了，覺得很好笑。然後他沉默了一下。「我不是學生了，」他又說了一次。

「好嘛！」我用輕鬆的口吻說，不知道聽起來會不會太隨便。

「太遲了，郭老師。」他用手指刮過木頭。「太遲了。」

「你這是什麼意思，太遲了？小夥子，你還沒把高中唸完欸，」我說。我那種故作輕鬆的聲音迴盪在空氣中，令我自己也嚇了一跳，我們的關係好像還沒到那麼隨意的程度。我已經篤定他會做任何我要求他的事。派屈克跟艾倫、吉娜和凱拉一樣，他們都願意接受大人的指導，特別是我。

我用比較溫柔的語氣說：「以後你女兒看到你，會跟你說話的時候，如果你唸書給她聽，那種感覺不是挺好的嗎？」

「對。」

「你知道我說的話有道理。」

「對。」

「那就一言爲定。每天做功課。」

我還不知道功課內容會是什麼。我打算教什麼？如果我一星期只來一次，我要怎麼檢查他的功課？我該不會只懂得用一種方式跟派屈克建立連結，也就是對他施展權威？

譯註

1美國國慶日是七月四日。

2特許學校（charter school）存在於許多國家，是一種接受公費的私辦學校。政府制定相關法律後，民間可向政府提案設校，獲准後取得執照，即可籌款興辦並經營。特許學校雖然常被視爲一種特殊的公立學校，但它獨立於所在學區的官方教育系統外運作，政府不實際參與，只按法定標準提供補助。一般而言，特許學校從政府獲得的經費是一般公立學校的六到七成。第一所特許學校於一九九二年出現在明尼蘇達州，成因是美國一部分關心教育的民眾不滿公立學校品質普遍低劣，於是透過州政府特別立法，爲民間提供一條新的辦學管道。美國的特許學校發展蓬勃，學校數目及學生人數均快速增加，截至二〇一五年已有大約六千七百所登記在案的特許學校，就學人數將近三百萬。

3格拉諾拉（granola）也可意譯爲「脆果麥」，是一種以燕麥、堅果、水果乾、蜂蜜（或糖）爲原料，經烘烤而成的食品，可當作早餐或點心食用。

4此指 Scrabble，這是風行全球許多國家的文字圖版遊戲，玩手在一塊每邊十五格的方形圖版上以填字遊戲方式橫豎列出詞彙（每格填入一個字母，競賽時不同字母代表不同分數）。最早的 scrabble 遊戲於一九三一年問世，目前已有三十六個語言版本，在一百二十一國銷售。除在英語系國家盛行外，在法語系和西語系國家也極受歡迎，早在一九七二年法語系國家即出現世界盃比賽。

5《虎父虎女》（*Matlock*）是美國知名司法影集，一九八六至一九九五年陸續於全國廣播公司（ＮＢＣ）及美國廣播公司（ＡＢＣ）頻道播出。

6《刺激１９９５》（*The Shawshank Redemption*，「蕭山克的救贖」）是匈牙利裔法國籍美國導演法蘭克・戴瑞邦（Frank Darabont）一鳴驚人的處女作，改編自史蒂芬・金（Stephen King）暢銷小說，榮獲奧斯卡七項提名。由提姆・羅賓斯（Tim Robbins）飾演的男主角是一名銀行家，他被控殺妻，含冤入獄，但他決心逃獄，在蕭山克監獄悄悄鑿牆，入獄將近二十年後越獄成功，走向自由與救贖。

7菲力普・普曼（Philip Pullman），一九四六年出生的英國小說家，最著名作品包括暢銷奇幻小說《黑暗元素三部曲》（*His Dark Materials*）、小說體耶穌基督傳記《耶穌這個好人，基督這個惡棍》（*The Good Man Jesus and the Scoundrel Christ*）等。

8酷愛（Kool-Aid）是美國的一個知名飲料品牌，暢銷程度可比可樂或啤酒。這種飲料是完全的人工產品，由防腐劑、香精、檸檬酸等組合而成，通常製成粉末，由使用者自行加水泡製飲用，因色彩絢麗、風味絕佳且具刺激作用而廣受喜愛。一九七八年，美國邪教組織「人民聖殿」（Peoples Temple）領袖吉姆・瓊斯（Jim Jones）在設立於南美洲蓋亞那的人民公社瓊斯鎮（Jonestown）將劇毒物氰化鉀加入酷愛粉中，讓九百多人同時喝下後死亡。

第六章 獅子·女巫·魔衣櫥
The Lion, the Witch and the Wardrobe

星期一早上，我在監獄的門廳等著，很興奮馬上就會看到派屈克的第一份作業。這次前台一個人影都沒有。現場還有一名女子在等，她對我聳聳肩，我也對她聳聳肩。

我對自己給派屈克的功課很滿意：寫封信給你的女兒。「讓她出現在你心中是很好的事，不是嗎？」我這樣問他。心裡想著女兒可以爲他帶來安慰，而且有助於他了解寫作可以是一種直接跟另一個人談話的方式。

聽到我的話，派屈克顯得很驚慌，不過我假裝沒注意到。

「妳要我寫……寫信給珍珍？」

「一點都沒錯。」

派屈克張嘴想說什麼，然後又打住。

又過了整整十分鐘，另外那名女子轉身對我說：「他們沒看到我們。」她指了一下監視器。「電力供應有問題，螢幕是黑的。」她爬進前台裡，按了一個按鈕，然後立刻出現響亮的嗶嗶聲，通往牢房的安全門震了一下，門閂就開了。

她跨門走進去，這等於是擅闖監獄。

「哈囉？」她叫了一聲。

這時尙恩冒了出來。在其他任何地方，這種行爲都構成嚴重的安全侵害，但尙恩絲毫不以爲意，只是揮手要我們跟著他走。

幾天前，赫勒拿的報紙才登過一則犯人逃獄的消息。現在我明白這件事在這裡有多簡單；令人驚訝的反而是居然沒有更多人企圖逃獄。

尙恩對我打手勢讓我進去。

派屈克出現了。

「你好嗎？」我問。

「壓力好大。」一個他認識的人前一天晚上入了獄，原因是家庭暴力。「他一直說雖然他打了她，可是他很愛她。我告訴他，你不能那樣對待你愛的人。我盡量試著鼓勵他。可是這件事眞的讓我壓力好大。」他嘆口氣，然後說：「嘿，郭老師，可以請妳幫我一個忙嗎？」

「幫什麼忙？」我開懷地問他。到目前爲止，除了要我查他的庭審日期，他還沒請我幫他做過任何事。

「幫我買香菸——買菸草。」

「喔，」我說。「我應該不被允許做這件事吧？」

「嗯，這算偷渡違禁品。可是我眞的需要一些菸。」

「不行。萬一我被抓到，或——」

「那就沒關係。」

「要是我眞的能——」

「沒關係的。」

拒絕他讓我覺得有罪惡感。

「我們來看你的功課吧，」我說。我想改變話題，也許這樣有助於提振我們兩個的心情。

這時派屈克咯咯笑了起來。「哎呀，老師，我沒做。」

我的臉一沉；我覺得血脈賁張。他怎麼笑得出來？他覺得沒做功課是好笑的事嗎？然後我設法鎮定下來。派屈克只是很實際罷了；做功課不可能讓他出獄。

不過我的聲音還是很嚴肅。「你對這件事不認眞。」

派屈克把頭撇開，彷彿我賞了他一記耳光。

那天稍後我到知識學校教西班牙語，發現接下這份工作是個錯誤。

一名學生問：「郭老師，『船』的西班牙文怎麼說？」他說他很喜歡船。

「你把手邊的練習做完我就告訴你，」我搪塞道，試著想起那個字。

這個學生跟其他學生一樣，都很尊敬老師，而且很勤奮，很用功。這所學校給人一種很強烈的安全感。這裡不會發生隨機暴力，沒有人惡言相向，沒有霸凌事件，沒有人在背後陷害你，也沒有人會放話說要在下課時痛扁你。安全感創造專心讀書的條件。我在十分鐘內就感受到我在明星那兩年一直渴望擁有的感覺：這些學生什麼都願意做，哪兒都願意去。一名年紀較長的黑人教師在我教課的隔壁教室教數學。在三角洲成長的她很喜歡「知識即力量」特許學校的紀律。「黑人老師對學生比較嚴苛，」她向我說。「因爲我們知道生活對我們會比較嚴苛。」

牆上掛了許多裝飾，分別代表老師們讀過的大專院校：聖母大學（University of Notre Dame）、科爾比學院（Colby College）、阿肯色大學、密西根大學、亨德里克斯學院（Hendrix College）、羅茲學院（Rhodes College）——這還只是一小部分。色彩繽紛的毛氈三角形掛飾沒有例外地指向相同方向。這面牆壁可不是用來敷衍的；我看到兩個九年級女生抬頭往牆上看，我聽見她們在討論亨德里克斯的好處——那裡「班級人數比較少」，而且「離家不會太遠」。

我不動聲色地在手機上查船這個字的西班牙文。

隔天我和派屈克見面時，都還沒互相打招呼，他就把功課交給我，彷彿爲了在我露出不滿或失望的表情以前先斬爲快。

「很好，你眞的做了，」我說。這次我的聲音比較柔和。我心想，就是嘛，他有什麼義務應該在乎功課的事？功課對我而言很重要，它在我的童年生活中扮演核心角色，因爲那是我父母唯一眞正期待我好好做的事。但在派屈克的經驗中，明星的老師根本懶得指定功課，因爲他們並不指望學生會做功課。我忽然想到，其實我自己也不是很常指定功課。我忙著低頭查看他遞給我的那張紙，心不在焉地問：「你好嗎？」

我彷彿受到當頭棒喝。那筆跡看起來像瘋子寫的。下筆很重，到處是藍色墨水的污漬。我給他那支便宜原子筆必須負一部分責任；太過使勁寫字時，墨水會滴漏出來，把紙張弄髒。他塗寫了一整張紙，但那些字像一堆亂七八糟的符號，只是筆畫湊巧交錯在一塊而已。字體大小不一，看得出下筆非常遲疑，而且錯誤百出。

我完全看不出他以前的字跡。

嘿珍珍我是爹地，我知到我不在妳的生活里這是我的錯。我很南過我沒在妳身？陪妳。這里的人動不動就打架我快受不了了。在這里無所是是我把是情搞得？七八造不過我很想妳。

愛妳的爹地

我設法假裝無動於衷。這樣一篇文字是不是很糟？沒錯，是很糟。錯別字一堆，不會寫就用問號帶過，標點符號一場糊塗……他在我班上的時候，作文程度從來不曾這麼差。而且除了文字上的錯誤，文章本身透露的訊息對小孩也不好。它向小孩提醒爸爸不在家的事實；它指出爸爸不在家是爸爸自己的錯，還隱約提到他做了不該做的事這種話題。這段文字可說是在大剌剌地暴露他的痛苦。這樣一封信怎麼可能讓小孩覺得有安全感？

不過話說回來，身爲人父，想對女兒表示歉意難道不是很自然的事嗎？至少他很誠實，很愛她。或許問題不在這封信本身，而是這種信可能會一直老調重彈：我很抱歉；我眞希望能在妳身邊；我應該在那陪妳，可是我沒有。我本來以爲寫功課可以讓他擺脫失敗的感覺，不過這顯然不夠。我們需要某種能幫助他走出自我窠臼的東西。

「我知道一定錯誤百出，」他說。「郭老師，我變得很糊塗。」

我用故作輕鬆的語氣問：「你多久沒拿筆寫過東西了？」

「我不知道。好幾年了吧。」

該從哪開始？我沒了主意。

我把我買的一本筆記本翻到最後一頁，假裝知道我打算寫什麼。

我靈機一動，在頁面中央寫了大大的兩個字：文法。

然後我在下面寫了兩個英文的「我是」——一個對，一個錯：

I'm　im

「你瞧，」我指著im說。「這是你寫的。」

派屈克看了一下，他的臉部肌肉因爲思考而緊繃。

「你知道這樣爲什麼錯嗎？」

他沒答腔。

「有兩個細節——看到了嗎？」我把大寫的I和縮寫記號圈起來。

派屈克點點頭。

「你的我和我的我有什麼不一樣？」

「妳的比較大。」

「有沒有看到我是怎麼寫的？」

「看到了，老師。」

「你可以把它正確地寫出來嗎？」

「可以，老師。」

派屈克把頭低下。他的手不習慣拿筆了；他把筆抓得太用力。

他寫：

I'm Patrick.〔我是派屈克。〕

「好，」我說。「寫得很好。」

我們做了一整個下午的練習。起身穿外套圍圍巾準備離開時，我神情愉快地說：「準備好做明天的功課了嗎？」

「準備好了，老師，」他很快就說。

派屈克的服從讓我覺得有點傷心，覺得彷彿自己做了不對的事。我在他的人生中算什麼——我扮演的角色會不會只是讓他覺得羞恥的事變得更多了？

「聽好，」我說，「我們來做個交易。只要你繼續做功課，我就偷渡你要的菸給你。」

聽到這話，派屈克神情驚訝，整個人閃亮了起來。

「哇，眞的嗎，郭老師？」

我笑了。「眞的。」

「妳會幫我做這件事？」然後可能因爲他怕我會改變主意，他立刻指示：「幫我買號角手（Bugler）。」

「買什麼？去哪買？」

這次換他笑了。「老師從沒抽過菸嗎？」

「沒有欸。」

「要買菸草，捲起來就可以抽了。多來商店[1]隔壁就有在賣。還沒到我家附近那家沃爾瑪。如果超過沃爾瑪，就走太遠了。」

「好，我去買，我會帶進來給你。不過你得做功課才行。」我們相視而笑。

派屈克在中央高中的成績單幾乎是一張白紙，上面只有一行字母——F、F、F、D、D、F。一行字母代表他只在高中讀完一個學期。

我打定主意要自己把他的成績調出來看，因爲他不肯告訴我。我專程到中央的祕書室跑了一趟，心想他的說法可能很誇張，搞不好他的英文其實拿了B。然後我又想到我其他那些學生。他們後來的課業表現又是怎樣？「妳有中輟生的名單嗎？」我問那位瘦巴巴的祕書，史密斯女士。「二〇〇六年的。」也就是我離開赫勒拿那年。

印表機很古老也很吵——是點陣機型，不是雷射的。印表紙是一整卷那種，兩側有穿孔的長條，八〇年代我年紀還小的時候會把它撕下來做成項鍊。

那份文件的標題是「學生輟學報告」。不過裡面並沒有報告，只有一串姓名。由於印表紙是一張張連著的，那報告可以像手風琴那樣展開，然後一路拖到地上。眞難想像這麼長一份清單上都是同一個年度的中輟生。

我認出一個又一個名字。塔米爾，邁爾斯，凱拉。威廉，史蒂芬妮。我覺得胃部糾結起來，想坐下來。我感到震驚。有哪些人順利留在學校？幾年前，這些名字都曾出現在我的評分簿上，而且是我自己親手寫的。現在同樣的名字用廉價的機器字型印在紙上。

有沒有哪個人改變了你的人生？

我改變了他們嗎？我握在手中的紙告訴我：沒有。

我的臉因爲羞恥而灼熱。

每個名字旁邊都有一個數字，代表輟學的原因。有些人的原因是「搬家」，也有人是「缺課」。不過這些理由很多都不正確。清單上說有些學生──包括那些懷孕的女生──「遷移到阿肯色州以外地區」。派屈克被列舉兩個輟學理由：「缺課」（這是對的），還有「遷移到阿肯色州以外地區」（這不是事實）。

「情況一年比一年糟，」史密斯祕書用衝耳而來的聲音說。「我不記得三十五年前有誰輟學。那時沒有人輟學。那時候的學生如果被送到校長室，會全身發抖。」

史密斯女士說明學校對出席狀況的處理程序。每天早上，老師會拿到一張表，他們可以在上面標出每個學生的到課狀態：P代表「到課」（present），T代表「遲到」（tardy），A代表「缺席」（absent）。根據阿肯色州法令，如果學生連續十天缺席，他的身分就完全改變了：他正式變成中輟生。祕書辦公室會把一份備忘錄交給相關教師，請他們把該名學生的名字從成績簿上畫掉。

「誰會看這個資料？」我問史密斯祕書。

「妳。」

這整件事太可怕了。學生輟學，然後遊戲結束，一切成空。沒有人會找你，沒有人會阻止你，甚至似乎沒有人會正確記錄你是因爲什麼原因而輟學。

史密斯祕書讓我看官方准予學生請假缺課所需的證明文件：

醫生開立的證明
家人死亡的訃聞或葬禮儀式說明
法院文件
入獄證明
停學處分書
參與學校公務證明
經過校長批准的家長說明函

她進一步說明，除了出具以上文件請假，學生可以被允許因爲其他原因缺席十四天。這包括家長寫說明函，以及任何其他無故缺席的情況。

「妳說好不好笑？他們允許家長寫十四天的說明函，不管眞正的理由是什麼，不管有什麼藉口。他們實際上在做什麼？天曉得。我認爲他們只是不想上學罷了。」

說曹操，曹操到：一對母女走了進來。那位母親看起來睡眼惺忪，身上還穿著睡衣。「我們睡過頭了，」她簡單說道。

「妳需要一份說明函，」史密斯祕書無視那位媽媽，直接對女兒說。

女兒滾了一下眼珠子。

媽媽說她需要紙。

史密斯祕書拿一張紙給她。

媽媽說需要筆。

史密斯祕書遞了一支筆給她。

媽媽隨手寫了點東西，然後就走了。女兒前往教室上課。

史密斯祕書意味深長地指了一下時鐘——一天已經過了快一半了。

我說：「所以如果派屈克的父母在那十四天勤快些，幫他寫了說明函，他就可以回來上學？」

「沒錯。」

我露出錯愕表情，她看了覺得心滿意足。

不過我們心裡想的是不同的事。史密斯祕書認爲，派屈克如果能因爲那樣而復學，是很荒唐的事；我則在想，派屈克的父母也眞夠荒唐了，怎麼連一張說明函也沒寫，害他無法復學？

赫勒拿聘請一名專員負責聯絡學生家長，他會通知他們小孩曠課的事。不過基本上這不會改變派屈克的情況——他家所有人都知道他不再去上學的事。

「天主萬能，是郭老師！」萊利老師一邊驚呼，一邊給我擁抱。

明星關閉以後，萊利老師轉到中央中學負責「校內停學」業務——管理全天型留校管束中心。我費了一番力氣才找到她：校內停學中心位於山丘另一邊的孤立地點，有點像個隱修所。她正在辦公桌前打電玩。鈴聲剛響過，她的學生們一下就無影無蹤了。

她提議我們到外頭去，我跟著她走到她的車子旁邊，讓她可以順便抽菸。

「郭老師，」她點了根菸，然後開門見山地說：「明星被一群狗糟蹋了，那裡比狗窩還慘。他們把全部東西丟到人行道上，包括妳買的那些漂亮新書，通通被他們丟掉了。不然就是留在原處，彷彿那些東西一文不值。他們眞的好浪費。」

我想到我那些學生在書封內側留下的塗鴉文字，他們想要其他同學知道他們看過那些書。

「我很懷念我們那些學生，」她說。

「他們後來發生了什麼事？好像大部分到這裡以後就輟學了。」

「這個地方是個笑話。中央是個笑話。老師被學生威嚇，所以他們什麼也不教。學生只會鬼吼鬼叫。我只要看到他們褲子往下掉到屁股都露出來那種死樣，我就很想哭。他們在外面的時候——」她指著校園，「沒有人照顧他們或監督他們，沒有老師，通通都沒有。」

萊利老師的語氣中有種以前沒有的滄桑，這令我悵然若失。在明星時，她每天跟我打招呼時都會說句「上帝眞好，上帝眞好」。在明星，她可以施展眞正的權力。像我這種新進教師對她都敬畏三分，學生看在她的分上也會表現得比較乖巧。她的教師資格不充分，但她知道怎麼用道德權威加以彌補。現在她被迫跟學生們一起流浪出來了；她就像試著在流沙上蓋堡壘。

「我告訴他們：『別把你們的蠢東西帶進這個地方。』妳也知道我這個人，郭老師。我會聽福音音樂，我桌上擺了聖經，我會對學生說：『你們給我安靜閉嘴，好好讀書。』可是那樣的家園毀了，那些爛人把它幹掉了。以前那個家園現在在哪，那個家園現在到底在哪？郭老師，我記得在我的成長過程中，你一整天開著窗睡覺也不成問題，不管窗戶離地面有多低。你可以做菜做到一半然後說，喂，鄰居，喂，瑪莉，喂，瓊安，我的豬脖骨還在爐火上燉，可是我得到店裡買點馬鈴薯。她會說，好，聽到了。我告訴妳，郭老師，那鍋菜絕對不會燒焦，絕對不會燒焦！那時候就是那麼有人情味。」

我告訴她我去見了派屈克。

「他中邪了，郭老師，」她說。「一旦魔鬼上身，趕也趕不走。」

她把菸頭丟掉。「這個社會不對勁了，好像整個地方都已經被魔鬼控制住了，整個被他控制了。」

菸店採免下車購物服務，這是我第一次光顧這種店。「有號角手嗎？」我問，不過不確定有沒有把這個品牌名稱唸對。窗口的女店員咧嘴而笑，露出一顆金牙；轉身拿菸時，她的骰子造型耳墜匡噹作響。包裝的顏色是嬰兒藍，上面有個男人吹號角的漂亮標誌。

隔天早上派屈克熱情洋溢地跟我打招呼。「我把功課做好了。」

「連續兩天欸！」我說。「這樣很棒。」我適時地開始在包包裡翻找，表示我已經按照我們的協議條件買好他要的菸。派屈克把頭探向走廊，看有沒有警衛在那裡。他點點頭。

我把那包菸草遞給他，他像變魔術般一下就讓它消失了。我們這種祕密交換的氣氛，還有他把菸塞進囚衣皺褶中的動作，忽然令我對他產生片刻的不信任。

我從包包裡取出一本書：《獅子·女巫·魔衣櫥》（*The Lion, the Witch and the Wardrobe*）。「我趁著週末把這本書又看了一次，」我說。「眞的很好看，看到末尾的時候我差點哭了。」

「妳，郭老師？」他說。「哭？」他笑著搖搖頭，很難想像那種情景。

我把書交給他。

那是一本輕便的平裝書，不過派屈克伸出雙手，愼重地把它接下，彷彿我給他的是什麼沉重而且脆弱的東西。

他低頭仔細觀察封面上的彩色插圖。我有點緊張，怕他會不高興我拿童書給他看。不過他顯出很好奇的樣子。也許他想到他的女兒，或者他自己的童年；我不知道。他用手指頭劃過插圖的輪廓。

「你看到什麼？」

他凝視了好一陣子。「我看到兩個小女孩。她們看起來好像在跟獅子跳舞。」

「你覺得獅子看起來像什麼？」

派屈克遲疑了一下。

「這個問題是沒有標準答案的，」我說。

「像野獸，不過他們在田裡玩得很開心。這看起來像是黃昏的時候。」

我點點頭，然後指著書頁要他唸。

派屈克開始唸：

「獻給露西・巴菲爾德」

「你認為露西可能是誰？」我問。

派屈克使勁盯著那串字看，彷彿他希望只要凝視得夠久，答案就會自己跑出來。他開始焦躁不安。

「我不知道，郭老師。這些東西我通通不知道。」

「嘿，」我說。「我很糟糕，沒說清楚。其實你完全沒有義務知道答案，我們只是在猜。」

不過他太心慌了，似乎沒聽到我的話。

「親愛的露西，」我自顧自地起了頭，當作沒在注意他。「現在換你。」

我的心跳加快，我很怕他會不肯繼續唸。

他清了一下喉嚨。

「我寫這個故事是爲了妳，不過開始寫的時候，我還不知道小女生長得比書還快。」他繼續唸，直到最後出現的署名：「最疼妳的教父，C·S·路易斯。」

派屈克唸得很彆扭。他唸的字會擠成一堆，像一串幾乎完全沒被標點符號打斷的連珠砲。

我問他：「所以你覺得露西是誰？」

派屈克把書翻到封面，核對了一下名字。「是他的教女。」

「對。」我誇張地點頭。「完全正確。」

「所以他是把這本書寫給她？」他問道。「像是一個禮物？」

「對，是一個禮物。」

然後我們開始唸。

「很久很久以前有四個小孩，他們的名字是彼得、蘇珊、愛德蒙和露西，」我開了頭。「這個故事說的是……」

這個房間的大小讓我們這樣用剛剛好，有一張桌子和兩張椅子。我們面對面坐著，手裡各自拿著自己的書，然後輪流大聲朗讀。（「看到這裡沒有？」我說。「這是一段文章開始的地方，這樣叫作一段。然後這堆字結束的時候，會有一些空白——看到了嗎？——那就是一段結束的地方。」）

輪到我唸的時候，他會較為放鬆，他的手指會隨著我的聲音劃過書頁上的文字，彷彿在向自己確保每個字他都確實照顧到了。我讀到我那段文字的最後一句時，他的肩膀會僵硬起來——又得換他唸了。

「『這一定是個大得不得了的衣櫥！』露西心想。她繼續往裡頭走，把那些有柔軟皺褶的外套往旁邊推開，讓自己有空間前進……可是她感覺到的不是衣櫥底部那個又硬又光滑的木板，而是一種軟軟的、粉粉的，而且非常冰冷的東西。」

「你看過雪嗎？」我問派屈克。他說應該沒有。

「好，你馬上就會看到雪了，」我開心地說。聽我這麼說，派屈克顯得迷惑，不過看起來很振奮。

獄監沒有事先通知就會把派屈克從一個牢房換到另一個牢房。為了不讓他寫功課的紙張凌亂散失，我決定要他把所有功課寫在同一本筆記簿裡。我給的作業包括字彙（造句）、白天教過的東西（例如縮寫符號）、記日記、寫閱讀感想等。閱讀方面的問題有時很特定：你認為那些野獸為什麼折磨亞斯蘭？有時則是開放式的問題：幫愛德蒙寫一封信給露西。日記的內容基本上屬於開放性質——比方說他對監獄的看法：說說看你注意到監獄有哪個地方比較特別？

派屈克的功課讓我覺得又快樂又充實。一部分原因當然是身為老師的一份滿足感：他讓自己成了有用的人；他為自己成就了一些事。看到他很快就掌握「諷刺」的含義，有哪個老師不會高興？

聽到凱文被放出去才一個星期就又被送進監獄，我覺得很諷刺。運用心智是需要紀律和耐心的事，而派屈克活生生地證明這兩點他都辦到了。另一部分原因是我自己身爲作家的虐待狂心態——任何人的文字作品只要跑到我眼前，我向來會以非常殘忍的方式對待，我會毫不留情地修改、編輯，把這當作關懷、呵護的表徵。於是我狠狠地拿他的文字開刀，把錯誤圈起來，甚至大聲發號施令。有時候他寫的東西眞的被我搞得滿江紅，根本難以看到本來寫的是什麼。有時我會大吼大叫。（**縮寫符號！**）逗號忘了標一定會被我指正（我會把應該有逗點的地方圈起來，然後寫：這裡少了什麼？），如果兩個句子黏在一起沒有停頓，我也會指正（這個句子應該在哪裡結束？）。要是相同的錯誤反覆出現，比方說老是把 cry（哭）、try（試）這些動詞的現在分詞（crying、trying）寫成 cring 和 tring，我就會要求他做額外的功課，避免以後再犯這種錯。我也竭盡所能記下他寫對的東西。如果我看到他正確拼出 their（他們的），沒把這個字跟發音完全一樣的 there（那裡）或 they're（他們是）搞混，我會在旁邊寫：很棒，就是這樣寫！

批改作業的工作在他和我之間製造了一種特殊但必要的距離，並在一個實際上我並沒有太多控制權的情境中帶來某種我能控制的感覺。舉例而言，他會用「拆散」這個動詞造句。把我和我的家人拆散，就像把我的人生砍掉一半。我在這個句子旁邊畫了個微笑符號，然後又用一種機器人般不帶情緒的口吻寫下我的正面評語：「拆散」這樣用完全正確。沒錯，監獄把你和你的家人拆散了。用「褻瀆神聖」造句時，他這樣寫：監獄裡的人瘋言瘋語，會互相說褻瀆神聖的話，連跟長輩說話也一樣。我刻意在評語中重複使用這個語義比「髒話」深的生詞（其實這個評語有點蠢）：對，他們這樣褻瀆神聖是很不幸的事。或者他會寫：如果我說我在監獄裡等於已經死了，這是一種比喻。我會這樣評：完美掌握到「比喻」的意涵。

也許這是所有作家在萌芽時期的工作方式：把注意力集中在文字的機械運作上，把某種距離拉出來。不過我的評語中也帶有一種不留情面的誠實。由於派屈克很快就能把舊有的錯誤消弭掉，我告訴自己，他必定渴望我修正他，就像有些人在尋求指導時只信任那些用最嚴厲的方式提供的意見。對我來說——或許對他來說也一樣——把句子寫得完美具有一種隔離效果——它能排除一些難以承受的情緒。

事實上，派屈克現在是以一種堪稱兇猛的方式在學習，我不記得第一次上課時他是這個樣子。爲了趕上他的速度，我把探視他的頻率從一星期一次提高到一星期兩次。我在星期五的探視時間安排字彙考試，並帶了一疊索引卡給他記生字用。結果他不到一個月就把那疊字卡全部寫滿了。他沒有橡皮筋，所以每次見面時那些字卡不是一整疊抓在他手上，就是夾在他的筆記本裡，一不小心就掉滿地。

我走私給派屈克的菸爲他帶來某種新的威信；他似乎會拿菸草跟別人交換糖果或薯片。有時他會準備零食給我。「喏，」他會說。一條超大號士力架（Snickers）巧克力棒會忽然從他的囚衣裡冒出來，跑進他的手掌心，然後他會把它遞到我面前。

「你好嗎？」有個星期一早上我問他。

「這裡無聊得很，」他說。「一堆人找藉口鬧事。郭老師，這個週末妳做了什麼呢？」

「我跟丹尼和露西一起煮了一鍋豆子湯，」我隨口說道。「然後我們看了一部電影。」

他一言不發，用單手撐住下巴，彷彿我說了什麼充滿哲理的事。

「你覺得這樣過週末如何？」我用快活的口吻問。

他說：「很棒。」

然後他說：「他們結婚了嗎？」

「結婚了。」

「郭老師，」派屈克問道：「妳有沒有男朋友？」

我立刻覺得不自在。年輕的女性中學老師普遍恐懼男學生特別關注她們。但另一方面我又想，我也會問他私人生活的事，憑什麼他不能問我？

「有，」我說。

我在撒謊。

「他是做什麼的？」

我沒回答他的問題。「喂，我改你作業的時候，你要不要開始做點靜默閱讀？」

他把注意力轉回書本上，我則試圖掩飾慌亂的情緒。我心想，我只是在庸人自擾。

我檢查他的作業。我給的問題是：你一天中最棒的部分是什麼？

他用他那非常性格而且還是有不少錯誤的字跡寫了：我試著回想老師問我的問提，一天中最棒的部分是什麼。我必須承認就是我看到妳的臉的時候。監域裡只有一些負面的事，其他眞的很無聊。妳說是呀的時候，我決的聽起來很性感。

我感到渾身不舒服。他爲什麼要這樣破壞這個練習？我忽然很懷念我那些女學生。她們會寫各式各樣的東西：男生，分手，對外貌自卑，單相思，單親媽媽的問題，希望，花，蠟燭。跟她們相處時，我從來不需要被迫帶著恐懼心情自我檢視：我的襯衫是不是夠保守，裙子是不是夠長？現在，我本能地用目光掃過自己這天的穿著打扮：寬鬆的長褲，寬鬆的毛衣，沾了泥土的休閒鞋，頭髮往後梳——還好我跟平常一樣邋邋遢遢、不女不男，這副模樣要讓我可憐的母親看到，她又要咳聲嘆氣了。總之我沒做出任何會引起派屈克躁動的事。

話說回來，過去三年中，自從他輟學以後，他就一直在赫勒拿鬼混，沒有獲得任何體制上的照應，恐怕也把所有社會規則都忘了。我的樣子很年輕，我是個女人，而他現在的生活環境中只有男人。我主動來探視他，我對他表現關懷。

所以，我爲什麼生氣？因爲我現在被迫得做一件事：劃清界線。

「派屈克。」

他把頭從書本上抬起來。

「這樣不行，這樣寫不恰當。」我指著他那段文字的最後一句。

我被自己的語調嚇了一跳——那種刻意裝出來的、攙雜嚴肅和不悅的教師口吻居然仍舊完好無缺。派屈克把頭低下。我的坦白使他感到羞恥。他並不希望我覺得他跟毛手毛腳的獄監卡森斯、厚顏無恥的尚恩，或他那些亂七八糟的獄友是一丘之貉。監獄生活的一大部分似乎在於設法說服自己，你跟周邊那些人不一樣。

「對不起，郭老師。我沒有不敬的意思。說眞的，在這裡我的腦筋都亂掉了。這裡簡直像瘋人院，那些獄友——」他頓住。

所以這也是我生氣的原因：派屈克把自己降格了，因爲他的環境裡沒有更好的東西；而我重新出現在他的生活中，恐怕是觸動了那種降格。

「別忘了我是你的老師喔，」我說。

我雞婆地指著他的書。其實他本來很盡責地在看書，是我自己把他打斷的。後來他再也沒有跨越那條界線。

派屈克的家位於某個街角，還有個門廊。這是三年前我短暫造訪他家後留下的全部印象。我的目光透過車窗在外頭的亮麗陽光中搜尋，看是否會有什麼東西觸動我的記憶。車子開到一小片陰涼的白楊樹林，我掉頭往回開，某種似曾相識的奇異感覺油然而生。

派屈克請我到他家拿菸，他說這樣我可以省點錢。這也給了我跟他父母見面說話的機會。我覺得他們應該知道現在有個老師會到監獄探視他們的兒子。也許我可以為他們提供一些協助。而且我很好奇他們是用什麼方式理解派屈克殺人那天晚上的事。關於那天晚上他家人的反應，派屈克唯一對我說的事是他從警車上看到母親在門廊上哭。

我看到一棟方形的一層樓小房子，心想那應該就是派屈克的家。我試著找門鈴，但沒找到，於是我把紗門打開，在門上輕輕敲。等人來開門時，我抬頭往上看，發現門廊的天花板非常低，伸手就能摸到蜘蛛網。一棵還很小的木蘭樹把種莢和葉子撒落在整個庭院。

一陣嘎吱聲，門開了。感覺上彷彿是幽靈開的門，因為起初我只看到室內籠罩在一片暗影中。然後我低頭看，發現原來是一個蹣跚學步的嬰孩開的門。他有一頭濃密的鬈髮。我們視線交會，不過他一下子就對來人失去興趣，搖搖擺擺地走回室內暗處，沒發出一絲聲響。

現在陰暗的房間展現在我眼前。沒錯，就是這棟房子。

我試探性地往裡頭走了一步。我把手舉起來弓在眼睛上方，以便看得清楚些。小男孩已經回到沙發邊，正在用手戳某個物體——是個男人，我想大概是派屈克的父親。雖然他躺著，不過人是醒的。

他的身形和臉龐顯得很憔悴，右腿變形，宛如一根樹枝。

我保持站立姿勢，簡單說明我的身分。我說我曾當過派屈克的老師，現在我跟他在監獄裡一起讀書。

「喔，對，對。阿派有跟我說妳去看他的事，這樣很好，這樣很好。」

「我會指定功課給他做，讓他動動腦，維持心智活動，」我說。

「好啊，好啊。」他把視線移回他正在看的節目。

我清了一下喉嚨。「派屈克——阿派——他跟我說你有菸可以給他。」

這時他把頭抬起來，彷彿他現在才第一次看到我。他開始在沙發後方翻找，然後沒說一句話就把我通常幫派屈克買的那種號角手牌菸草遞給我。

「他喜歡這種菸，」我設法找話題。然後我說：「我去見了羅伯。」我不知道如果他沒請我坐我就自己坐下，會不會不禮貌。應該會吧。我繼續站著。

「誰？」

「派屈克的——阿派的律師。」

「喔，是啊，是啊。」他點頭。「他的庭審日是什麼時候？」

我發現提起羅伯這個人像是某種藉口，讓我有正當理由出現在他的房子裡——他好像並不在乎我在教派屈克讀書的事，所以我只好自告奮勇地表示我可以當羅伯和派屈克家人之間的中間人。他們還不曾聯絡過。

「本來說是十二月，」我說。「不過又被延到二月了。」

他沒嘆氣，也沒做鬼臉，似乎早就很習慣庭審日期這樣變來變去。

這時我往前挪了一下，並伸出我的手。

「我姓郭，」我說。「你可以叫我蜜雪兒。」

「詹姆斯，」他說。「這是我的外孫，他叫賈麥爾。」詹姆斯指了一下那個小男孩，他是派屈克姐姐的兒子。現在他終於開口要我坐下了。

「你是在本地出生的嗎？」我問。

「我在這裡出生長大。瑪麗也是。」想必瑪麗是派屈克的母親。

「你的父母也是這裡的人嗎？」

是這裡人。他們是不是還健在？

「沒了。」

「他們去世了——是在這裡去世的？」

「對。」

他拿出一根菸。

他邊點菸邊告訴我，他母親過世以後，他被送到市區另一頭的父親家。不過他的父親不要他，他只好在街頭鬼混。他八年級的時候被踢出學校；他覺得自己能撐那麼久已經是個奇蹟了。「我想他們是看在我殘障的分上，所以盡可能忍受我。」他指了指那條變形的腿——是小兒麻痺造成的。

（這時我臉上一定是露出憐憫的表情，因爲他馬上大笑說：「我的手指倒完全沒壞，扣扳機靈活得很。」他用手敲了一下膝蓋，對自己的笑話很得意。「隨便說的。」）

「能不能告訴我……」我猶豫了一下。「能不能請你告訴我那天……那個人被殺那天晚上發生的事？」

這時他坐了起來。

「好。我聽到吵架的聲音，」他說。「我聽到阿派說，『滾出我家院子！滾出我家院子！』我站起來走到門口。那個叫馬可斯的傢伙把手伸進口袋——」他模仿把手伸進口袋的動作，「一副要掏出什麼東西的樣子。我走到門外的時候，阿派正往屋裡走。他說，『爸，我不得不那麼做，那傢伙往我身上猛撲過來。』我說，『不得不做什麼？你做了什麼？』我再往外面看，那小子站了起來，又在樹籬邊倒下去。他設法走出庭院，然後就倒在地上打滾。」派屈克的某個姐妹打電話叫救護車。

「他們到的時候，那小子已經死了。」

我問他小潘先前去了哪裡。「她去參加一場派對，那男的也在那裡。他們在那邊的一棟公寓大樓裡聚會。當時我們不知道。可是那邊那個女人很清楚我女兒應該待在家裡才對。」他說，那是星期二晚上的事，隔天是要上課的。

他把聲音放低，儘管屋內除了賈麥爾以外並沒有別人。「我這個女兒啊，她有點傻呆，天生就是這樣。她喜歡小孩。她姐姐——我是說她的雙胞胎姐姐——早就不跟小孩子玩了，可是小潘還愛玩。她跟很多很小的小朋友玩。妳懂我的意思吧。你把你家小朋友丟到她旁邊，她會成天跟他們玩。

她跟什麼人都能說話。她十八歲了，不過行爲跟小孩子一樣。」

詹姆斯又點了一根菸。「不過出事以後，」他是指派屈克殺人的事，「她就不再那樣玩了。放學後她哪裡都不想去，也不想跟小朋友玩了，她變了個人。」他吸了一口氣。「去看她哥是很難過的事。他告訴她，那不是妳的錯，妳要好好上學，他會說這類的話。他眞的很保護他的姐妹，尤其是小潘——他關心小潘的程度遠遠超過他對其他兩個姐妹的關心。」

他把菸灰彈掉。「正常時候他絕不可能做那種事。他不是會跟人打架的人，他從沒惹過那種麻煩。」他又吸了一口菸，神情若有所思。

我希望派屈克的父親能幫我釐清那個罪行，不過他自己似乎也充滿疑惑。

「我想他跟那小子以前也發生過衝突。我聽到的版本是說那次阿派退讓了，沒讓事情鬧大。那小子拿鞋子向他的臉丟過去，本來想激他打架。所以或許因爲小潘是他最疼的妹妹，他向來最照顧她……」他的聲音越來越小。「也許那天晚上他看到那傢伙跟她在一塊，也許他心想那傢伙故意跟他妹妹搞在一起是爲了用某種方式占他的上風。」

我不知道馬可斯和派屈克原本就認識。如果他父親的推測正確，或許派屈克看到馬可斯跟他的小妹混在一起以後就失控了，他嚴重責怪自己，反應過度激烈。而且他可能也覺得他必須證明自己是個男子漢。

「他媽媽現在怎麼樣？」我問。「我知道派屈克超愛她。」

「他愛死他媽了。」

「派屈克說他不想打電話給媽媽，因爲她會難過。」

「他跟他媽說話的時候，她是眞的會難過。我很高興她週末要上班，因爲這樣她就不必去那裡看他。有一次她週末不必上班，我們一起去了一趟。她一直哭。她連跟他講電話都會哭。」他又彈了一次菸灰。「事實上，我認爲她覺得難過是因爲當初是她要他去找妹妹。我想她很後悔說了那句話。這對她造成很大的心理壓力。」

這時賈麥爾已經晃到前門，準備踏出去了。「回來，賈小寶！」詹姆斯叫道。賈麥爾轉身看著我們，然後走回來。小男孩的外公張開雙臂抱住他，把他舉在腿上彈彈跳跳。

「我呢，」他繼續說。「他被關以後，第一年我每個週末都會過去。後來他跟我說不必這麼做。老實說我認爲他不希望我太常去。」

「爲什麼？」

「我不知道。也許他不要我看到他被關的樣子。他會打電話，我會把他需要的東西寄過去。就肥皂之類的東西。」

說到這裡，他把賈麥爾放下。

「我在他長大的過程中不是個好榜樣。我不知道我兒子看到的是什麼——因爲……其實我常把他帶在身邊。我們一起去了很多地方。我不知道他是不是眞的記得。那時候他大概才三四歲吧。他可能看到我做一些我不想讓他看到的事。小孩子會記得一些你以爲他們不會記得的事。」

「比如說什麼？」我問。

這時派屈克的父親直視我的眼睛，彷彿他在懷疑我裝傻。可是眞的，我完全不知道他在說什麼。

「我不想說這些事，」他斬釘截鐵地說。他把頭低下，打算再點一根菸，接著卻又打住。「我比較年輕的時候被關起來坐過牢。毒品的關係。我有好多年沒在家。我進去的時候是有某種個性的人。我滿不在乎。我不在乎我會不會進監獄。我不想去，不過我不覺得那有什麼大不了的。

「後來發生的事……」他發出一個聲音。「我希望我能代替他。我知道這些都是他沒經歷過的。自己被關過，知道那種被迫跟家人分開的感覺以後，看到別人那樣是很難過的事。其實我不是容易動感情的人。我想我在很久以前就不再有感情了。」

詹姆斯拿著那根還沒點著的菸，打火機還燒著。他在沉思。「我只要我兒子別……不會把我想得像實際上那樣壞。在很多事情上，我眞的很希望當初能做得好一點。我也不知道。假如我好好上學，就算我有殘障的問題，也可能會有工作。我不知道。」這時他吸了一口氣。「就像我說的，他是個好孩子。比我好很多。」他重複了一次：「比我好很多。」

我開始每天到監獄去。

「可悲。」

「可以說很糟糕嗎？」

「可以。舉例？」

「監獄是個可悲的地方。」

「完美。」我快活地點頭。「追根究柢。」

「露西，」他馬上接口。「因爲她超級好奇，會跑進衣櫥裡看。」

「再一個。」

「珍愛。看她的樣子就知道了，她什麼都要看，什麼都要碰，好像她很想知道那是什麼。」

「反諷。」

「如果郭老師問我昨天過得怎樣，然後我說，超棒的。」他的聲調忽然變得很誇張，刻意模仿悲憤苦悶的心情。

「好極了，」我回道。「今天的字彙練習就到這裡。我們總結一下你的表現。你覺得你的表現如何？」

「好像有兩三個東西不太理想，」他順口說。

「沒這回事，」我說。「你在郭老師私塾可以拿A。」

然後我們打開《獅子·女巫·魔衣櫥》，開始朗讀。

露西來到一個下雪的地方，在那裡遇到人羊——一頭半人半羊的奇獸。人羊看到小女孩，吃了一驚，結果他拿的包裹掉到地上。

「『幸會，幸會，』野獸說。『我冒昧介紹一下自己。我叫吐納思。』

「露西說：『很高興見到你，吐納思先生。』」

這時派屈克笑了起來。「他是一頭羊，可是她叫他先生。」我也笑了。

外面很冷，吐納思邀請露西到屋裡喝下午茶。他告訴她說她現在人在納尼亞。派屈克唸到這段：「露西心想，她以前從沒到過這麼舒服的地方。」他的聲音出現一種誦經般的奇異聲調，在平板的節律中把某幾個字特別強調出來，彷彿他在師法某個過去他曾經聽過的朗讀者——也許那個人就是我。

派屈克繼續唸到他們吃東西的段落：「抹了奶油的麵包，然後是塗上蜂蜜的吐司，然後又吃了一塊撒上糖霜的蛋糕。」

唸到蛋糕的時候，他停了下來，我也給他使了個眼色；我們都餓了。

然後人羊的褐色眼睛充滿淚水。眼淚流下他的臉頰，不一會就從他的鼻梢往下滴。

「露西慌了。『吐納思先生！吐納思先生！』她不知所措地說。『別哭！別哭嘛！你怎麼了？不舒服嗎？吐納思先生，跟我說怎麼了嘛。』可是人羊繼續啜泣，彷彿他的心就要碎了。露西走過去把他擁進懷裡，把手帕借給他擦眼淚，可是他還是無法停止流淚——」

「啜泣就是哭的意思，對不對？」派屈克打斷我。我說完全正確。派屈克把頭靠近書頁。他在研究那張插圖，圖上可以看到人羊雙手抱頭，整個身體無力地癱在椅子上，尾巴在地上捲成一圈。

「這是他在哭，對不對？」派屈克說。「這是人羊。」

我說對。

然後換派屈克繼續唸。

人羊對露西告白：他是個壞蛋，專門幫白女巫綁架別人。他解釋說，因爲白女巫的關係，納尼亞永遠都是冬天。

「『永遠是冬天，而且從來沒有耶誕節，』」派屈克唸道。他的語調聽起來跟討厭自己的人羊一樣哀怨。

爲了逼人羊就範，女巫是這樣威脅的：如果人羊不服從她，她就要切下他的尾巴，鋸斷他的角，拔掉他的鬍子。

派屈克唸道：「『如果她超級生氣、特別生氣，她會把我變成石頭，然後我就會變成一座人羊雕像，被擺在她那恐怖的屋子裡。』」

他狠狠地搖了搖頭。

「好可怕，對不對？」我說。我們同時扮了個鬼臉。「你覺得他會怎麼對露西？」

「我覺得……」他的手指在下巴上揉搓。「我覺得他會放她走。」

「爲什麼？」

「因爲他是好人。或者說好羊。不管他是什麼。而且他在哭。他想做對的事。」

派屈克繼續唸，然後他看到人羊眞的讓露西走了。「『那就用妳最快的速度回家，』人羊說。

『還有——妳可……可不可以原諒我本來打算做的事？』」

「『怎麼，當然可以啊！』露西說。她熱切地跟他握手。」

現在派屈克深深受到故事的吸引，他迫不及待地繼續唸。

人羊問露西，他能不能把她借給他的手帕保留下來。她說可以。然後這個章節就結束了。

「你的預言實現了，」我說。

他臉上漾出光彩，然後把頭轉開。

「你認爲人羊爲什麼要保留手帕？」

「因爲他知道她特別，」他說。「所以他要記得她。」他一邊思考一邊用手指輕輕敲下巴。「我覺得……我覺得他知道自己做了對的事，把她那樣放走。所以那條手帕——」他放慢速度說這個字眼，非得把它唸得清清楚楚不可，「就像是很好的回憶。」

我懷著狂喜的心情離開。開車回家的路上，我幾乎沒注意到外面在下雨。書——當然這是第一個原因。不是隨便一本書，而是一本神奇的書，書裡的人物是小孩，而且是善良的小孩。在陰冷潮濕的監獄中，書可以是一份幻想，一座庇護所，一個完全不同的地方。

派屈克的動力持續增加。我給了他一項功課，我請他從書裡選出一個讓他覺得心有戚戚焉的人物。我沒料到派屈克會在愛德蒙身上看到自己的影子——愛德蒙背叛了他的哥哥、姐姐和妹妹，而且上了女巫的當。在我的想像中，他比較像旅途上的露西，或者像排行老大、會保護大家的彼得。

路易斯在書裡這樣描述：愛德蒙心中出現一種神祕而恐怖的感受。派屈克則是這樣寫下他的感想：

自從我發生那個可怕的事。有時我醒來，會很恨自己在監域裡。希望這一切從一開始就是一場夢。雖然這並不是夢，只要我開始試著忘記，或是看到這裡的情形。有一次我夢到媽媽生病或死了。我醒來的時候覺得好難過好難過。我的心不肯讓我馬上打電話回家問。我是因爲這些理由所以選愛德蒙。

雖然他的文筆有點笨拙，不過顯然他斟酌過每個字。每個句號彷彿都代表他仔細思考後決定爲一段文字收尾。除了監「域」，困難的字他都寫對了：夢，蒙，覺，難，讓。他一定花了時間查我給他的字典。

我看他寫的感想時，派屈克看著我。「一定寫得滿爛的，因爲那時候我的頭在痛。」

我說：「一點也不爛，寫得很棒呢。」

我打算稍後再做雞蛋裡挑骨頭的事。

我把話題轉到比較愉快的事。「我昨天下午看到你的姐姐妹妹，」我說。

派屈克興奮地差點跳起來。

我已經開始定期到他家拿菸，而不是去店裡買。這次他的三個姐妹都在，家裡一片其樂融融的景象。大姐薇拉——也就是賈麥爾的媽媽——設法讀一本類似教科書的東西，可是賈麥爾一直抓她的頭髮。她在社區大學上課。派屈克的爸爸和小潘都在設法阻止賈麥爾擾亂他媽媽讀書，他們一邊抓住他，一邊搶著討他歡喜。老舊的沙發在他們的拉扯中被壓得往下陷。琦拉才剛睡醒，因爲她前一天晚上在老人之家上大夜班。她跟媽媽一起在那裡上班。

「小潘好嗎？」派屈克先問起她。

「她看起來眞是個很好的人。」

聽到這話，派屈克咕噥了起來。「她人太好了。大家都設法把小孩丟給她，可是沒付錢給她。那些大人啊，一直生小孩，然後把小孩丟給她帶。他們喜歡佔她便宜，因爲他們知道她心腸很好。我試著告訴她，『那些人在利用妳，他們不是妳眞正的朋友。』我不知道她到底是不知道還是不在乎。她就是那個樣子。」

「小潘很信任別人，」我同意道。「她和琦拉要我跟你說她們希望很快就能看到你。」

我不該說這句話的。派屈克倏地往後一縮，並把手舉起來揮。他是否知道她們一直拖著不來看他是因為來了反而更難過？或者他揮手的意思是他已經了解而且原諒了她們？

派屈克用手指摸著書頁。

「納尼亞，」他說。「那是真的地方嗎？」

「喔，」我說。他的問題讓我有點訝異。「如果是的話就太好了。」

我邊說邊搖頭，表示我很抱歉納尼亞不是真的。

「可是郭老師，」他說。他似乎執意認為那是真的地方，他的眉頭因為關切這個問題而聳起。「這裡明明有地圖。」

派屈克把書打開，並以熟練的動作將書頁往兩側壓平。他把一幅納尼亞地圖推到我眼前，圖上的界線是用手繪線條標示的。「這裡還有一個指南針，」他指著角落的星形圖案說。顯然他已經認真研究過地圖了。

「我猜地圖也是作者畫的。」

他的反應似乎主要是困惑，而不是失望。「所以這些都是他編的？」他只是在自言自語，並不期待有人給他答案。然後他的臉亮了起來。「也許納尼亞就像他自己的家鄉——妳說他是哪裡人？」

「英國。」

「對，也許納尼亞就像那樣。」

「不無可能，」我說。「只是我覺得那邊應該沒有半人半羊這種奇獸。」

聽到這話，派屈克輕聲咯咯笑。

「郭老師，」他說。他若有所思地把手指撐在下巴上。「有個人曾經告訴我，人生可能只因爲你做的一件事就完全改變。那個人現在被關在我隔壁。他是在我家前面跟我說那句話的。」

那人兩次出現在距離派屈克那麼近的地方讓他覺得很錯愕，彷彿他說的那句話變成一種預言。

「你認爲你的人生可能因爲一天就完全改變嗎？」

「已經完全改變了。」

「你覺得怎麼樣？」我猶豫著不想打擾他，不過還是忍不住問了。

「很棒。」

我已經開始撥出一段時間讓他自己看書。「就像靜默閱讀那樣，」我說，心裡希望他還記得這種練習。他看書時，我批改他的作業，不過通常他還沒看完，我就改完了。

「你讀到哪一段了？」

「石桌裂掉那段。」

「你喜歡這段故事的情節嗎？」

「我喜歡他們去打仗那段，我是說愛德蒙和彼得。一開始他們跟女巫打，然後愛德蒙率領大家奮戰到底。」

「你喜歡這段故事的什麼？」

「愛德蒙，」他毫不猶豫地說。「他眞的很聰明。他還只是個小男孩呢！女巫正要把他變成石頭的時候，他想到要把魔杖從她手裡打掉，可是其他人都在做別的事。還有，愛德蒙一開始跟女巫是同一邊喔。」

「你覺得他一開始爲什麼跟女巫同一邊？」

「他被女巫騙了。我相信他是因爲孤單，所以中了女巫的計。還有因爲他吃了那塊土耳其軟糖。還有因爲他想當國王。他對他的哥哥和姐妹很生氣，因爲他們對他很冷漠，不肯聽他說話。」

「你覺得他後來變成怎樣的人？」

「他變得——」派屈克努力想找出合適的字詞來表達他的意思，「更堅強，也更有智慧了。」

他把這本書看完那一刻，我剛好在場。我從眼角瞥見他讀到最後一段。他一邊讀，一邊用小指劃過文字，然後翻到下一頁。他露出不可置信的神情——那一頁竟是空白的！他再把書翻到封底，彷彿覺得書在耍他，彷彿他覺得書不應該眞正結束。然後他往回翻，想找到某個他想再看一次的章節。他繼續讀了一段時間。

後來我畫了一條往上升的斜線。「這是故事的基本結構，」我說。「哪個部分屬於逐漸上升的情節？」

他寫道：他把哥哥和姐妹丟給海狸，然後背叛他們，跑去跟女巫結夥。

「情節什麼時候發展到最高峰？」

他寫道：愛德蒙獲得原諒並被賜予寶劍。

原本我以爲我挑選這個奇幻故事可以讓派屈克暫時脫離監獄生活，置身在幻想世界中。但納尼亞對他而言是眞實存在的。在派屈克心目中，這個故事最奇幻的部分是愛德蒙居然能夠改變。

譯註

1多來商店（Dollar General）也稱爲「一元店」，是美國重要食品雜貨連鎖，總部設在田納西州，目前全美有一萬三千多家店。

第七章 他願有天堂錦衣
He Wishes for the Cloths of Heaven

秋深矣
不知鄰人
做何工作

——松尾芭蕉[1]

新年到
萬物綻放
我感覺普通

——小林一茶[2]

俳句。我大學時代的詩歌教授詩人喬麗·格雷姆[3]在那學期一開始就是用俳句切入課程的。她強調，詩歌的基本元素都包含在這種只有三個短句的創作形式中。她在黑板上寫下某首日本俳句的一個翻譯版：旅途長／抱病身／夢魂遊枯野[4]。接著她寫下另一個版本：路遙病纏身／我的夢想／流浪在枯野。

她問我們這兩個版本有什麼差別。我完全說不上來。

然後她把第二個版本擦掉，她說她沒那麼喜歡。她背對著我們繼續寫：一年又過／手中拿帽／腳著草履。[5]然後又再寫了一句。黑板逐漸被只含三句的短詩鋪滿，時間彷彿化爲永恆。教授給我們的功課是：自行挑出其中幾句（她的指示總是不怎麼明確），然後把每一句改寫成十個不同版本。

回到宿舍以後，我嘗試各種排列組合，覺得一次比一次寫得糟。我先寫下：不知他靠什麼過活／我的鄰居／在深秋。我再試一次：秋意已濃／我的鄰居／他做什麼工作。後面這句有什麼不一樣？是比較好還是比較糟？可能是比較糟。我一直塗改，心裡眞怨恨自己寫出一堆爛句。我倒也算不上天生智障，不過在絞盡腦汁做這個功課的過程中，我覺得自己眞的出了毛病。我把平常的速度放慢下來，只在幾個簡單字詞上聚精會神。我本來以爲教授提供那個版本應該是我自己也能寫出來的，但現在它卻彷彿變得不可觸犯，我完全無法加以修改。

派屈克知道這種詩句的存在嗎？我們才剛把《獅子·女巫·魔衣櫥》看完，我還不知道接下來要教什麼。俳句感覺上好像不錯，這麼短的詩應該不至於把他嚇到。標點符號不成問題，因爲似乎可有可無。每首詩只包含一兩個意象，只有一兩個意思，只有一個小小驚奇。而且這種詩可以用無數種方式改寫；或者說——如同我得到的體會——它會抗拒任何改寫的意圖。讀這些詩的時候，一方面比較不容易覺得自己的反應是錯的，另一方面做出直覺反應的機會卻又變多了。

隔天，派屈克在安靜閱讀俳句時忽然笑了出來。

「什麼事這麼好笑？」我問。

蜘蛛別慌
我打掃房子
很隨意[6]

「蜘蛛很忙碌，不想打擾任何人，」他說。「我覺得這很像我的感受。」

我把整本俳句集交給他，要他自己慢慢翻閱。「把你喜歡的標出來，」我說。「一共有一百多首，你慢慢看就好。」

時間一分鐘一分鐘過去。我耐心等著，自己拿出一本詩集來看，並記下我想跟他一塊兒讀的詩。

「你最喜歡哪首？」最後我終於問他。

仔細比較以後，他指出這首俳句：

夜裡的花
人的臉孔
爲音樂動容7

「應該是這首，」他說。
所以這組文字比其他詩句更明確地感動了他——這點非常重要。可是他爲什麼選了這首？
「我也很喜歡這首。你喜歡它的什麼？」
「我喜歡它那種眞實的感覺。」他聳了一下肩，表示他已經說完了。
「好，」我說。「你還喜歡哪首？」
派屈克選了這首：

睡了大半天
卻沒人
處罰我8

「你爲什麼喜歡這首？」我問。

「因爲這是眞的。我整天睡覺，可是從來不會被唸。沒有人會因爲我無所事事而處罰我。」

我問他是指在家還是在監獄，他說兩邊都一樣。

然後他指了另一首詩說：「我也喜歡這首。」

露水的世
是露水的世
但又何奈……[9]

我說：「這首很棒，他是在兒子死了以後寫的。」

派屈克點頭——顯然他能體會這個情境。

「你讀這首的時候有哪種感覺？」

派屈克專注地凝視書頁，然後說：「接受現實的感覺。發生的事就是發生了。」

他把身體往前傾，忽然問：「郭老師，現在在下雨嗎？」

我心想，不知道是不是俳句讓他想到雨。

我說我進來的時候，外面在下雨。他嚴肅地點頭，彷彿我說了什麼關於上帝或政治的要緊事。

「哇，我好懷念下雨。我在這裡沒辦法確定外面是不是有下雨。我覺得今天好像在下雨，所以我才想問妳看看到底是眞的在下雨，還是某間牢房裡有人在洗澡。」

「你平常都無法確定？」

「是啊。」

說到雨，我倒想起我打算讓他看的東西。「對了，」我說。「我遇到一個白種好老頭，他叫道格拉斯。」

派屈克大笑，並用手把臉遮住。「郭老師說白種好老頭欸！」他像是在自言自語。

我也笑了起來。「這有什麼好笑？」

我說幾星期以前我遇到這位名叫道格拉斯的老先生，赫勒拿的每一棵樹他都知道。派屈克的肩膀已經放鬆下來。「郭老師，妳喜歡樹嗎？」

我對樹所知不多，不過我眞的很喜歡銀杏樹。我跟道格拉斯說這件事時，他的臉龐亮了起來。銀杏樹！他也喜歡銀杏樹。這種樹非常古老，從亞當和夏娃的時代就已經存在。它的開花期很短，只有一個星期。那次談話之後幾天，我看到一袋番茄把一張紙壓在我車子的擋風玻璃上：一幅赫勒拿市中心的地圖，上面用一個X記號標示出最近黃葉正盛的銀杏樹。

我對派屈克說：「當我看到那棵樹時，我眞的很希望你也能看到它。」

我說詩帶有意象，這個詞聽起來有點高深，但其實他已經知道它具體代表的意義了——就是把我們可以看到、聽到、摸到或者感覺到的東西用圖畫方式表示出來。

他很快就揣摩出這個意思。「這裡的意象是什麼？」我會指著某個詩句問。

「花，因爲你可以看到它，還有音樂，因爲你可以聽到它。」

「那這個呢？」

「露水，因爲你可以摸到它，也可以聞到它，」他說，又補上一句：「有時還可以看到它。」

我們繼續看了更多。一些詞彙平常被我視爲理所當然，但派屈克卻需要發揮想像力才能了解——有些詞彙描述的是他從未見過的東西。「山，」他唸道。「坦白說我沒看過眞正的山。」

「那海洋呢？」我問。

他的眉頭皺起來，額頭中間因而出現一大條橫向溝紋。「也許吧，」最後他認眞地說。

「今天最後一首詩，」我說。「這首詩用了『轉瞬即逝』這個詞。我先用實際的例子告訴你轉瞬即逝是怎麼用的，然後你猜它的意思。準備好了嗎？好。比方說你聽到鳥叫聲，不過它只持續了一秒。或者說你晚上夢到珍愛，可是你的夢才剛開始就消失了。我們會說這個聲音轉瞬即逝，這個夢轉瞬即逝。現在你可以告訴我『轉瞬即逝』是什麼意思嗎？」

派屈克思考了一下。「短暫？」他問道。「一下就過去？」

我點頭，然後把手伸進口袋。「猜猜看我手裡有什麼？隨便猜就行了，」我鼓勵他。

「糖果嗎？」他問。

我把一片金黃色的銀杏葉拿給他。他用指尖滑過葉脈，然後把葉子拿在手裡搓動旋轉，像在玩紙風車。

「你現在看到這個燦爛的金色不會在樹上維持很久。葉子變成金黃色以後，一兩個星期就會掉下來。這樣你就可以說，樹以轉瞬即逝的方式變換顏色，或者用副詞說那個顏色轉瞬即逝地出現然後消失。」派屈克還在研究那片葉子，沒真正聽我說話。

「你覺得如何？」我問。

「這上面有陽光。」

我不確定派屈克說這話的意思——是說葉子像太陽的光線或光點那樣呈現金色，還是按字面意義說陽光曾經照射在葉子上。於是我說：「這個說法非常詩意。」他露出微笑。

「好，今天最後一首，」我又說。「請你大聲朗誦好嗎？」

不可思議！
見閃電卻未想到
生命轉瞬即逝[10]

聽到閃電這個詞，派屈克顯出驚訝表情。「閃電！」他說。「剛才我忽然沒想到閃電。」

我問他：「松尾芭蕉還可以用什麼別的意象？」

派屈克想了一下。「夕陽，」他回道。自從我們看《獅子．女巫．魔衣櫥》封面那張圖以後，我就沒再聽到他用這個詞。「因爲夕陽落得好快。你才看一下，它就不見了。不過夕陽跟閃電不一樣。閃電的話，你永遠不知道它什麼時候會出現。可是夕陽一定會出現，你永遠知道一天到那個時候就要結束了。」

「你覺得哪個比較傷心？」

「夕陽，」他肯定地說。

好幾年以後的今天，我仍舊將銀杏葉與夕陽聯想在一起。

那個星期天，我決定上食鉅（Food Giant）超市買菜。沃爾瑪雖然規模比較大，可是我剛跑完步，身上穿的是短褲和慢跑鞋，而且一身是汗。我不想撞見任何熟人，尤其是那些剛做完禮拜從教堂出來，頭戴華麗帽子、身穿花卉圖案洋裝的人。

我在食鉅貨架上那些發黃的菠菜和發霉的藍莓中挑挑揀揀，忽然感覺有個男人在盯著我看。是一名穿著體面的中年白人——我完全不認識他。亞洲人出現在三角洲容易惹人注意是理所當然的事，所以我設法把他當空氣。

這時那陌生人往我走近。跟他在一起的還有一男一女，他們圍在我身邊，使我沒法接近我正想拿的番茄。

「妳是不是有在一部關於赫勒拿的影片裡出現？」陌生男子問道，他指的是理查．沃姆瑟的紀錄片。「我在一個工作坊裡用了那部片子，結果好慘，」他說。

「不過那部影片讓人很震撼，而且妳是片子裡的核心人物。」他邊回憶邊自顧自地點頭。他說他以受薪顧問的身分主持過一個針對教師辦理的專業工作坊。我相當肯定他不是赫勒拿本地人。如果他主持過工作坊，想必他是從小岩城或法葉特維爾這些阿肯色州比較大的城市來的。

「妳對小孩子有一套，眞的很有一套。很懂得怎麼跟他們說話，也很懂得說關於他們的事。」

他停頓一下，等著我回應。我說了聲謝謝，暗自希望赫勒拿的其他老師（尤其是那些知道我已經離開的人）沒看到那部影片。

「我在工作坊把片子放給老師們看，用這個例子來說明教學工作中的關鍵要素——關心。影片中那位學生談到妳的時候，就是用這個詞說明爲什麼妳對他有那麼大的影響力。我告訴學員，來自老師的關懷可以改變一個人。」

這時他的兩個朋友嚴肅地點頭，彷彿那是個極具獨創性的想法。我緊張地猜測接下來他還會說什麼。什麼樣的諮詢課程會向一群老師播放影片，然後請他們要付出關懷？很少有老師喜歡別人告訴他們其他老師比他們更懂得關懷。況且我自己又付出了多少關懷？畢竟我都走人了。

「然後有位老師開始惱火，她以爲我在影射她。」說到這裡，眼前這位先生也激動了起來，想必當時的衝突場面正在他的記憶中激盪。「她說那個學生根本沒改變。她說他殺了人，現在正在坐牢。然後她就站起來走出房間。」

三張帶著期待表情的臉孔轉過來面對我。我明白他們都在等我證實或否認那位發脾氣的老師所說的話。整件事現在被化約成簡單的是非題。派屈克要不是殺了人，就是沒殺人。關懷要不是可以改變一個人，就是無法改變他。我心想，這些人可真天真，不過或許我跟他們並沒有不同。

這天早上我完全不打算談論任何我覺得重要的事，我甚至連想都不打算想。現在，我穿著運動短褲，頭上戴著愚蠢的吸汗頭巾，居然就在食鉅超市的日光燈照射下被一名陌生男子突襲，他硬要知道那天出了什麼事。那天發生的事只是一些事實；那跟人的內心世界無關，跟一個人的種種懊悔與意圖等複雜心理無關。但對他們而言，「那天出了什麼事」儼然意同「他是什麼人」，只要知道那天發生的事，就能了解那個人。

先認爲某個人是X（一個不會殺人的人），然後被告知他是Y（一名殺人犯），這種情形令人不知如何是好。

可是重點並不在於我們對一個人的想法是對是錯。這並不是某個故事的結尾，最後會眞相大白——暴力代表內心的邪惡，而邪惡是當事人性格的關鍵元素。這只是實際的人生。任何接觸過打鬥的人都知道，一切都跟程度有關——是揮皮帶還是動刀子？是淺層的割傷還是致命的一刀？

我直視那名男子的眼睛，然後說那件事是眞的。紀錄片中那名學生確實殺了人，現在被關在監獄。那人的臉沉了下來；其他人也一樣。現在我很確定一件事：他們不是這個地方的人。這裡的人——即使是長老教會中那些和藹可親、會拿酥派給我吃的高齡長者——不可能對這種事感到如此震驚，不可能像他們這樣在悲憫之情中顯得不知所措。

「那件事是在晚上發生的，」我說。「那個——」我停頓了一下，設法謹慎挑選用詞，「死掉的人，他的年齡比較大，他醉醺醺地跟派屈克的妹妹一起出現在他們家門廊上。派屈克覺得很恐懼。」

那三個人露出相同表情——既驚愕又好奇，彷彿他們從不曾聽過打架鬧出人命的事。

我想告訴他們派屈克現在的狀況，讓他們知道他很痛苦，他的內心因爲他所做的事而飽受煎熬。我想告訴他們派屈克讀了《獅子．女巫．魔衣櫥》，他很喜歡露西，他原諒了愛德蒙。這些收穫雖然有點虛無縹緲，但都非常珍貴。

不過明顯的事實是，我想說的事對他們而言恐怕幾乎都不重要，因爲他們想聽到的答案是派屈克沒殺任何人。我差點忘了他殺人的事——事實上，我很高興能夠忘記。忘記不就是一起閱讀的目的嗎？忘記不就是一種讓我們擺脫過去的方式？

我開始感到恐慌。無論派屈克這輩子做什麼事，他將永遠無法逃開這個問題：那天發生了什麼事？擺在眼前的事實將永遠掩蓋「他的內心世界是什麼」這個問題。我想到派屈克寫作文的情景，他的下巴周邊會疊出一堆紋路，他瞇著眼睛，設法找出某個合適的字眼。我會在他的臉上看到一種安靜，看到默默努力的痕跡，那是他在發揮感受力的證明，是他在用心思考的證據。

「很高興遇到你們，」我說，然後我把一整個推車的悽慘貨品推走。

「妳的考試通過了嗎？」派屈克一見到我就問。

「考試？」我說。「喔！資格考。通過啦！」

原來他記得律師資格考在週末放榜的事。

「我知道結果的時候，正好跟丹尼和露西在曼菲斯。他們請我去吃飯慶祝。」

他咧嘴而笑，爲我感到高興。「太棒了，郭老師。其實我不意外，妳眞的很聰明。你們去哪裡吃飯？」我說我們去吃墨西哥菜。

也許他想知道墨西哥菜是什麼，或者這只是他的拖延戰術。我不厭其煩地向他說明什麼是「玉米餅」（tortilla），什麼是「安奇拉達」（enchilada）[11]。

接著我們回到詩歌的正題。他看到我那本《諾頓詩選》[12]，眼睛瞪得老大。「郭老師，它比聖經還大本！」

我翻到我想跟他討論的丁尼生[13]詩作：以彎勾的雙手，他緊扣峭壁／逼近烈日，於孤寂之地／蒼穹環聚，他傲然挺立（He clasps the crag with crooked hands; / Close to the sun in lonely lands, / Ringed with the azure world, he stands）。

「哪些字聽起來很像？先別擔心句子的意思。」

派屈克把詩句誦讀給自己聽，設法聽出聲音的韻律。

「Crooked〔彎勾〕和 crag〔峭壁〕好像不錯。」

「很好，我們都還沒開始正式上課，你就已經切入這堂課的核心了。還有其他聽起來很像的聲音嗎？」

他想了一下，然後對自己喃喃道出結論：「Clasps〔緊扣〕和 crag〔峭壁〕。」

「答對了。你記得母音是什麼嗎？」話一說完，我立刻被自己的措詞嚇到。你記得嗎。這是不良教學方式——它透過學生未能掌握的知識來建構學習的框架。

「A，」我慌忙地搶先說。

派屈克脫口而出：「E、I、O、U。」

他很快就弄懂「準韻」[14]的意思。「像是 close〔逼近〕和 lonely〔孤寂〕，」他說。他也一下就明白「輔音韻」[15]。「Lonely lands〔孤寂之地〕，」他說。

然後是格律（meter）。

「來看音節。你的名字有幾個音節？Patrick〔派屈克〕。」

他臉上帶著問號望向我，一副準備要道歉的樣子。「Pat-rick，」我先發制人，趕緊又說了一次他的名字。「兩個。Pat 是一個」——我把拇指舉起來，代表第一個音節——「rick 是一個。」我把食指也舉了起來。「你看，兩個音節。」

我們花一個小時練習揚抑格和抑揚格[16]。我簡單說明：揚抑格是先長後短，抑揚格是先短後長。我隨口唸出一串字詞：Patrick〔派屈克〕、Pam〔小潘〕、tiger〔老虎〕、belong〔屬於〕。「抑揚格還是揚抑格？」他有時只是隨口亂答，純屬猜測。「你自己仔細唸唸看，」我向他建議。「Tiger，tiger，」他重複唸了幾次，然後終於掌握到要領了。「是先長後短，對吧。」

這時我在《諾頓詩選》中翻到一首葉慈[17]的詩——〈他願有天堂錦衣〉（He Wishes for the Cloths of Heaven）。

倘若我有天堂的錦緞
絹繡著金色與銀光
以日夜與黃昏的色澤
織就湛藍晦暗黑濛的布匹
願我能鋪它在你腳下
然窮苦的我，唯有夢
我已鋪夢在你腳下
輕輕踩吧，因你踩著我的夢[18]

「倘若我有天堂的錦緞，」派屈克開始唸，然後在第二句開頭發音變得遲疑：「絹繡——」我沒教過他絹繡這個詞語，因爲我覺得暫時不需要讓他學這麼難的東西，於是他的額頭又皺出一堆疑惑的線條。不過皺紋馬上消失，他不費吹灰之力就唸出接下來的金色、銀光，彷彿這些與色彩有關的詞彙爲他帶來一份舒緩、一片綠洲。

派屈克的聲音現在變得輕鬆了。「以日夜與黃昏的色澤。」

「你最喜歡哪一句？」我問他。我不想用「主題」、「意涵」之類的問題讓他覺得頭大。

他握住雙手，用心思索。

我說：「沒有標準答案。」

他的目光沿著詩句搜尋，最後他做出決定。「織就湛藍晦暗黑濛的布匹。」

我很驚訝。我發現自己本來預期他會挑「然窮苦的我，唯有夢」這句。我眞蠢。我怎麼可能知道他會喜歡哪句、什麼東西會感動他！

我問道：「爲什麼這是你最喜歡的一句？」

「我不知道，郭老師。」

我等他說下去。

「因爲它讓我想到天空。天空在晚上的樣子。」

「聽起來很美。」

他半瞇著眼。

「是啊，天色還沒黑的時候。」

「你看到每一行最後那個字了嗎？」

「Feet〔腳〕，」他喃喃道。「Dreams〔夢〕，」他繼續說。「Feet……」然後他陡然發現這種字詞重複模式，於是自顧自地笑了出來。

「你覺得他爲什麼選擇重複使用這些字？」

「因爲他就只有這些。」

這個回答太妙了，不過我只點了一下頭。

「好，」我說。「我想你已經準備好了。」

派屈克帶著期待的眼神抬頭看我。

「我們把它背起來。」

「現在？」

「對，現在。」

「郭老師，妳瘋了。」

接下來一個小時，我們練習把這首詩背起來。「織就湛藍晦暗黑濛布匹，」他嘗試不看書就把句子唸出來。我說：「少一個字。」他用手指數了數——對，他忘了一個的：黑濛的布匹。然後他唸：「願我能鋪在你腳下。」我打斷他：「你要把自己鋪在對方腳下嗎？」他很快改正小錯誤：「鋪它在你腳下。」

結束在監獄的閱讀課以後，我直接開車到「知識即力量」特許學校教課。回到丹尼和露西家時，我幾乎已經精疲力竭。我窩在他們的沙發上看派屈克的功課——那天我在監獄時跟派屈克有太多事要做，沒時間看作業。（「我可以把它帶回家嗎？」我拿著他的筆記本問他。「這樣今天晚上我是不是就不必寫功課了？」他回道。）

給我美莉的保貝珍愛。我記得妳出生的時候体重只有四磅三盎司。妳小得？我很怕抱妳。丹妮兒跟我説過妳是多麼脆弱。還有妳一直盯著我看的表情。每當妳醒著的時候，妳都是那個樣子。那很像我心中對妳那種被施了磨法的感受。還有妳一開始露出那種害羞的微笑。每次我在電話裡聽到妳的生音，心裡都會浮現妳笑的畫面。現在妳已經一歲又五個月大了。好想看妳爬和學走路。這對我們兩個來説都是很失落的事我知道……希望很快見到妳。我要好好跟妳玩。愛妳的爹地。

雖然還是有錯別字，雖然他忘了怎麼寫「讓」，雖然有些標點符號還是不太恰當，不過已經比先前又有進步了，不是嗎？小得讓我很怕抱妳。脆弱這樣的形容詞。心中對妳那種被施了魔法的感受。我覺得我可能連他在模仿哪個句子都知道——《獅子・女巫・魔衣櫥》中那句愛德蒙心中出現一種神祕而恐怖的感受——可是派屈克寫出更美的意境。我也很喜歡他寫到他的內心浮現女兒笑的畫面；先前我們在閱讀課中討論過如何在心中想像人物、想像山、想像海洋，讓那些元素浮現在眼前。派屈克還提到失落的感覺——雖然他又重蹈覆轍，用負面方式跟小孩說話，不過至少他懂得使用這樣的詞彙。

就寢時間到了，但我還得批改那堆西班牙語試卷——一共有六十份，題目是 estudiar（研讀）和 hablar（說）這兩個動詞的變化。我到底爲什麼會答應喬丹，爲什麼同意教一個我自己不會的語言？我盼望能有更多時間到監獄去跟派屈克討論他的作品。我在三角洲眞正想做的事現在變得再清楚也不過：我要教派屈克讀書。我面臨功利主義者的噩夢——派屈克只是一個人，知識學校則有很多學生。我的選項之一是在一個致力於讓學生進入高等院校就讀的教育單位教導一群青春洋溢、積極進取的莘莘學子，爲他們締造光明前程，另一個選項則是在一所郡立監獄裡設法逆轉一名成年囚犯的命運。前者的成功機率顯然大得多。

我將思緒轉回派屈克寫給女兒的信。我在上面做標記。我把莉改成麗、保改成寶、磨改成魔。我把問號圈起來，在旁邊工整地寫出讓這個難字。我還寫了一句評語：好溫馨、好甜蜜的細節！

我寫給喬丹的電子郵件乍看像一封分手信：有件事我需要跟你談談。

我覺得自己最近好像寫了不少這種信件。我變成一個不靠譜的怪咖了。

喬丹對這件事的態度很大方，不過天曉得他心裡怎麼想。

我很快就只剩一個學生——派屈克。

時序進入十二月中，派屈克和我已經共同建立一個日常儀式：每天早上開始上課時，我們會一起背誦一首詩。

「郭老師，妳先，」他會比手畫腳地逗我，做出請我先通過一扇門的樣子。這也是儀式的一部分——我們總要禮讓一番，誰都不肯先踏出一步。

「倘若我有天堂的錦緞……」最後我終於開口背詩。

這時派屈克會變得嚴肅，擺出莊重的神態，並帶著鼓勵的表情點頭，彷彿我是個小朋友。這首詩他幾乎已經完全背熟，他會焦急地等我把每個正確的字唸出來。

「絹繡著銀色與金光——不對。」我會皺眉，停頓，找尋……「金——」我嘗試再說出中間那幾個字。「金色與銀光？」

我會觀察派屈克的表情，確認自己是否說對。這時他會把眉毛往中間縮；他希望我有好的表現。

我繼續背：「以日夜與黃昏的色澤，」我琅琅上口。「願我能鋪它在——」

派屈克會搖頭，用柔和的聲音打斷我。「老師跳過一句了。」

「你肯定？」我設法拖時間。

他等我唸。

「給我提示。」我卡住了，只好裝出最完美的絕望表情，爭取他的同情。

換作別的學生，他可能已經大聲嚷出答案，藉此炫耀他知道正解。也許我自己就是那種學生。可是派屈克安靜無語，一心盼著我自己想出來。

「喔！」我記起來了。他是對的；我跳過了一句。「織就晦暗湛藍黑濛的布匹，」我設法正確背誦。

「很接近，」他會說。他不要我僥倖成功。

我木然地瞪著他。

他不得已只好退讓。「湛藍先，然後才是晦暗，」他會說。「就像人生。」

譯註

1松尾芭蕉（一六四四—一六九四）是日本江戶時代的詩人。他將俳句形式推向高峰，著有俳句兩千餘首，被譽為「俳聖」。芭蕉曾以教書維生，後來放棄文人圈的城市社交生活，前往日本各地漫遊尋找靈感。他的作品深受第一手生活經驗的影響，多藉簡單事物表達深刻感受。本書作者引用俳句之日文原句爲：秋深き／无は何を／する人ぞ。

2 原書引用羅伯特・哈斯英譯版，此處中文詩句按英文引文翻譯。不過這個英文版本似乎經過詮釋改寫，一茶作品中文意較接近的俳句是：元日や／我等ぐるめに／花の娑婆（新年到／我們一同綻放／在花之凡塵）。

3 喬麗・格雷姆（Jorie Graham）是一九五〇年出生的美國詩人。一九九六年獲普立茲詩歌獎，一九九七至二〇〇三年擔任美國詩人學會（Academy of American Poets）會長，一九九九年取代諾貝爾獎得主、愛爾蘭詩人謝默斯・希尼（Seamus Heaney），成爲哈佛大學博爾斯頓（Boylston）講座教授，是第一位取得此一職位的女性。美國詩歌基金會（Poetry Foundation）認爲她是「美國戰後世代中最受推崇的詩人之一」。

4 這是松尾芭蕉的作品，日文原句爲：旅に病で／梦は枯野を／かけ曝る。芭蕉於一六九四年（元祿七年）夏天最後一次離開江戶（今東京），分別在上野（他的家鄉）和京都停留，抵達大阪後罹患痢疾，一病不起，病中寫出此句。由於這首俳句是現存最後一首芭蕉作品，一般將其視爲他告別人生的作品。本書原文中，格雷姆教授首先引用的版本爲哈斯的英譯版。

5 這也是松尾芭蕉的作品，原句爲：年暮れぬ／笠きて草鞋／はきながら。

6 此爲小林一茶作品，日文原句爲：隅の蜘蛛／案じな煤は／とらぬぞよ（角落的蜘蛛／別擔心／灰塵我不掃喔）。

7 英譯版來源資料顯示此爲小林一茶作品。

8 英譯版來源資料顯示此爲小林一茶作品。

9 此爲小林一茶作品，日文原句爲：露の世は／露の世ながら／さりながら。這首俳句的創作背景是一茶本身的人生悲劇，他四十九歲才結婚，婚後喜獲麟兒卻早夭，後來再生一女也早夭，激發他寫出此句，感嘆生命無常。

10 此爲松尾芭蕉作品，原句爲：稲妻に／さとらぬ／人の尊さよ（看見閃電／卻未體悟／人的珍貴）。本書採用的英譯版是略加改寫的結果。

11 墨西哥著名家常菜，以玉米餅包上餡料做成捲餅，然後淋上醬汁，再佐以沙拉、乳酪等食用。

12 《諾頓詩選》（*Norton Anthology of Poetry*）是美國諾頓出版公司（W. W. Norton & Company）出版的眾多文學選集之一，如其他選集一樣廣泛使用於教學。這部詩選於一九七〇年問世，目前已發行到第五版，廣納一千八百二十八首詩，被視爲權威經典。在巴布・狄倫（Bob Dylan）獲得諾貝爾文學獎以前，即已收錄其作品〈西班牙皮靴〉（Boots of

Spanish Leather）。

13 艾佛烈・丁尼生，第一代丁尼生男爵（Alfred Tennyson, 1st Baron Tennyson，一八〇九—一八九二），英國皇家桂冠詩人。丁尼生著有許多家喻戶曉的詩作，尤以鏗鏘有力的短詩聞名，其中許多詩句已經成爲格言，如「愛過而後失去，勝於從未愛過」（Tis better to have loved and lost than never to have loved at all，引自哀悼摯友、年輕詩人亞瑟・赫萊姆〔Arthur Hallam〕的詩作〈悼念赫萊姆〉〔In Memoriam A. H. H.〕）、「他們無意追根究柢／他們只是慷慨赴義」（Theirs not to reason why, theirs but to do and die，出自〈輕騎兵進擊〉〔The Charge of the Light Brigade〕）、「知識來了又走，智慧流連不去」（Knowledge comes, but wisdom lingers，引自戲劇性獨白詩〈洛克斯里堂〉〔Locksley Hall〕）、「半眞半假的謊言是最黑暗的謊言」（A lie that is half-truth is the darkest of all lies，引自〈奶奶〉〔The Grandmother〕）、「人即人，乃自身命運之主人」（man is man and master of his fate，引自〈國王詩歌〉〔Idylls of the King〕）等。

14 準韻（assonance）也稱「半諧音」，指押單字中的母音（但不包括第一個字母），如此例中的長母音 o，或「They flee from me that sometime did me seek」中的長母音 ee、e。

15 輔音韻（consonance）係指押單字中的子音。狹義的輔音韻僅指押單字內部或末尾的子音，如「broods with warm breasts」中的 r 和 s，但廣義的輔音韻也可包括頭韻，如本書例子「lonely lands」中開頭的 l。

16 揚抑格（trochee 或 choree、choreus）與抑揚格（iamb 或 iambus）是西方詩歌中的兩種音步形式，最早起源於古希臘語的韻律。揚抑格也稱長短格、強弱格，由一個重讀音節連到一個輕讀音節組成。與揚抑格相反的是抑揚格，也稱短長格、輕重格、弱強格，由一個輕讀音節加上一個重讀音節組成。英文trochee 一字本身即體現揚抑格的音步形式，第一音節 /'trou/ 爲揚（重／長音），第二音節 /ki/ 爲抑（輕／短音）。反之，iamb 一字則體現抑揚格的音步形式，第一音節 /'ai/ 爲「抑」，第二音節 /æmb/ 爲「揚」。

17 威廉・巴特勒・葉慈（William Butler Yeats，一八六五—一九三九），愛爾蘭詩人、劇作家，二十世紀世界文壇最重要人物之一。葉慈也是愛爾蘭凱爾特（Celtic）民族復興運動領袖，艾比劇院（Abbey Theatre）創建者之一，曾擔任兩屆愛爾蘭參議員。早期醉心於愛爾蘭傳奇故事及神祕主義，作品游移在浪漫主義與象徵主義間，擅於營造浪漫氛圍，進入二十世紀後則因民族主義政治運動經驗的影響，創作風格趨於較寫實的現代主義，但文字上依然忠於傳統詩歌形式。葉慈於一九二三年獲諾貝爾文學獎，獲獎理由爲「詩作洋溢無盡靈感，以高度藝術化的形式表達一整個民族的精神」。

18 原詩如下：Had I the heavens' embroidered cloths,/ Enwrought with golden and silver light,/ The blue and the dim and the dark cloths/ Of night and light and the half-light,/ I would spread the cloths under your feet:/ But I, being poor, have only my dreams;/ I have spread my dreams under your feet;/ Tread softly because you tread on my dreams。

第八章 佛雷德里克·道格拉斯人生敘事
Narrative of the Life of Frederick Douglass

溪澗是什麼？
小小的河流。

草原乾涸——如果乾涸的意思是乾枯，那會發生什麼事？
溪澗沒了。
那又會發生什麼事？
內心不再平靜。

他喜歡尤賽夫·Ｋ[1]的這些詩句（也是我的最愛！）：

爲了他家的院子／這人偷了玫瑰和風信子／他就這樣站著／雙眼緊閉雙拳緊握

他的諧音作業，很不錯：

long〔長〕，strong〔強〕，bone〔骨〕（/o/ 韻）
bee〔蜂〕，tree〔樹〕，leaf〔葉〕（長音 /i/ 韻）
我們背詩的時候，這句他絕對不會出錯：猶如疾雷，他陡落

——一些關於派屈克的點滴，摘自筆者日記，二〇〇九年

離開三角洲之後，我曾在《紐約時報雜誌》刊登一篇文章，書寫關於我在那裡的經驗。當我決定重返三角洲時，我決定做的是我認爲在道德層面上跟那個舉動完全相反的事。我不要再躲在某個遙遠角落的房間內回憶三角洲，而要跟眞實的人們談話。我不要將派屈克固著在紙頁上憑弔他，彷彿他的人生已然結束；我要幫助他，讓他的人生重新開展。如果我眞的繼續寫作，我將只在某些條件下允許自己這麼做：我的書寫不會是一篇「個人散文」——個人意指耽溺——而是一部具有恢弘視野及強烈企圖心的歷史學或社會學撰述。我在大學時代讀過的書就是這樣的著作，那些書曾經賦予我對種族與貧窮議題的理解，並且是當初催促我前來三角洲的動力因素。

但我的個人筆記內容背叛了我，使我無所遁形。它讓我知道我眞正關切的是什麼。我關切的是

派屈克，只有派屈克：關於他的筆跡，關於那三年不見的字跡最初顯露的樣貌；關於他是如何凝視著那張人羊哭泣的插圖；關於背誦詩詞，以及何以那件事似乎攸關重大；關於教學是多麼困難，退步是多麼容易，而學習又是怎麼一回事。我跟派屈克之間的關係──這不才是這一切的核心？在我目睹他置身監獄以前，我從未料到任何學生有可能那樣退化，也從未設想我們有可能重新扮演先前自己失敗過的角色。

「把它想成一個很小的小可愛，」我說。我指的是省略記號。「只因爲它很小很小，你就把它忘記，這樣不太厚道。不要當沒心肝的朋友。」

派屈克笑了。

「郭老師，我打賭妳一定有很多朋友。」

「我是有幾個好朋友，」我謹愼地說。「人只要能有幾個好朋友就很夠了。」我在說謊──我的好朋友不只幾個。

「丹尼和露西，妳是從大學時代就認識他們嗎？」

「不是，教書才認識的。丹尼是我在這裡的第一個朋友。」

「他是不是個好老師？」

「他是最棒的老師。」然後我問：「你自己呢？」

一陣陰影掃過他的臉龐。「朋友喔，」他用諷刺的語氣強調這個詞。「如果他們會害你被殺，那他們算朋友嗎？」

我們沉默了一陣。

「我有妳，」他說。「而且我有我媽和我的姐姐妹妹。這樣就夠了。」

「郭老師，」他忽然又說——他心裡正在想別的事。「再幫我一個忙好嗎？今天再去找我爸拿些菸過來給我。」

雖然我來這裡的目的就是爲了幫他，不過這一刻我還是感受到壓力。我已經答應喬丹我會把這學期在知識學校的課上完，所以我每天仍舊很忙碌。「我得上班呢。」

「妳什麼時候下班？」他問。

「六點，」我說，雖然實際上是五點。

那天稍晚，我到派屈克家拿菸。這次是他母親走到門口，她看一眼就知道我是誰。她揮手要我進去。我原本就暗自希望她會在家。我對她充滿好奇，因爲派屈克最愛的人就是她。在他寫給她的某封信裡有這麼一句話：**我太想念妳了，以至於我沒法繼續寫下去。**

她懷裡抱著一個小孩——派屈克的女兒。珍愛。那肯定是她。她有著大大的臉頰，大大的下巴，看起來很像派屈克。她的辮子俏麗地垂盪在耳際，襯托出一張可愛臉龐，髮辮末梢用粉紅色和藍色珠串綁住。

「您是瑪麗，對吧？」我說。「這一定是珍愛。」

她點頭，露出彷彿快要落淚的笑容。

「妳知道阿派的庭審日期嗎？」她問。

派屈克仍然處在法律上的灰色地帶——他被逮捕、起訴、送進監獄，但不知道什麼時候受審。我對瑪麗說這樣拖延很糟糕，如果是在大城市的話，絕不會發生這種事。「原本說是上個月，也就是十一月，可是現在他們又說延到二月。」

她跟派屈克的父親之前一樣，只是點點頭，因爲他們已經習慣這裡的司法制度了。

「派屈克過得不錯，」我說。

聽到這話，她的神色立刻變得放鬆。

「派屈克說妳是守護他的天使，」她說。「我相信上帝在幫助我們，我眞的相信。」

「我指定功課讓他做，」我說。「他每天都會看書，讓他的心智活動活動。」

這時她的注意力開始渙散了。我拿出一些派屈克寫的功課讓她看。

瑪麗心不在焉地看著翻開的筆記本，似乎沒意會到我要她眞的去看那上面寫的東西。

小潘忽然間從房子後頭冒出來，直接走到小侄女旁邊。她把珍愛從奶奶懷裡搶過去，把她往上抬，和她鼻子碰鼻子。

「郭老師，她現在已經懂很多字了喔，」小潘吹噓道。「走，不要，椅子。」

小潘帶著小寶貝溜到一邊玩。

「聽說妳在安養中心當廚師，」我打開話匣子。

「我做很多薯條、雞肉和魚，他們就愛吃這些東西。老人超喜歡炸雞和炸魚。」

瑪麗人很爽朗。雖然不是像傳說中的三角洲地區說書人那樣熱愛交際、什麼話都能說，不過她似乎沒有心防、沒有祕密，旁人很容易從她那裡問出東西來。我問她喜不喜歡安養中心的工作。

瑪麗說：「我的老闆人眞的很好。他不愛說話，習慣低頭走路，不過臉上會帶著笑容。他是赫勒拿本地人，曾經去過田納西州，又回來。他給我們加薪兩美元。」

「聽起來人是不錯，」我說。

「可是跟我一起工作的那些女人，一些六七十歲的婆婆媽媽，她們已經做二三十年的低階工作了，拿的錢頂多比最低工資多個四毛錢吧。然後這個人來了，他給她們加薪兩美元，結果她們把他當成——」瑪麗搖頭。「人眞奇怪。如果你不是用他們習慣的方式對待他們，他們對你就不會信任。」

「她們把他當成什麼？」我猜這位老闆是個白人。

「比方說好了。之前有個女的老闆，她老用『鬼』結尾那個字眼叫她們，結果她們反而立正站好，是，老闆，對，老闆，遵命，老闆。我們這裡的人就吃這套。他們要你把他們當狗看，好像只有這樣他們才知道怎麼汪汪叫。」

「她眞的說……在光天化日下用『鬼』結尾那個字眼？」

「我開始到那邊上班的時候，她正在籌備一個耶誕派對，她問她們音樂方面的事。有個年紀大概六十五歲的女的，她說『我可以準備一些音樂帶來』，妳猜那隻母老虎怎麼回她來著？『我們不需要黑鬼的音樂。』結果那女的說：『是，老闆！』」

瑪麗無法控制地大笑，那是一種不帶歡樂成分的笑聲。

「噢，老天啊！」她笑得直打嗝，最後終於勉強擠出幾個字。「她三不五時就冒出那個字眼，然後所有人都畢恭畢敬。她姓羅林斯，對，羅林斯經理。」

瑪麗跟她丈夫一樣是赫勒拿人，生於斯、長於斯。她在一九六九年出生，那年德索托爲了規避融合政策，自行改制成爲特許學校。她的母親曾在赫勒拿醫院上班。她的父親原本在二十號公路上的一家電力公司工作，一九七九年摩霍克輪胎公司結束營業後不久，那家電力公司也關門大吉。在那以後，他的酒就喝得更多了，可以說是把自己喝到一命嗚呼。

瑪麗和派屈克的父親是在伊莉莎米勒中學認識的。派屈克和我的其他學生在進明星以前也是讀那所學校，只是後來被勒令退學了。瑪麗愛上詹姆斯的原因是他膽子特別大。當時的體育老師是個種族歧視心態很強的白種人，他老把學生叫作黑鬼。詹姆斯不怕他，他會跟他頂嘴。「他比老師還兇，他天不怕地不怕，」瑪麗邊說邊搖頭表示讚嘆。相處這麼多年以後，她仍然崇拜他。她一直唸到中央高中，可是不小心懷了身孕，只好輟學。「我惹了好大的麻煩。在我成長的那個年代，沒有人談性愛這種事。女生結婚以前不可以跟男生鬼混。」她的父母把她趕出家門。後來她母親因爲腎臟衰竭死了；瑪麗說是因爲她喝太多汽水的關係。

她一直工作賺錢，在賭場、必勝客披薩都待過。「我比較喜歡上夜班。白天照顧小孩，晚上把孩子留給爸爸，一個星期三四次。那樣挺好的。後來他去坐牢，一坐就是三年的樣子。我只好一直工作。」

「妳對他不離不棄，」我說。

「我盡量。」

「怎麼說？」

「我也不知道。我想大概是因爲我們從小就被教導說，你想要別人怎麼對待你，你就該怎麼對待別人。假如是我去坐牢，我應該也會希望他等著我。」她把手握緊，然後鬆開，然後抓頭。「我一直很愛他，到現在還是愛他。」

三十四歲時，她發現自己有糖尿病。她的血糖指數超過兩百。她設法多走些路，還有改喝無糖汽水。「有時候我說話不太清楚，沒法記得太多事，」她繼續說道。「這是因爲我有糖尿病的關係。我會覺得有壓迫感，我會發生痙攣。我覺得那都是生活壓力造成的。我整天都在跟上帝說話，眞的。我問祂很多爲什麼的問題。」

她抬頭安靜地看著天花板，彷彿她眞的在跟上帝說話。我等了差不多整整一分鐘。

「妳有……」我終於開口問。「派屈克出事以後，妳有什麼感覺？」

「我沒辦法睡覺，好多個星期都沒辦法睡覺。我一直在想那個男生的事，還有他媽媽是什麼樣的人。我會一直想他們在一起的樣子。然後我請上帝把我跟她放在同一個房間。」她露出微微的笑容。「上帝眞的這麼做了。」

她在上班的地方到處找人問，看是不是有人認識馬可斯的母親。「有個人告訴我她叫卡利太太。我去查電話簿，然後直接打給她。她接了電話，就那樣接了，然後請我過去。她住的地方離我們家只有兩個還四個街區。」

瑪麗覺得很緊張，她擔心那是個陷阱。「我心想，我去見她的時候一定會出什麼亂子，我對上帝發誓我眞的那樣想。我眞的覺得她一定有個哥哥或表弟什麼的會找我麻煩。」

不過馬可斯的母親應了門，而且家裡只有她一個人。

「她看起來有點像我那些阿姨，個子矮矮的，皮膚很黑。她臉上掛著淺淺的笑容，她的表情讓我一下子就完全明白了。我以爲她會對我發脾氣，結果她說會發生那件事她不意外。她說他經常扁她。喝醉的時候扁她。扁自己的媽媽欸！我們一直哭，一直抱著對方，那場面太不可思議了。她對那件事還比我覺得抱歉，她在我身上流的淚比我掉的淚還多。」

瑪麗帶著回憶往事的神情摸著自己的臉。「我禱告的時候會請上帝原諒我，讓我展開全新的一天。我隨時都在禱告。早上醒來，第一件事就是問上帝，爲什麼會這樣，爲什麼會那樣。一整天我都在跟祂說話。」

「妳覺得上帝有回應嗎？」

「有喔，有喔。」

她沉默下來。然後我說：「那天晚上發生的事讓妳覺得訝異嗎？」

「阿派他做那件事……所有人都覺得訝異。他從來不跟人打架，他不搞那種飛機。我相信……」

她停頓一下。「我相信他是想讓他爸刮目相看。」

讓他爸刮目相看？想必我臉上的表情看起來很困惑，因爲她接著馬上解釋：「他爸喜歡看到那種事。妳知道的，他爸什麼人都不怕。所以我相信，雖然阿派不知道他該怎麼做，不過他知道他不能退讓。我試著讓他明白一件事：『你的責任是保護你妹，不是去殺人。』」

我忽然領悟到派屈克跟他的父親有多麼不一樣。詹姆斯那條殘障的腿誤導了我的想法。其實他的街頭心態比派屈克強得多，他體現出一種生存所需的男性行爲準則：用拳頭回敬拳頭，全力捍衛榮譽。一位明星的學生告訴過我：「我爸跟我說，如果一個人打你一次，你儘管走開，可是如果他打第二次，你就得打回去。」

雖然派屈克本身通常習慣避免打架的事，但這並不代表那種男性準則對他完全沒有影響。他的爸爸要他霸道，要他懂得反擊。或許正因爲派屈克不習慣打架，結果他的反應力道反而太猛。他會不會是因爲拳頭不靈光，所以只好拿刀？警方報告顯示他是進屋子裡拿刀的，但他說刀子本來就擺在門廊上。我不想正面質疑他。我不知道該相信什麼，不過我確實相信當時他眞的非常害怕。

「我設法告訴他，任何事情會發生都是有原因的。那個男生的死……也許派屈克需要付出那個代價才能脫身。那時候他喜歡跟一個叫哈里遜的男生鬼混，他們一家人都是吸海洛因的。所以……」

她把頭低下，握緊拳頭。

我在心裡設法判斷她是不是瘋了。難道爲了讓她的兒子免於潛在的毒品成癮風險，某個人就得死？不過我記得派屈克跟我提過，他的舅舅有一次嗑藥嗑茫之際把他的姨婆殺了。在這種情況下，瑪麗的想法只能說是以利害關係爲出發點——坐牢總比因爲毒癮而殺人好。

無巧不巧，這時她剛好提到她哥哥正在一所安全警戒最森嚴的監獄服無期徒刑。他去坐牢時，派屈克才九歲。

「我認爲昨天發生的事不可能回頭，」她繼續說。「我不可能去改變它。我設法過一天算一天。我只希望有辦法知道接下來會發生什麼。」

我不知道她這番話是一種心靈上的思考，還是具體針對派屈克的庭審日期。

「我會去見羅伯，」我說。

「誰？」

「他的律師。」

她點頭，一邊還在撫弄自己的手。

我說我差不多該走了。

「好消息——馬可斯喝醉了，」羅伯說。「非常醉。」他的酒測值是零點二六，相當於法律許可值的三倍以上。

小岩城的驗屍實驗室花了一年多時間才把驗屍報告送回來。（「赫勒拿沒人負責驗屍工作嗎？」我問羅伯。他大笑。）

「我能幫什麼忙嗎？」我問。

「其實妳可以到警察局去調閱馬可斯的犯罪記錄。用人格暗殺這招。」他繼續說道：「如果被害者是不受歡迎的人物，這個案子對我們會比較有利。」

不受歡迎人物？我心中浮現問號。

然後羅伯好像想到什麼似地又說：「我甚至可能需要妳幫忙做點案件調查。」他眨了個眼，意思大概是說案件調查不在鄉村地區公設辯護人的工作範圍內。

警察局裡擺了一個籃子，裡面是一堆本地燒錄的DVD光碟片，標題是《耶穌》，供民眾免費索取。我拿到馬可斯的報告。我克制當場翻閱的念頭，打算等進到車子裡才開始看。馬可斯有反社會人格障礙嗎？是不是強姦犯？他有沒有犯暴力型重罪的記錄？我暗自希望他的記錄很糟。我開始讀資料，設法看懂那些文字品質很差、夾雜錯字的警方報告。前一年，在二〇〇七年五月，馬可斯被控造成一名未成年人犯罪。一名少女逃學躲在他家。羅文女士打電話到學校結果發現她女兒不在學校。住隔壁的羅文鄰居通知羅文女士說馬可斯跟其他兩名青少年在那棟房子裡。羅文女士打電話給警方……

二〇〇八年五月，也就是在他醉醺醺地跑到派屈克家門口之前四個月，他因爲喝酒鬧事，導致警方出動。於 05/06/08 派員前往芝加哥街八七一號處理糾紛本人抵達現場後與一位蘭妲桑普森談話她說她的男友〔馬可斯〕威廉遜喝醉酒在鬧事。他已經跟數名身分不詳的人打過架。威廉遜一邊罵髒話一邊用右手拿著一根球棒走出門。他兩次被要求放下球梆。但他都不從。報告末尾寫了：威廉遜的呼吸中含有很強的致醉物[2]氣味。

同一個月另外一天清晨五點零二分，警方又派出人馬處理一名不受歡迎的男性人物。又是妨礙治安。他試圖把警車的車門踢壞，警員只好用胡椒噴霧將他制服。這次馬可斯在郡立監獄被關了一個星期。

他第一次被提告是八年前他十七歲時的事。他侵入某個人的住處，偷了一雙鞋和一盒卡帶。其整體看來，他受到的指控包括二級輕率財物破壞罪、妨礙治安、公共場合迷醉、抗拒逮捕，其中沒有任何罪行嚴重到讓他被關進州立監獄。

事實似乎顯示，馬可斯頂多只能算是個具有潛在攻擊性的酗酒者。就表面看來，他稱不上眞的危險，而是運氣不好。天不時、地不利、人不和，他在一個不對的夜晚喝醉了酒，然後又出現在不對的門廊上。

隔天我把警方報告帶過去給羅伯看。「你有什麼看法？」我問他，內心希望他能從中找出我沒看出來的嚴重不法情事。

羅伯用很快的速度把資料翻了翻，大概覺得沒什麼意思。

「我不認得這個名字，」他說。「威廉遜，威廉遜……」他在腦海中搜尋。「有了，我幫他媽媽辯護過。肯定沒錯。她跟她的某個兒子闖入民宅行竊。她躲進樹林裡，不過還是被警方逮到了。」她和另外那個兒子偷了一台光碟播放機。

羅伯擊掌讚美自己記憶力超強。

打造一宗法律案件的工作在根本上與悲悼死者反其道而行。我們無法對死者表示尊重。我們必須想辦法累積證據，證明他的人格有問題，據以顯示他應該爲自己的死負責。我發現我在設法藉由主張馬可斯的罪責來斷定派屈克的無辜。

接下來那個星期一，我試著仿效羅伯那種輕鬆的態度。「好消息，」我告訴派屈克。「馬可斯確實喝醉了。」

我知道我沒把話說好，因爲派屈克聽了以後把身子縮了一下。

「我們拿到馬可斯的驗屍報告了，」我急忙說。

聽到驗屍這個詞，派屈克的頭低了下去。

「看起來……看起來是什麼樣子？」

他撫弄他的筆記本邊緣。

然後他驟然開口：「郭老師，他大吼大叫，像瘋子似的衝著我過來。我一直對他說，『離開我家院子，離開我家院子。』」

「你有沒有想……」我猶豫片刻。「你有沒有想到要打電話給警察？」

這個問題顯然很荒謬。「沒有，沒有，這裡沒人在打電話給警察。我們這裡的警察根本不是警察。他們自己忙著抽大麻、賣毒品，怎麼可能過來？」他停頓一下。「而且，他們都知道我爸——他們鐵定會認爲是我起的頭。」

耶誕假期，知識學校放假停課，我去了印第安那州的父母家一趟。我滿二十八歲了。我哥哥烤了一個草莓蛋糕幫我慶生。我父母送給我一些東西，其中包括一張卡片，上面用相當大的字跡寫了些怪怪的激勵話語。「妳喜歡嗎？」他們追問。原來這卡片是他們的心血結晶，他們花了好幾個小時在大賣場的賀曼賀卡專區[3]仔細挑選，最後終於看到一張卡片上的文句內容符合他們想告訴我的話。可是圖片太難看，於是他們拿小紙條把那句話抄下來，另外買了一張好看的空白卡片。

我的心中忽然湧起一股對他們的無盡愛意。「我超愛的，」我說。他們露出滿意的表情，然後又老調重彈——爲什麼我還沒結婚。

「她缺乏神祕感，」我母親說。

「她對什麼人都掏心挖肺，」我父親說。

「我人就在這裡欸，」我說。

回到郡立監獄時，元旦已過，接雨水的水桶又該倒了。

「外面在下雨，是嗎？」派屈克問道。

「對。」

「X的，我什麼都錯過了。」

「最近怎麼樣？」

「沒怎樣。耶誕節的時候吃得比較好。」

「昨天赫勒拿辦了一場MLK紀念日遊行活動，」我說。遊行當天赫勒拿相當冷，而且下著小雨。一家商店貼出告示，上面寫著：**適逢馬丁．路德．金恩以及羅伯特．E．李誕辰**[4]，**本店公休**。此前二十五年，阿肯色州議會通過立法，將這兩個誕辰紀念日合併爲同一個州定假日。

「MLK是什麼？」

「馬丁·路得·金恩的縮寫，」我說。

「喔，對。」

我問他：「你知道他的事嗎？」

「他死了，」派屈克用就事論事的口吻回道。他的語氣既不遲疑，也不帶情感。這個問答有點像腦筋急轉彎，我的措詞促使他給了我一個順理成章的答案。

「還有什麼？」

他想了一會。「他有點像耶穌。」

我不確定他的意思是什麼。「因爲他死了？」我試探性地問道。

派屈克點點頭。「這樣我們就能好好活著。」

我聽了有點不舒服。在派屈克心目中，金恩形同一名殉道者，一個比我們這些芸芸眾生更勇敢的獨行者，一個超脫於歷史之外的俠士。在這個觀點中，那些曾經冒著生命危險、設法爲他開路的普通百姓彷彿不存在，源自那些人、源自黑人共同身分的集體道德力量彷彿被抹殺了。

隔天我帶了一本佛雷德里克·道格拉斯的自傳到監獄。我一直把《佛雷德里克·道格拉斯人生敘事》這本書看成一件精美的藝術品。我在高中時代讀過它，後來並不特別想重新讀一次。不過我覺得這本書似乎是我可以送給派屈克的一份好禮。這本書清楚闡述奴隸制度在美國歷史中所扮演的重要角色，並且展現了當年起而反抗那個制度的人物之一——作者本人——的才情。

「你知道佛雷德里克．道格拉斯是誰嗎？」
「好像是發明了某個東西的人。」
「有點接近，」我說。我讓他看這本書的書名頁：

> **佛雷德里克．道格拉斯**
> **人生敘事**
>
> 一名現代奴隸的故事
>
> 本人親撰
>
> 一八四五年出版於波士頓

派屈克大聲讀出書名頁全部內容，包括出版日期。

「你記得——你讀過南北戰爭是什麼時候開始的嗎？」我問。

「一九四〇年？」

他看到我的表情，馬上改口說：「一九〇〇年？」

我告訴他正確答案。

「南北戰爭就是他們因爲奴隸問題而打的那場仗？」

「很好，」我說。「你認爲一開始爲什麼會有奴隸制度？」

「因爲錢的關係，」他說。「因爲這樣對他們來說比較便宜。工作都是我們在做，錢都是他們在賺。」

「沒錯，錢是一個很大的原因，」我說。「很聰明的回答。」

「所以這本書是他在我們獲得自由以前寫的？」

「對，完全正確。」

威廉・洛德・蓋瑞森[5]爲這本書寫了序。我告訴派屈克，蓋瑞森和道格拉斯是廢奴主義者（abolitionist）。他不知道這個詞，所以我字正腔圓地慢慢拼一次，好讓他抄寫下來。我稍微介紹了一下這些人物，派屈克根據我說的話做了些筆記。他在筆記本裡寫了：

廢奴主義者——設法解除奴隸制度的人
威廉・蓋瑞森——白人

他在這兩行字之間拉一條小弧線，代表蓋瑞森是廢奴主義者。

我們跳過大部分序言內容，然後看到這句：

一個奴隸主如果聲稱他信仰基督，那很明顯是在招搖撞騙。

「我給你一個提示。這個成語——」我指著招搖撞騙說，「跟騙子這個字眼有關；這裡所謂的騙子是說你明明不是某種人，卻要冒充自己是那種人。」

派屈克點頭。「所以，按照蓋瑞森的說法，」我繼續說，「這個奴隸主不是哪種人？」

「上帝的信徒。」

我點點頭，派屈克繼續讀。

他是最高等級的重罪犯。他是盜取人類的罪犯。你在天平另一側放任何東西都不爲過。

我問：「如果要你用自己的話來表達這段文字的意思，你會怎麼說？」

他斬釘截鐵地說：「他是所有惡棍裡最壞的一個。」

然後他指著最底下那個名字——威廉·洛德·蓋瑞森。

「郭老師，」他用不可置信的語氣說，其中還夾雜了幾分憂慮：「妳說這傢伙是白人？」

我笑了。

「他媽的，」他說。「我是說，他X的。」

然後我們正式開始讀《佛雷德里克·道格拉斯人生敘事——本人親撰》。

目前大多數黑奴差不多跟馬一樣搞不清楚自己的年齡。就我所知，大部分的奴隸主人都希望他們的奴隸繼續這樣無知下去。

派屈克越讀聲音越宏亮，最後他鏗鏘有力地讀出繼續這樣無知下去。

「X的咧，不知道自己幾歲。」他停頓片刻。「白人小孩知道，我們不知道。」

他繼續讀：

自從我眞正知道哪個人是我母親以後，我這輩子頂多見過她四或五次；每次爲時都非常短，而且是在夜間。

派屈克唸到「爲時」的時候遲疑了一下，把「爲」唸成了四聲，不過他沒等我跟他確定是否唸對了，就逕自讀了下去：

雇用她的人是個史都華先生，那人住在離我們家十二哩路的地方。

他停下來。「十二哩路，」他重複說了一次，開始體會到這個距離有多遠。他的額頭因爲焦慮而皺起來。

我問他：「你認爲那些奴隸主把母親和小孩分開何以對他們有利？」

「什麼？」

「我的意思是說，這樣做對他們有什麼好處？」

派屈克忽然口若懸河。「這樣就可以防止孩子幫助媽媽，」他脫口而出。「因爲他一定會想要照顧媽媽，可是他們這樣搞，他就沒辦法照顧她了。還有，媽媽會想要教導他做對的事，因爲她懂的事畢竟比小孩多一點。她也可能會想幫助他逃跑——她不希望小孩繼續當奴隸。而如果你是那個兒子，你看到媽媽那樣做牛做馬，你不是笨蛋，你馬上就知道那些人在搞什麼。」

派屈克停下來喘口氣，然後繼續說：

「所有媽媽都愛自己的小孩。我媽也一樣，爲了小孩，她什麼都願意做。不管我是對是錯，她什麼都願意做。就算我現在這種狀況，她還是支持我。這就是爲什麼知道自己的媽媽是誰很好，天塌下來她還是對你有感情。可是如果你還是很小的小孩，你不會懂這些事。小孩可能以爲媽媽討厭他，因爲媽媽老是不在他身邊陪他。於是他就不會懂什麼叫感情；他可能永遠都沒機會認識他媽媽。」想到這件事，他禁不住打了個哆嗦。

然後他繼續讀。

我們大聲唸到第一章快結束的時候，我才想到該留意時間。這時已經快要六點了，我差點沒跳起來。「抱歉，我得趕時間，」我說。我跟丹尼和露西約了要吃晚飯，現在快來不及了。

聽到我說話的語氣，派屈克也驚了一下；他完全沉浸在書本中的世界。

我本來很怕他會覺得道格拉斯的書很無聊，覺得那種文字風格既過時又呆板，結果我錯了。對派屈克而言，這本書鮮活有趣，充滿生命力。

「嘿，」我說。「不必因爲我走了就停下來，你可以繼續讀下去。」

聽到這話，派屈克顯得驚訝。他問：「我可以把書留著？」

接著他馬上自己回答自己的問題：「不行吧，郭老師，我不能把它留著。」

我點頭表示鼓勵。「我已經有一本啦！」我把我自己那本舉高。

他把目光移向他那本書，帶著不確定的表情看著它。

「我會還妳，」他說，彷彿這樣他才覺得安心。

短短一個星期，派屈克已經自己讀完這本書的一半。他是坐在一座水泥樓梯的第三個階梯上看的，那裡沒有燈光。他告訴我，他到那個樓梯間是因爲他在牢房中無法專心。「我看書的時候，他們特別愛找我麻煩，」他說。「他們好像故意要惹我生氣。我在那邊連靜一下也沒辦法。」

派屈克的進度比我快了好幾章。

我檢查他的作業。我問的問題是：「閱讀道格拉斯時，有什麼地方讓你覺得驚訝？」

他的回答：道格拉斯先生懂得那麼多困難的字詞，我覺得很驚人，因爲我不懂那些字。

我的下一個問題是：「關於你自己的人生，有什麼是你希望能改變的？」

他的回答：如果有什麼事我能改變的話，那就是不要輟學。

最後我被派屈克立的這份清單嚇了一跳：

我有哪些地方像奴隸

我愚昧無知

我被剝奪了一些東西，因爲我在坐牢
我也有主人，就是獄監
我是黑人（當白人比較有好處）
以後我得幫白人工作
如果黑人被殺，沒有太多人會關心，也不太有人會談論
黑鬼在美國成功的機會很小
簡單說我不是坐牢就是死路一條

我並沒有指定問題要他做這種比較。這些都是他主動寫的。想必他在字典裡查過「愚昧」這個詞，不然就是跟道格拉斯的文字核對過，因爲他把它完全寫對了。

我們很快讀到道格拉斯開始學字母這個著名段落：

我住進奧德夫婦家之後不久，她就很熱心地開始教我ＡＢＣ。我把字母學會以後，她又幫助我學習拼寫一些由三四個字母組成的字彙。

派屈克用頑皮的眼神看了我一下，然後說：「我知道有某個人也像這樣。」我們笑了一陣，他

繼續唸。奧德先生後來發現佛雷德里克在學習，他要他的妻子停止這麼做：教奴隸讀書是違法而且不安全的事……他說：「妳現在如果教那個黑鬼（他指的就是我）讀書識字，以後就管不住他了。他會變得永遠不適合當奴隸。他將立刻變得無法駕馭，變得對他的主人毫無價值。至於對他自己，讀書也不會有任何好處，甚至會爲他帶來很多壞處。他會變得不滿足、不快樂。」

我問派屈克：「這段話你用自己的話會怎麼說？」

「當他知道事實眞相的時候，他就不會再願意當奴隸了。他絕對不會想當奴隸。」

在丈夫的影響下，奧德太太的態度變了。派屈克唸道：「溫柔的心變成鐵石。」他抬起頭，主動做了評論：「她會停止教他，他必須靠自己學習。」派屈克說對了。不久後，奧德太太看到道格拉斯手裡拿了一份報紙，她大怒，衝上前去把報紙搶走。

奧德太太就此不再教道格拉斯讀書，不過爲時已晚。在船塢工作時，道格拉斯看到木工用粉筆寫了一些字母。「L.」代表 larboard（左舷），「S.」代表 starboard（右舷），「L. A.」代表 larboard aft（左舷後方）。他會臨摹這些字母當作練習。

在這之後，每當我見到任何一個我知道會寫字的男生，我就會告訴他說，我寫得跟他一樣好。他會馬上回嘴：「我不相信你，寫給我看看再說吧。」……我的抄寫本是木板柵欄、磚牆、路面，我的筆墨是一塊白堊。有了這些，我就大抵學會寫字了。

派屈克忽然把書翻到封面，盯著上面那幅肖像看，那毋庸置疑就是道格拉斯——一位年高德劭的黑人，一頭濃密白髮襯托深色的皮膚。派屈克研究這張圖像時的模樣，跟先前他端詳人羊時的樣子如出一轍，他的表情因為過於專注和嚴肅，幾乎顯得像是在皺眉。

我準備要走了。我邊收拾包包邊說：「嘿，我到店裡買了點菸草送你，因為你最近一直很用功。」

我把那包菸草遞給他。

「謝謝郭老師，」他說。「不過我在家裡也有一包。妳可以去幫我拿嗎？」

他的語氣聽起來不太自然——有點緊迫，又有點不自在。

「你已經有這包啦，為什麼還——」

「呃，是我爸要給我的。」他把頭轉開。

我心裡起了疑竇。

「你是不是想告訴我什麼事？」我問。

「蛤？」

「他的菸跟我的菸有什麼不一樣？」

「是這樣的，我媽媽特地幫我買了那包菸。」我糊塗了；方才他不是說菸是他爸爸買的嗎？「我不想讓她覺得難過，」他又說。「她是那種送我東西會覺得很高興的人。」

我直視他的眼睛。他招架不住，把目光轉走。

「好吧。」最後我還是心軟了。

開車到派屈克家時，我覺得很緊張。難道是海洛因？古柯鹼？大麻？他爸爸一定放了什麼在那包菸裡。可是派屈克自己應該沒有用那些東西吧？不可能，他的功課每次都做得那麼好。

院子裡到處是積水；今年一月雨下得特別多。樹葉和松果漂浮在大排水溝上。

我涉水走到派屈克的家門口，一眼就看見他父親——他也知道我爲什麼會來。他把頭探進沙發底下時，我忙著把運動鞋擦乾。

現在我確定事有蹊蹺。菸草爲什麼要藏起來？我開始往外走。「我等一下再回來。」我在說謊。

「哪兒的話，妳人都來了，怎麼可以空著手走。」

他把東西遞給我。那看起來就像普通的一包菸草，可是我第一次注意到包裝正面貼了透明膠布。我不禁打了個寒顫。先前到底有幾包菸也被這樣打開過？我從派屈克家拿了幾包菸給他——三包，四包，五包？我記不清了。

回到丹尼和露西家，我把車停在門前的車道上，很慶幸雨天的黑暗天色爲我的車窗提供天然掩護。我把膠布撕開，一些葉片像派對上的五彩碎紙般掉落出來。果然沒錯——那是大麻。

我感覺自己像個傻瓜。派屈克騙了我，他父親也是。

吃晚餐時，丹尼發火了。「妳知道他爸弄這玩意兒給他是他媽的有多離譜嗎？妳知道他兒子可能因為這樣而惹上更多法律上的麻煩？而且還把妳這老師——一個律師——也牽連進去？」

我沒回話。

「假如他放的東西不只是大麻，那還得了？假如那是海洛因？古柯鹼？」

「不過不是。」

我沒告訴丹尼我為自己擔心的是什麼事——我正處於律師資格考的「道德品格評估」階段。萬一加州律師公會聽到風聲，我被錄取的機會必然會降低。

「妳認為妳為什麼要拿那些菸草給他？」

「我不知道。」

「為了獎勵他，」他幫我回答。「可是妳已經給他獎勵了，妳出現在他面前，妳去教他讀書，那就是獎勵。」

我垂著頭。

丹尼說：「離他爸爸遠一點。把那包東西毀掉。」

隔天派屈克恭敬地伸手把作業本交給我。

我沒把它接下來。他一臉困惑，然後把本子又縮回胸前。

「我知道你那些𤙴的事，」我面無表情地說。

派屈克僵住。

「這已經不是第一次了，對吧？」

他搖頭。

「你爲什麼這樣做？」想到他拿媽媽當藉口說謊的事，我不禁怒火中燒。「爲什麼？你爲什麼要這樣玩火？」

他馬上接著問：「妳把那個拿到哪了？」

他居然開口就說這句話，這讓我更生氣了。「我把它丟了。」

他繃緊身體。「郭老師！」他抗議道。

「你知道做這種事有多他媽的離譜嗎？」

派屈克嚇了一跳。我幾乎從來不曾在他面前說粗話。「你居然叫老師偷渡大麻進監獄？你的老師準備正式當律師欸！是誰一直在幫你？居然讓你爸拿毒品給她？你覺得你爸是怎麼想的？」

「我不是這樣看這件事。這是我的事，是我自己做的決定。」

「假如我是你的父母，」我開始說教，不過這樣起頭有點冒險。「假如我是人家的父母，而我的小孩被關在監獄——」

「我又不是小孩！」派屈克脫口就說。

「你的行爲跟小孩沒兩樣，」我說。

派屈克往後跳，彷彿我打了他。然後他用手把臉遮住。

「把手拿開，」我說。

他沒照做。

「我知道你聽到我說的話了。看著我。我不是十全十美，你也不是十全十美。可是我們之間的信任應該要十全十美。」

這時他喉嚨裡發出一個小小的聲音。

「你是怎麼處理那玩意兒的？賣給別人嗎？還是自己抽？」

派屈克變得閃爍其詞。

「這不重要——反正又沒差。」

「派屈克，」我用比較平靜的語氣說。「你到底在想什麼？」

他沒回答。然後他只說：「假如我沒坐牢，這一切——這一切絕不會發生。我不知道……我不知道要怎麼做我才會變好。」

我起身離開，把他的作業留在桌上。

☆

我那麼生氣到底是因爲什麼？只是因爲沒有人喜歡被別人利用這個簡單的事實嗎？很少有其他感覺跟這件事一樣普世皆然。歸根究柢，他不過就是個想拿點大麻玩的小鬼。

隔天早上，派屈克帶著他的筆記本和書走進來。他試探性地把筆記本遞給我。

我伸手接下它——這是和解的表示。

「你心裡想了些什麼？」我問。

「一堆無聊的事。一堆狗屁。」

他避免跟我四目交接——他還在怕我。也許他認爲我又會罵粗話或提高說話音量。

他寫了一些我沒指定的東西，其中有一段其實算是寫給我的短信。

我的家人年紀慢慢大了，而我卻待在這裡浪費時間。我媽媽一直在等我回家。我本來就已經很糟糕了，這個地方讓我變得更慘。這就好像我需要幫助，可是我自己又會跑去做壞事。我對我犯的錯感到抱歉。謝謝妳費心幫助我。

我用低沉、幾乎是溫柔的聲音說話。「很抱歉昨天我對你發脾氣。我沒辦法體會你在這裡壓力有多大，真的沒辦法。只有你才知道。」

派屈克沒說話。他看著我，似乎在評估我有多誠懇。

「我也很抱歉我那樣講你爸爸。我想我大概不……我無法感同身受。我以爲我可以，可是我大概是不行。小時候，我爸爸幾乎每天晚上都會教我數學；他不會讓我——」

「我跟我爸完全不是那麼一回事，」他插口道。「眞的，他還得靠我教他九九乘法表呢。」

他清了一下喉嚨，然後停頓一陣，像是在斟酌他要說的話。

「我小時候，我們都住在赫勒拿。可是那時我爸有另外一棟房子，他在那裡賣毒品。我住在那裡的時候心裡會想，我才五歲就住在毒品屋。我爸賣毒品很專業，他對怎麼做生意非常嚴格。他不會賣給任何他不信任的人。他還會教我怎麼賣。他教我很多東西，比方說絕不可以把那些人叫作『毒蟲』。他教我最好要跟有工作的人交易，修水管的啦，上班那種。他教我說晚上賣的時候價格不一樣，說晚上要把價錢拉高。」過了幾年，他父親被警方逮捕。「他被暫時保釋出來，正式入獄前一天晚上，我們開車到處兜風。他買給我一些東西，什麼都買給我，買了一堆玩具。他就只是想一起度過一些時間。第二天早上，我看到警車停在我們家外面。」

他的父親在牢裡待了兩年以後被放出來。派屈克被送到明星之前不久，他又被逮捕了。

派屈克把話打住。「我爸是個好人，眞的，他眞的是個好人，他對我很好，我很高興有他這個爸爸。他會在家陪我。很多人的爸爸很少在家，根本沒在管小孩。比方說他自己的爸爸就很少在家。他得自己學會生活技能。我修我的卡丁車就是他教我的。他那雙手眞的很厲害，他什麼都有辦法修。還有畫圖，他會畫圖。」

「畫圖？」

「他坐牢的時候常常寄信回家，他會在上面畫圖。他也會縫紉，修補衣服之類的。我的褲子有破洞時，他會把它補起來。雖然他是我們家最堅強的一個，不過我坐牢的事還是——還是讓他覺得很難過。」

我的頸背灼熱起來。我那樣評斷派屈克的父親只會對他造成反效果。

他停頓片刻，然後又說：「我在那裡面說的——」他指著他的筆記本，「都是眞的。眞的很謝謝妳費心幫助我。」

轉了一圈，我們又回到最初的狀況：他對我表示感謝，同時覺得他似乎讓我失望了。這種狀況有多大部分是我自己造成的？我多渴望他能把我和他成功的部份聯想在一起！當然，我們並非站在一樣的起跑線上，但我眞心盼望他知道我們是平等的。

「你先開始，」我說。「然後再換我。」

他木然地看著我。

「葉慈還是狄金生[6]？」

「艾蜜莉，」他說。他經常用名字直稱這位女詩人；有時他也把道格拉斯稱爲「佛雷德里克」。

「你的小小心靈中是否有條小溪，」他開始背誦。他把眼睛閉起來，設法記起下一個詩句。背完以後，他說：「換妳。」

我不再拿菸給派屈克，他也沒再請我做這件事。

我們繼續讀佛雷德里克。

「我讀的東西越多，就越憎惡、痛恨那些讓我變成奴隸的人，」派屈克讀道。我問他他覺得憎惡是什麼意思，他說「跟痛恨差不多」，然後繼續朗誦。「我只能用一種方式看待他們，那就是把他們當成一群成功的強盜，他們離開自己的家，大老遠跑到非洲去，然後把我們從我們的家搶過來。」

他的朗讀能力逐漸進步了，現在他可以用穩定的速度讀。在他的適度控制下，文字不疾不徐地從他的嘴邊流瀉而出，彷彿一根根箭準確射向目標。原先那種會把他的深沉聲音掩蓋掉的遲疑現在消失了。也許「大麻事件」反而消除了某些屏障，讓我們兩個都能平心接受自己並非完美的事實。

派屈克繼續朗讀：「……學習讀書成爲一種詛咒，而非福氣。讀書讓我清楚看到我的悲慘處境，但卻未能帶來補救方法。」

「你認爲道格拉斯的感受是什麼？」我問他，雖然我從他朗讀的模樣已經可以推測出他的想法。

「沒有希望，」派屈克說。他神色緊繃，眼神鋒利。「因爲自由、機會，所有那些他錯過的東西，那一切都爲他帶來很大的——」他停頓一下，設法找到正確的字眼，「心理壓力。學習讀書使他覺得非常沮喪。主人說的話竟然變成事實。」他回去看書裡的文字。「還有深坑——」他是在引述這句話：那讓我張大眼睛看見周遭這個可怕的深坑，但我卻看不到能讓我爬出去的梯子，「那是一個譬喻之類的東西，那代表他的感受，因爲他出不去。」

派屈克知道他已經回答了我的問題，他沒等我反應，就逕自唸下去：「在一些極度煎熬的時刻，我會羡慕我的奴隸夥伴們可以那般愚蠢。我經常盼望自己能變成一頭畜生。我寧可成爲最低劣的爬蟲動物，也不想繼續困在自己這種處境中。無論什麼都行，只要讓我擺脫思考！我無時無刻不在思考自己的處境，這令我飽受折磨。沒有任何法子能讓我擺脫這些想法。」

派屈克扮了個鬼臉，也許是因爲這段文字的內容可以直接套用在他身上，把他嚇壞了。

我問：「你認爲其他奴隸讓他產生什麼樣的共鳴或反思？」

派屈克搖搖頭，彷彿我在問這個問題的同時就已經提供答案了。「佛雷德里克在這裡的意思是，」他說，「奴隸就跟野獸或狗一樣，不需要擔心任何事。他嫉妒他們，因爲他們不知道有什麼更好的事存在。他們的確痛苦，不過不是精神上的痛苦。他們不必像他那樣煩惱。好比我那些獄友，他們成天吐口水、罵髒話，他們發出各式各樣的噪音，每個人都在哀哀叫，一千種噪音；我眞討厭那些聲音。所以佛雷德里克啊，他根本沒辦法跟任何人產生共鳴。他現在比較聰明了，他知道什麼是過去和現在，」他用強調的語氣說出這幾個字，令我不禁想起有一次他說因果關係時的樣子。「他知道怎麼讀書以後，一切都改變了。」

我們繼續往下唸。我們讀到那些奴隸主人會在休假日的時候拿一堆琴酒給奴隸們喝，他們知道這樣一來奴隸就會喝得爛醉如泥。他們藉由這種方式讓奴隸討厭自由。奴隸回到田裡工作時，會頭昏腦脹、搖搖晃晃，因此他們會認爲自由不適合他們，他們不知道怎麼處理自由。

唸到這裡，派屈克大聲呻吟起來。

他很快止住那個聲音，然後繼續唸。他沒抬頭，也沒停下來。讀這些文字激起他最深沉的痛苦，但他不希望消弭所學，他不願走回頭路。繼續往下讀是件急迫的任務——事實上，他無法選擇，他身不由己。

若說派屈克在閱讀道格拉斯時感受到的是一份認同和一種痛苦的清明，我的感受是另一回事。在我原本的想像中，閱讀道格拉斯的著作可以拉近派屈克和我的距離，讓我們同聲出氣，一起蔑視奴隸制度。但現在，我卻覺得我跟派屈克之間的隔閡比我們開始讀它時更深。在我的青少年時期，《佛雷德里克·道格拉斯人生敘事》曾經代表期盼與憧憬——讀書寫字是獲取自由的一種手段；讀書寫字解放了他。這是奴隸敘事的意義所在：讀書和寫字點燃自我覺知，同時創造出逃離奴隸制度所需的物質與精神條件。

我沒料到的是，道格拉斯似乎在派屈克的內心深處觸發強烈的心理感受——那其中包含恐慌、懼怕和震驚。還有沮喪和憂鬱。卡夫卡曾言，我們必須讀一些會造成創傷的書，讓它們像災厄那般影響我們，像斧頭那般劈開我們內心那片凍結的海水。對派屈克而言，佛雷德里克·道格拉斯就是那把斧頭，那把斧頭把他徹底劈開了。

道格拉斯是從成功者的觀點進行書寫。在奧德太太棄絕他之後，他繼續鞭策自己讀書。書對道格拉斯而言或許是光明的泉源，然而書卻時時向派屈克提醒他的不足與失敗。他必須查字典。他不確定是否理解文字的意思。他靠人家送的菸來激發做功課的動力。他愚弄他的老師，使她偷渡大麻。他在監獄服刑。

派屈克無法知道他在我眼中有多像道格拉斯，或者說他不願意面對這個事實。他沒有意會到自己是怎麼在一所郡立監獄中讀書，在沒有書桌也沒有燈光、而且獄友虎視眈眈地等著他崩潰的情況下，設法打造出一份自我紀律。在這點上，他是成功的。

譯註

1尤賽夫·K（Yusef K.），全名尤賽夫·柯姆尼亞卡阿（Yusef Komunyakaa），一九四一年出生的非裔美國詩人，曾獲包括普立茲詩歌獎在內的許多獎項。他的創作題材主要包括黑人民權運動前的美國南方鄉村生活及他參加越戰的經驗。

2此處的致醉物（intoxicant）包括酒精、大麻、鴉片乃至笑氣等具有興奮作用、會讓人產生迷醉感，但未被美國法律禁止的東西。

3賀曼（Hallmark）是美國最大的卡片公司，由賀爾（Hall）家族創立於一九一〇年。

4金恩出生於一九二九年一月十五日，羅伯特·艾德華·李（Robert Edward Lee）出生於一八〇七年一月十九日（一八七

○年去世）。羅伯特·E·李常被簡稱爲「李將軍」，他是美國的將領、教育家，南北戰爭期間美利堅邦聯軍隊（南軍）中最出色的將軍，後期以總司令身分指揮南軍。戰後他積極推動重建，並擔任維吉尼亞州華盛頓學院（Washington College）校長（該校後來更名爲「華盛頓與李大學〔Washington and Lee University〕」），在職期間支持南北和解，接受憲法第十三修正案消除奴隸制度的條款，不過他公開反對種族平等，也反對賦予非裔美國人選舉權及其他政治權利。

5 威廉·洛德·蓋瑞森（William Lloyd Garrison，一八〇五—一八七九），美國廢奴運動家、社會改革者、記者，畢生爲黑奴解放、婦女權利、和平主義與戒酒運動等議題奔走。他於一八三一年與埃薩克·克納普（Isaac Knapp）共同創辦《解放者》（*The Liberator*）雜誌，鼓吹廢除奴隸制度。一八三二年，他建立新英格蘭反對奴隸制度協會，隔年該協會擴大爲美國反對奴隸制度協會。蓋瑞森是傑出的演說家，極力譴責社會上的罪惡，同時代許多人認爲他極端、激進，但他憑藉辯才激發公眾的道德意識，使越來越多美國人理解奴隸制的問題，促成這個制度在南北戰爭後正式廢除。

6 艾蜜莉·伊莉莎白·狄金生（Emily Elizabeth Dickinson，一八三〇—一八八六），美國詩人。狄金生的詩作經常探討死亡與永生，風格獨特，經常不顧格律乃至語法。她勤於創作，共寫有近兩千首詩歌，但生前沒沒無聞，只有大約十首詩出版，直到一九五〇年代才真正獲得文學界關注，並被現代派詩人追奉爲先驅，躋身美國最偉大詩人之林。

第九章　本人已詳閱本文件所有內容（有罪答辯）

I Have Read Everything on This Paper (The Guilty Plea)

「我認爲說拉丁語是對窮人的一種背叛，因爲在法律訴訟中，窮人不知道別人在說什麼，於是他們完全受挫；光是想說四個字，他們就得請律師。」

——梅諾奇歐，一名十六世紀磨坊主。

摘自卡羅．金茲伯格[1]，《乳酪與蛆蟲》

法庭穿著規定

禁止穿短褲

禁止穿垮褲

男士禁止戴帽

禁止穿猥褻的T恤

禁止穿吊帶衫
禁止穿肌肉衫[2]
禁止穿夾腳拖
禁止穿室內拖鞋

☆

推門走進法庭時，我看到這個告示，並驚訝地注意到上面每個字都寫得完全正確。

法庭內坐了一名髮線後縮的法官，他的兩側各有一面美國國旗。他埋首於桌上的文件。他的左邊坐了一排身穿囚服的年輕黑人囚犯，他們的囚服不是粗大的斑馬條紋設計，就是炫目的橘色。右邊是空無一人的陪審團席，理論上那裡有可能坐進一群由當地公民組成的評議團體。

先前我接到一通羅伯的電話。「時間到了。」

「什麼時間到了？」

「開庭啊！」他叫道。

「喔，好，」我說，回應得理所當然，好像在這裡的州立法院制度中，經過一年半的延宕，法庭在不到一天前通知開庭是十分正常的事。羅伯說今天派屈克必須出庭，不過他的名字接近名單最底下的地方，所以法官可能沒時間審理到他。

我坐在後面，用目光搜尋派屈克，我們兩個同時看到對方。然後他把頭低下，開始撫弄他的拖鞋繫帶。他被迫穿著那件尺碼過大的黑白條紋囚衣在公開場合亮相，使他顯得很不自在。

羅伯的同僚——另外那位菲利浦斯郡公設辯護人——走向一名被告。那名年輕囚犯的姿態驟然改變：他肌肉繃緊，神情警覺，身體往前傾，設法聽到律師說的每一個字。我發現這可能是這位律師第一次見到他的當事人。雖然我坐的地方跟他們那裡隔了大半個法庭，但我還是可以感受到那年輕人不顧一切的專注。

法官宣布開庭。

他唸出第一位被告的姓名。

一個人拖著腳步走到法庭中央。

法官問：「你今年幾歲？」

「二十五。」

然後法官問：「你讀書讀到幾年級？」

「九年級。」

這些並不是法官通常會問被告的問題，而這名法官對這個年輕囚犯的回答似乎不感到驚訝，甚至可能根本沒興趣。我推測，也許很久以前這位法官曾經決定透過這樣的問答，爲被告賦予人性，但隨著時間過去，這些問題變得只是一種形式。

檢察官宣讀罪名：住宅竊盜。「法官大人，我們已經做了認罪協商。」

於是法官說：「你是否了解憲法保障你有接受陪審團審判的權利？你是否了解，若你針對被起訴罪名進入有罪答辯程序，形同放棄憲法為你保障的權利，你將因此無法就被起訴罪名中的爭點進行上訴？你是否已經與你的律師討論過所有可能的抗辯方式？」

法官以平板但有效率的單調語氣連續說出這三個問題。犯人的回答幾乎無法聽見，只有一種緩慢擊鼓般的韻律，讓人隱約辨識出一連串相同答案。是。是。是。

法官又說：「開庭記錄將顯示被告已經在意識清楚、心智健全且主動自願的情況下同意他所受的指控。」

接下來是單調乏味的審理過程。

被告的年齡從十六到六十歲不等，清一色是黑人，教育程度落在五年級到十年級之間。沒有人質疑方才在現場所有人眼前發生的事；沒有人說：不，我五分鐘前才第一次見到我的律師。對我而言，這個程序是一場鬧劇，但我周圍沒有任何人訕笑，也沒有任何人表現出權利受損的樣子。

要是能親眼見證某種危機場景，那倒還有點樂趣，至少這樣可以在掌權者與無權者雙方都覺得無聊的尷尬場面中掀起一點波瀾。可是法官和法警似乎都無精打采。這個法庭不夠有效率，不足以被描述為一部法律機器；不夠有組織，無法被稱為官僚體系的一環；而且不夠邪惡，還無法用「泯滅人性」這樣的詞彙來形容。我坐在那裡，等著某個有意思的事發生，我的內心沒有感覺到憤怒，只有飄蕩在空間寬敞的法庭中那種無以言喻的虛無。後來派屈克對那個法庭的描述是「空氣很新鮮」。

法官宣布休庭。羅伯讓我看派屈克的名字在待審案件表上的位置，說明爲什麼他還沒被法官叫到。羅伯說，由於清單太長，有若干案子已經被延，要等到明年春天才會審理。其中有些被告已經被保釋出去，有些出去以後又被送進監獄，跟派屈克一樣等待另一個庭審日期。

每隔三四個名字，我就會看到某個我原來的學生，有時連續兩個都是。每個名字都觸發我的一陣聯想。山繆爾・塔金斯。他的筆跡是很輕的草體，幾乎難以辨識。威廉・巴茲。布蘭登搶花店被殺那天，威廉是同夥之一。「他們怎麼可以把他關進監獄？」曾有人說。「他最好的朋友死掉就已經是天大的懲罰了。」他應該已經服過刑，出獄了，然後又重新入獄。傑馬可斯・蘭恩。一張圓臉紅通通的，像過情人節的小情人；他有學習障礙。卡麥隆・史多利。也有學習障礙；連狗這個字都不會寫；一直問我有沒有男朋友。教學助理賈斯裴體罰過他。後來我問一名獄監卡麥隆入獄的原因是什麼。她說：「我不太知道。也許是因爲發飆亂來。不然就是偷些小東西。不過我可以告訴你，絕不是因爲販毒。他沒有做那種事的腦筋。」她自顧自地咯咯笑。

熟悉的名字繼續出現。雷・里德。當年把我那張畢卡索海報偷走的十五歲男生。馬里克・瓊斯。

脾氣火爆；笑的時候會露出好多牙齒，相當驚人。寫過的一篇作文開頭是：我人生中最難以承受的事是成長過程中沒有爸爸。

我試著細數那兩年我教過的六十多個學生裡，後來有幾個黑人男生進了監獄，結果十根手指都比完了還沒數完。這份清單彷彿先前我看到那份「學生輟學報告」的附錄——中輟生離開學校以後的目的地就是郡立監獄。赫勒拿沒有工作機會。他們沒有技能。大部分人不是有某種障礙，就是有情緒或精神失調的情形。除了監獄，他們還有什麼地方可去？

法官從一堆文件中抬起頭，看著坐在牆壁另一端的一名犯人。「可以告訴我你是誰嗎？」那個人不知道法官在對他說話，還繼續用空洞的眼神盯著自己的膝蓋。

「我在跟你說話，」法官又說。

犯人抖了一下抬起身來，帶著懷疑的表情指著自己。

法官問：「你的律師是誰？」

法庭內的人轉頭看他，等著他的回答，犯人張口，但遲遲沒說話。「嘉爾文，」最後他結巴地說。

檢察官和法官開始翻文件。

「嘉爾文律師解除代理了，」法官對檢察官說。「我們得查一下這個人的律師是誰。」

法官又翻了些身前的文件。檢察官稍微聳了一下肩；一個即將由他決定一部分命運的人竟然沒人爲他辯護，這件事顯然並不令他驚訝。

最後法官說：「到前面來。」

犯人走到法庭前方。他試圖把肩膀挺直，不過看起來還是一副駝背的樣子。

「你入獄多久了？」

「八個月。」

法官低頭，用筆做記號，然後說：「明天早上會委派一位公設辯護人給你。」

很明顯法官已經結束這個犯人的部分了，不過犯人繼續背對我們站著，似乎在等人允許他離開。

法庭內其他人都沒說話，大家覺得這犯人很可憐。我往派屈克的方向看。他早已習慣被別人看，現在他正無精打采地坐在那裡，跟其他人一樣。

最後法官說：「這是今天審理的最後一個案子。」我看了一下手錶——還不到三點半。難怪案子會積壓得這麼嚴重。派屈克得等到明天了。法官敲了木槌，然後起身；派屈克被帶離，我們這些觀眾則像一群服從的鳥獸般同時從座位上站起來。

第二天出庭時，派屈克幾乎讓我認不出來。他穿了一件嬰兒藍條紋有領襯衫和一條熨燙平整的卡其長褲，是琦拉從家裡帶來給他的。

今天是大日子：結案日。法律的灰色地帶即將撥雲見日，二〇〇八年九月某個晚上發生的事到此將有個了結。

我走進法院內比較隱蔽的私人區時，琦拉對我揮手。她的艷紅指甲在空中飛舞。瑪麗坐在琦拉身旁，雙手置於大腿上。他們都在等我到來。羅伯一時不見人影；他去找檢察官說話了。

「郭老師，妳嘴唇乾裂，」琦拉說。「要不要塗我的唇蜜？」

我婉拒了。「妳看起來好漂亮，」我說。她穿了一件好看的罩衫，以及一雙繫帶在側面的褐色長靴。

「我本來想戴藍色耳環，不過又覺得好像太超過了，會太俗艷，太像……黑人區的人。」

她轉身問派屈克：「你喜歡我幫你挑的衣服嗎？」

她的笑容很燦爛，並不是真的在問問題。接著她嘆口氣——她注意到他那隻壞掉的拖鞋。「要是我知道你的鞋子壞了……我不曉得他們讓你穿這種拖鞋。」

派屈克還穿著那隻我第一次到監獄看他時讓他覺得很尷尬的拖鞋，不過現在多了些橘色塑膠製造物垂盪在鞋面邊。

「我有繩子，」他說。「我把它綁起來了。」

我們沉默不語地看著那隻鞋。然後琦拉宣布：「我會買好看的鞋給你。買一雙全新的耐吉（Nike）讓你帶進去。」

派屈克把手揮了一下。「免了，他們一定會把它丟掉。」

然後他問：「珍愛好嗎？」

「他看起來跟你超像喔，老哥，」琦拉說。

聽到這話，派屈克顯得很高興。無論別人對他說了多少次這句話，他還是會滿臉光彩。

「阿派，你看來眞的不錯。你的皮膚顏色變淺了，你的皮膚很好看。」她停頓一下。「不過你的腳很醜。」

我們笑了起來。

琦拉忽然閃走，她去找洗手間。派屈克對他母親說：「琦拉現在有男朋友，對不對？」

「她有好幾個男朋友呢，」瑪麗邊說嘆了一口氣。她開始前後晃動身體。「我只好每天晚上禱告。」她把眼睛緊緊闔上，彷彿她現在就在禱告。

「媽，不必爲我擔心，」派屈克說。

瑪麗睜開眼睛，不過她往前方看，身體還在晃動。她用手臂抱住自己。

「別只顧著禱告，好好吃藥比較重要。」

「就算我不吃甜的，血糖還是高。是壓力的關係。一定是壓力。工作壓力，家裡的壓力。」

「妳還煮肉湯、做餅乾嗎？」

「早就沒做了。」這時她才轉頭看兒子。「琦拉說的沒錯，你穿這身衣服眞的很帥。」

我問他們要不要一起照相。照片是我可以給他們的東西。

他們同時往警衛的方向看去。警衛點頭表示同意。

瑪麗和派屈克立刻把身子靠近，現在他們有理由碰觸對方了。她從側面摟住兒子。他們微笑，然後不知怎地差點爆笑出來。

我把照相手機放下時，瑪麗跟著把手移開。不過派屈克仍然抱著媽媽，他長長的手臂圍住她的肩膀。

「要不要看？」

他們傾身過來，頭部湊在一塊，安靜細看他們自己的影像。

我們聽到一個聲響。門打開，羅伯穿著帥氣黑色西裝、打了亮黃色領帶的身影出現。

派屈克和瑪麗火速從對方身上跳開。

羅伯在胸口抱了一疊卷宗，一臉不在乎的模樣。他宣布道：「我做了個不錯的交易。」他示意要他們到一張桌邊坐下，他們照辦。

「會有眞的陪審團審判嗎？」琦拉回到房內。「十二個陌生人？本地的人？光是看到你的姓名——派屈克．布朗寧！算了吧。」她發出嘖嘖聲，算是在下結論。「所有人都認識你老爸，」她說。

派屈克說：「我不要去受審。」

我很驚訝。派屈克的家人認定陪審員會對他存有偏見，因爲他的父親記錄不好。但是檢察官的指控——一級謀殺——是過度指控，這似乎相當明顯。照理說陪審團應該會把指控等級降低。

「不是已經有很好的證據可以用來主張自衛嗎？」我問。「馬可斯喝醉了酒，而且表現出攻擊性，就在你們家門廊上。而且馬可斯被——」我止住。「馬可斯之所以會死，是因爲派屈克很害怕，而且馬可斯眞的喝得很醉。我只是想，我們可以提出這樣的說法：派屈克在保護他的小妹妹，而且這個妹妹有一點點弱智，特別需要保護。」我很慶幸小潘不在場。「陪審團應該會認爲門廊上那傢伙是——」

「算是可以利用這幾點搞人格暗殺，」羅伯謹愼地說。

羅伯是個老油條。他很清楚他不需要對當事人施壓，使他同意交易——他們就算連條件都不知道也願意接受認罪協商。

認罪協商這個司法機制內含一些對人類行爲的假定，但這些假定幾乎無法成立：它設想的是一個具有自我掌控力的理性行爲者，他會評估自己的選擇，懂得辯論、反駁，能夠衡量陪審團審判的風險。但派屈克和他的家人不認爲司法制度能幫助他們。他們的生活經驗也無法證明自己可能對審判結果發揮什麼影響力。

派屈克家中沒有一個人願意與司法周旋。即便現在，距離事件發生已經過了十六個月，但談論那天晚上的事或梳理罪責歸屬依然太過痛苦。派屈克的母親跟馬可斯的母親曾相擁而泣，這已經算是讓事情有個了結了，至少對派屈克的母親而言是如此。因此派屈克一家決定接受協議，他們不想經歷審判，因爲那種情況可能迫使所有人問出一堆問題，然後又得試圖回答它們。派屈克會簽署認罪協議。

現在羅伯說話了，他沒有掩飾他的勝利語氣。「我設法讓罪名從一級謀殺降到非預謀殺人罪了，」他說。「這代表最少三年、最多十年有期徒刑。我認爲你頂多五年就可以出獄。監獄裡人太多，容納不下；我有些當事人被判五年，結果三年就出來了。」羅伯又補了一句：「這是我交涉過最棒的結果之一。」

羅伯的信心使他們做了正式的決定。

我試圖理解爲什麼我覺得如此不安。沒錯，那是個不錯的交易。但是，「不錯的交易」跟司法正義之間有什麼關聯？派屈克得到的是他應得的懲罰嗎？或者——這種可能性更令人難以承受——萬一他用某種方式欺騙了司法，獲得某種比他應得的懲罰「更好」的交易條件，然後輕鬆脫身？法律不會告訴我們這部分。我們都害怕譴責派屈克，因此沒人敢大聲提出這種問題。

羅伯把一張紙放在派屈克前面，上面是一大串問題，其中包括：你是否了解憲法保障你有接受陪審團審判的權利？你是否了解，若你針對被起訴罪名進入有罪答辯程序，形同放棄憲法爲你保障的權利，你將因此無法就被起訴罪名中的爭點進行上訴？你是否已經與你的律師討論過所有可能的抗辯方式？

羅伯把這些問題大聲唸出來。

我看得出派屈克沒在聽，也沒在看。通常他看東西的時候，會用食指或小指跟著閱讀進度比畫。

可是眼前這種法律語言技術性太高了，那不是讓一般人隨便看的。使用這種語言的人主要是那些花了很多錢學會它的人。

派屈克禮貌性地等羅伯把文件唸完，他知道一定得等羅伯唸到最後一句，他才能簽字。最後一段：

本人已詳閱本文件所有內容。本人理解上開已告知之事項、本人享有之權利，及文件中所有問題。針對這七個問題，本人的回答皆爲「是」。本人確知自己在做什麼事，在此自願承認有罪。

這時派屈克轉頭看我。「郭老師，」他用急迫的語氣說，「妳確定他們知道我已經坐牢十六個月了嗎？」

「他們會知道，」我說。「這是法律規定的程序。」

「他們會忘記，他們一定會這樣。」我知道他的懷疑是合理的；在赫勒拿，沒什麼事是一定的。「請妳設法弄清楚我坐的十六個月牢是不是都會被算進去，好嗎？不要忘記喔！」

羅伯遞給他一支筆，派屈克把它接過去，簽下他的姓名。

羅伯把紙塞進一個卷宗，跟所有人握手，然後就離開了。那天以後，我們都沒再提到這個人。

謀殺罪跟非預謀殺人罪不一樣，謀殺的前提是一顆「犯罪的心」。犯罪的心會思考、規畫。一個人對他要犯的罪思考得越多，他的罪責就越重。爲了犯罪，他買了一把槍，他安排不在場證明，他訂出殺人計畫。

與帶有「犯罪的心」這種謀殺罪名相反的是什麼？是主要由偶然因素所決定的情況。這種罪行的特性是另一個平行現實有合理存在的可能——只要偶然因素不同，情況就會不一樣。這種殺人罪幾乎是在意外狀況下發生的，是在沒有殺人意圖的情況下把人殺死。

非預謀殺人罪引人思索「偶然」這個因素。假如是另一個日期、時間；假如相關人員沒有碰在一起；假如某甲的母親沒請他去找某丙（也就是他的妹妹）；假如某甲的母親認爲當時某丙人在鄰居家很安全；假如某丙（一個上特教班的未成年人）沒去參加一個供應酒精飲料的派對，假如派對現場沒有年紀比較大的男性成員。

假如某甲居住的社區沒有瀰漫某種特殊的道德感、倫理觀，使他不至於認爲他不可以在打架中輸給別人，甚至使他覺得他根本就不必打架；假如某人打電話給警察；假如某人有理由相信警察會出現。假如刀子只是劃到某個地方，而不是穿過重要臟器。假如刀子從重要臟器旁邊掠過，只切到它下面的某個部位——比方說刺到脾臟而非心室。假如救護車來得再快一些些。

但是，因爲某甲和某乙在那個日期、那個時間碰上了，因爲某乙喝醉了酒，而且還陪某丙走路回家，因爲某甲要某乙離開他們家的門廊，因爲某甲拿到一把刀——因爲以上種種因素，原本可能只是青少年打架的小事演變成可在司法體系中歸類的法律實體。現在某乙成了一個已經完成「死亡程序」的人——他成爲一名死者。

哲學家尼爾．艾希柯維茨（Nir Eisikovits）寫道：「不幸」可以讓人置身於他們根本不可能通過的道德試驗。刑法的基本前提是，唯有在一個人必須負責的情況下，他才算有罪。然而導致這起犯罪發生的因素純屬意外——在這個案例中，所謂不幸就是出生在赫勒拿，在嘉蘭大道（Garland Avenue）與第四街交叉口。不在這邊長大的人不會被迫面臨某些試驗。派屈克面臨了試驗，他的成績不及格。

派屈克轉頭對琦拉說話。「妳幾點上班？」

「兩點。我得換衣服。」

他顯得很抱歉，他不希望琦拉因爲他而沒上到班。「妳們都回去吧，」他說。「謝謝妳們拿來的衣服。」然後他彷彿克制不住地補上一句：「妳們可以告訴老爸說我很氣他。氣他沒來。」

所有人都沉默不語。

「他在看小孩，」最後琦拉終於說，接著她改變話題。「你穿那種拖鞋我才氣咧！你確定不要我帶一雙好鞋給你嗎？」

派屈克又說了一次：「妳們都回去吧。」

不過沒有人移動一步。

「我想知道接下來的情況是什麼，」琦拉說。

「你們自然會知道接下來的情況是什麼。」

聽到這話，連琦拉也沉默了。她走到外面抽了根菸，然後又進來。

陪審團審判差不多已經從美國的法庭消失，現在幾乎只存在於電視影集中。美國從英國的法律體系繼承到陪審團這個制度，但美國的做法有個獨特之處是，它力求由被告的「鄰居及同儕」——也就是背負犯罪成本那個社群——組成陪審團。在十八世紀和十九世紀初期，美國的陪審團不僅被賦予進行法律評估的責任，甚至還要做出道德決定。相關統計數字足以說明這點：在謀殺案例中，幾乎所有陪審團都拒絕定罪。以十九世紀末、二十世紀初的芝加哥爲例，超過四分之三的殺人犯最終沒有被處刑。刑法教授威廉．史坦茲（William Stuntz）撰文指出，一名歷史學家針對芝加哥的殺人案進行研究，結果顯示那個時期的案例看起來彷彿是個酒吧鬧事失控案件彙編，幾乎所有案件無巧不巧都有目擊證人，而且大多數案件最後都是由被告勝訴。

那個屬於舊時代的比較「民主」的刑事司法實施方式，只適用於都市化的美國北方。在密西西比河三角洲，私刑——即史坦茲所說的「對法律程序的終極抵制」——才是最普遍的「司法」形式。

政府當局不但允許私刑和群眾暴力，甚至予以助長。伊萊恩屠殺事件發生期間，當地警方在聯邦部隊協助下大舉逮捕一千餘名黑人。在赫勒拿監獄，警察鞭打他們，對他們施以電擊等酷刑。「黑人遭受無情鞭笞。每次只要動用皮條，一定會見血，」一名白人警員後來證言道。「我們鞭打他們是爲了逼供，迫使他們說我們要他們說的話。我們要他們說出一些事實，替他們自己和其他被捕的人定罪。」這位警員還指出，至少有一名白人死者事實上是被其他白人意外射殺的——他聽到他的小隊裡有人大叫，「小心！我們殺到自己人了！」

最後，根據大都因爲被逼迫而招認的供詞，檢方起訴了一百二十二名黑人，其中七十三人被冠上一級謀殺的罪名。十二人被判處死刑。舉行這十二件審判時，法院被武裝白人包圍，庭內全由白人組成的陪審團則用不到十分鐘時間做出裁定。後來最高法院撤銷了其中六件裁決。但在當地，公眾對這個議題的反思並不多。伊萊恩屠殺發生四十多年後，兩名菲利浦斯郡居民寫了一篇文章，根據他們的說明，該篇文章的宗旨在於列舉某些當時的「事實」。所有被控涉入伊萊恩暴動的人皆已獲得公平審判，當地歷史學家這樣寫道。沒有人試圖挑起群眾暴力……無論在暴動前或暴動後，菲利浦斯郡向來擁有族群關係和諧的名聲。這篇文章刊登在一九六一年的一期《阿肯色歷史季刊》（*Arkansas Historical Quarterly*）中。又過了三十五年，《菲利浦斯郡歷史季刊》（*Phillips County Historical Quarterly*）竟然在一九九六年把同樣這篇文章刊登出來。

美國南方的刑事司法無疑走過一段非常野蠻的歷史，不過私刑數目在二十世紀初期二十年結束後迅速減少。一九〇〇年時，平均每年發生一百件私刑。到了「布朗訴教育局」一案前夕，私刑大致已經消失。從共產主義激進分子到全國有色人種權益促進會的在地支部，推動南方的草根運動（而非聯邦政府的介入行動）締造了改變的契機。他們組織民眾，大聲疾呼，劇烈改變公眾意識，以至南方的白人菁英開始對私刑感到羞恥。到了民權運動的年代，金恩博士這些新的領導者將改變的重擔轉移到聯邦政府肩上，他們要求聯邦政府代表黑人介入南方各州事務。在許多方面，這些領袖成功了：一九六五年的民權法案橫掃美國，使南方各州行之有年、主張種族隔離的吉姆克勞法走入歷史。

然而，將個人希望託付給聯邦政府是危險的事。要是聯邦政府轉過頭來對付你，你怎麼辦？這就是民權法案通過之後發生的事。眾人引頸盼望的正義騎士忽然針對窮困的黑人實施一系列措施。政策制定者開始跟「貧窮是罪惡的根源」這個基本概念保持距離。歷史學家伊莉莎白・辛頓（Elizabeth Hinton）寫道：教育、就業及住房計畫本身雖然各自受到維護，但這些議題越來越常被設法解釋成與降低犯罪率無關。公然的種族歧視固然變得比較不討好，但是「犯罪」成爲一個政治上可接受的策略性手法，讓政治人物據以做出各種關於種族的陳述。就今日而言，「罪惡」這個詞成爲一個代號，用來暗示黑人的行爲。

從南方鄉村的觀點來看，刑事司法的歷史也與北方的僞善有關：攻擊南方的吉姆克勞法成爲一九五〇與六〇年代那個進步主義階段的焦點與樞軸。種族隔離被視爲南方而非北方的問題。然而，隨著來自南方的黑人移民大量遷徙到北方人的家門口，以及去工業化現象導致城市中心區的失業率急遽升高，政府開始制定、實施懲罰性政策。鼓吹對犯罪宣戰的與其說是原先的種族隔離主義者，更該說是辛頓所指的「兩黨共識」：來自兩大政黨的政策制定者「或透過封閉的小圈子、或以較大的結盟形式」確立打擊犯罪的目標。聯邦機構核撥以百萬美元計的經費到各州，命令他們管制犯罪；州政府積極定罪；數量龐大的案件阻塞司法體制，導致陪審團審判成爲難以實現的迷夢。在這些懲罰性政策中，有一項是將毒品相關犯罪判以爲期較長的徒刑，這個政策直接導致派屈克的父親與舅舅鋃鐺入獄。民權律師蜜雪兒・亞歷山大（Michelle Alexander）教授撰文指出，大規模監禁是針對民權運動的反抗現象中傷害性最強的舉措。認罪協商的做法就是在這樣的時代背景中孕育而後茁壯的。

關於認罪協商的公共辯論大部分聚焦在都市地區，但認罪協商對南方鄉村地區造成的影響無論在過去或現在均極爲慘重。公設辯護人缺乏最基本的資源，無法有效進行案件調查。專業要求比較低；政府與被告方之間的關係比較不正式，對於敵對戰術的容忍度也比較低。鄉村地區缺乏律師的現象跟缺乏教師一樣嚴重。年輕的法學院畢業生不想到這裡定居。宣導工作與社會服務計畫——心理衛生、戒毒、重入社會、基本法律扶助——可說不存在，於是罪犯被牢牢困在認罪協商、窮困與監禁這個懲罰性循環中。

無論在今天的南方或北方，認罪協商都已經成爲主流，全美百分之九十八的刑事案件是以這種方式處理。認罪協商形同破壞司法——這個議題已經受到許多人的討論。一個人的權利——享有公平審判、自由、無罪推定的權利——怎麼可以是談判交涉、利益交換、討價還價的結果，彷彿那是市場上的交易行爲？認罪協商的做法等於是在對馬可斯的家人說：你們的案子對我們來說不值得。認罪協商等於在說：這件事在堵塞我們的制度，我們得設法擺脫它。就馬可斯的家人而言，陪審團審判可能代表公眾對他們的維護。一個人喝醉酒出現在他不該出現的門廊上，他就應該被人持刀殺害嗎？只因爲他陪一名少女走回家，他就應該死嗎？

儘管司法的形式已經改變，有一個特點卻依然不變：發生在純黑人社區內的犯罪案件持續被放在優先工作表的最底層。法學教授藍道爾．甘迺迪（Randall Kennedy）撰文指出，跟許多社會禍害一樣，犯罪以一種特殊的報復方式折磨非裔美國人，因爲他們比白種美國人更容易遭受強姦、搶劫、攻擊和謀殺。在三角洲地區，這個見解格外符合實況。一位進步派南方報紙的編輯在一九〇〇年代初期寫道：很不幸，三角洲地區從未認眞看待黑人殺害黑人的事件。另一名編輯早在一九〇三年也寫過：一個黑鬼割喉殺害另一個黑鬼……然後就再也沒人提這件事了。那就像狗咬狗，白人對這種事沒興趣。只不過又有個黑鬼死掉——就這樣而已。

一九三三年，人類學家霍騰斯．鮑德爾梅克（Hortense Powdermaker）在研究密西西比州的殺人案例時指出，黑人之間之所以會發生殺人事件，部分原因是警方一直視若無睹。地方官員則容易師法其他掌權者的做法：農場經營者經常將犯法被關的佃農保釋出來，包括那些被控暴力犯罪的人。

黑人被勸誘要將法律掌握在自己手中……既然他不能指望法律制度爲他提供正義與辯護，他就必須設法自行解決困難，而他經常只知道一種辦法。

審判代表一種公眾的評判，它的宗旨在於透過共同的努力，針對某個改變一切的夜晚所發生的事，思辨出一份眾人共享的意義。然而，司法制度以草率馬虎的方式執行認罪協商，這儼然是在宣告這個案子所代表的意義不需要審判就已經可以決定了。兩個「不受歡迎人物」在一個純黑人社區打架。如同一個多世紀以來的情況，黑人殺害黑人被視爲司空見慣的景象，它一方面顯而易見，另一方面卻隱微難見。

「派屈克．布朗寧，」法官喚道。

派屈克站起來。他的手迅速移到腰際，想把褲子往上拉，不過他忘了他今天穿的其實是一條非常合身的乾淨卡其褲。

坐在附近的瑪麗開始前後搖晃身體。

派屈克現在站在法官面前。他在那裡看起來很孤單，彷彿跳水選手獨自佇立在高高的跳水台上。檢察官和辯護人各自坐在他們的桌子前，像是跳水比賽的觀眾，距離相當遠。

至於我們這三個人，我們只看到派屈克的背部和他握在身後的手。坐在法庭後方遠處的人可能會以爲他被上了手銬；事實上，派屈克的姿勢是爲了表示禮貌。

只有法官能正面看到派屈克的臉，可是他的頭還埋在身前的一堆文件中。

最後他說話了，不過沒抬頭。

「例行問題，你是派屈克．布朗寧嗎？」

我們沒聽到聲音。坐我旁邊的瑪麗開始焦躁不安。她的雙腿張開好幾英尺，左手擺在左膝上，右手擺在右膝上。

「你說話得提高音量，」法官說。

派屈克應該是回了話，因爲法官開始問下一個問題：「你今年幾歲？」

又是一陣沉默。

法官重複一次：「你說話得提高音量。你的聲音很小。」

我傾身向前，琦拉也是。

最後終於出現一個非常低沉的聲音。

「二十歲。」

「你讀書讀到幾年級？」

「十年級。」

「你是否了解你被起訴犯下D級重罪？」

「了解。」

派屈克的母親把手從膝上移開，然後抬起手來揪住胸口。

羅伯說：「在此說明，他已經服刑五百零六天了。」

「檢察官，你同意嗎？」

法官轉頭望向檢察官。

「我還沒做計算。不過，對——」這時他抬頭看天花板，彷彿在計算，「我同意。」

法官開始說出那一大串現在大家已經耳熟能詳的問題，不過他仍舊低著頭。他用機關槍掃射般的速度讀出那些問題，幾乎沒給對方時間回答。其中幾個問題是：

「你是否完全了解憲法保障你有接受陪審團審判的權利？」

「了解。」

「你是否了解，若你針對被起訴罪名進入有罪答辯程序，形同放棄憲法爲你保障的權利，你將因此無法就被起訴罪名中的爭點進行上訴？」

「了解。」

「你是否在未獲任何許諾且未受任何威脅的情況下，依據你的個人意志進入有罪答辯程序？」

「是的。」

法官結束發問，重重敲了一下木槌。

大功告成。派屈克被定罪了。現在他的刑事記錄上有了一項暴力型重罪，這是無法消除的項目。

我身邊出現一陣窸窣聲——琦拉正在收拾她的東西。我們互相點了個頭，她就趕著離開，她上班已經遲到了。

下一位被告已經拖著腳步走到法庭中央，是前一天才見到他律師的那個人；爲了那麼一次唯一的會面，他可能等了好多個月。昨天我對他的案子深感興趣，不過現在我把視線移開，將注意力放在派屈克逐漸離去的身影，彷彿我對派屈克的忠誠可以用來合理化我對那位無名囚犯的漠視。派屈克需要我的偏袒。

接著派屈克再度回到被告席跟其他人坐在一起。他的臉又讓人看不到了——他的頭低著。法官又開始問那串問題。你今年幾歲？你讀書讀到幾年級？

坐我旁邊的瑪麗又把眼睛閉上，她的手現在握成一個大拳頭。也許她正在禱告，並不知道法庭的磨難已經結束。

我在派屈克做出有罪答辯後去看了他。

他把他的筆記本遞給我——他把功課做好了。

這天幾乎跟任何其他日子沒兩樣，但我們都知道情況已經不同了。所以我一時沒碰那本筆記。片刻前我才打了電話給一位我在法學院認識的朋友。「恭喜啊，」他說；非預謀殺人判三到十年，「這個交易不錯。」他意識到我沉默不語，於是匆忙補了一句：「看在老天的分上，他殺了人呢。」

我的朋友試圖用震撼法讓我擺脫不快樂的心情，這是他安慰我的方式。

「派屈克二十五歲以前就能出獄，」他繼續說道。「然後他可以重新開始。」

我這朋友暗示的事沒錯——我失去判斷力了。短的刑期總比長的刑期好。話雖如此，我對這件事的感覺很不好。派屈克出獄時，他會有犯罪記錄。他會被標示爲重罪犯；他找工作會有困難；他接下來一輩子都會對自己抱以不同的眼光。他不可能像做完噩夢沖個澡那樣簡簡單單就讓一切重新開始。

「嘿，」我問派屈克，「你在法庭上有什麼感覺？」

他彎身摸那隻爛鞋的鞋面。

「不知道該說什麼，」他終於開口。「只知道」——他嚥了一口口水——「只知道我會有罪。」

「你覺得你有罪嗎？」

「我知道我有罪。」

他把頭埋進手裡。

我想告訴他：這不是你一個人的錯。這是社會的錯。學校不好，社區不好，家庭有問題，歷史，種族歧視，還有從前那個經濟制度——在一百年間仰賴黑人勞力，然後將它全面拋棄。

可是這一切該怎麼解釋？

那會不會變成說：你不是你自身行動的執行者？

那會不會變成說：你無法改變自己，你也無法改變你的未來？

我記得某年一月的某天發生的一件事。那時我在麻薩諸塞州一家遊民收容所工作。那天是那年最冷的一天，雪積到我的膝蓋那麼高。收容所外有一名男子懇求我讓他進去，但我無能爲力，因爲所有床位都被占滿了。他渾身酒味，口齒不清。我一直說，「很抱歉，我們眞的完全沒有床位了。」他一直懇求。後來我不斷想：憑什麼我——或任何其他人——有凌駕於他之上的權力？

派屈克的頭仍舊低著，我無法看到他的臉。

他說：「郭老師，我做的事已經做了。」

我覺得喉嚨一陣緊糾，我感覺淚水湧向眼眶。

他抬頭看到我。

「沒事啦，老師。不要哭。」

在這樣一個日子裡，我不知道自己能教他什麼。但我曉得我不能就這樣離開。

「我要你做一件事，」我說。我要他寫一封信給馬可斯的母親。

這時他顯得畏懼。

「現在寫？」

我說，對，現在就寫。我說我知道他自己也想做這件事。我說在他禱告的時候，他已經在腦海裡做了一千次這件事了。我說如果他希望得到寬恕，他眞的必須做出請求。我說我知道他會想她的事，同時卻又要避免想到她。任何事都好過我們現在在做的事。我們沒有從法律學到任何東西，對不？法律並沒能幫助他釐清他的感受，以及那天晚上發生的事，不是嗎？

「妳打算把信拿給她？」

「如果我找得到她的話。」

「我寫字不好看。」

「你知道這不是眞的。」

「我會寫，不過妳要幫我重抄一遍。」

「不行。」

他寫信給她。他要她知道，每天晚上就寢以前，他都會跟馬可斯說話，請馬可斯讓他進到他的心裡。他要她知道，他經常請求上帝對他和馬可斯的靈魂慈悲爲懷。他說，要跟她說話是很困難的事，而且他再怎麼解釋也無法消除她的痛苦和哀傷。他說他很抱歉，而這還只是開始。天堂是存在的，馬可斯就在那裡，他從那裡眷顧著大家。那裡是個好地方，希望有一天大家會去那裡找他，一起過著快樂的生活。在信的末尾，派屈克寫道：媽媽，請妳原諒我。

然後他把信摺了兩摺，放進信封。

我問他，「爲什麼你叫她媽媽？」

「因爲他是我的兄弟。」

「爲什麼他是你的兄弟？」

「他不是隨便一個黑鬼。」

他不是說：因爲他是黑人。他不是說：因爲他是我的鄰居。

親屬關係是一種聲明、一種主張。它可以用來對抗人間失格的感受，對抗這個世界看待你的方式。對抗世界對你下的那個道德判斷——你絕對是做了什麼不對的事，才會落到今天這個下場。

譯註

1 卡羅・金茲伯格（Carlo Ginzburg），一九三九年出生的義大利歷史學家，提倡「微觀史學」。金茲伯格最著名的作品是一九七六年出版的《乳酪與蛆蟲》（*Il formaggio e i vermi*），這本書是根據他蒐集到的史料撰寫而成，講述十六世紀義大利北部一名磨坊主梅諾奇歐（Menocchio）的故事。梅諾奇歐大量閱讀當時的歷史與宗教書籍，發展出異於羅馬天主教觀點的世界觀（包括他認爲耶穌是人類之子，而瑪利亞並非無玷聖女），並加以傳授。天主教會視他爲異端，他在一五九九年被宗教裁判所處以火刑。他在法庭上對法官供述時表示，世界由混沌而生，「就像乳酪是從牛奶中做出來的，蛆蟲也是從中而生，那些蛆蟲便是天使。」此段摘文譯自英譯版。

2 肌肉衫（muscle shirt）指會暴露肌肉的極緊身上衣（通常爲無袖），原爲健美運動者所穿著。

第十章　晚春時節致寶拉
To Paula in Late Spring

他的筆跡不一樣了。字體變得比較小，均勻而細緻。我可以沿著每行字的頂端畫出一條平整的水平線。不再有墨水的污漬，不再有原子筆施力過大所留的痕跡；他已經把他的筆掌握得恰如其分。

他每天寫作，我們每天誦讀詩詞。

我們閱讀安娜．艾赫瑪托娃[1]、華特．惠特曼[2]、尤賽夫．柯姆尼亞卡阿。我們閱讀德里克．沃爾科特[3]、伊莉莎白．碧許[4]、麗塔．朵夫[5]、切斯瓦夫．米沃什[6]、李立揚[7]。我們閱讀杜甫的〈秋雨嘆〉三首和理察．賴特的俳句。派屈克會注意到一些東西，做一些聯想。理察．賴特的詩句「我是無名小卒」，讓他想到艾蜜莉．狄金生的「我誰都不是！你是誰？」他讀得出什麼時候某一首詩的格律被詩人操弄了，而且會推測箇中原因。我發現我在跟他一起用功，彷彿第一次接觸那樣讀詩，試著弄懂一個詩句寫得好的道理在哪裡。每天晚上我都會設法找出隔天上課要用的詩。我這輩子從不曾讀這麼多詩。

每天我會用兩個大型肩背袋把書運到監獄，一個肩膀背一袋書，然後我把一本本繪本、指南、詩文選集和字典疊起來，讓燈光昏暗的偵訊室變成一間小小的圖書館。下課後我準備離開時，派屈克會用難過的表情看著我的包包，問我那會不會很重。時序進入四月，我造訪監獄的時間越來越長了。前一年秋天，我通常每次只在監獄待一個小時，然後趕著去教西班牙語。現在有時我一待就是一整個下午或早上。我們的話題開始如天馬行空；一天之內，我們可以聊彗星的起源、希特勒和原子彈。

我們會看各式各樣的圖，當作參考素材。我會隨手帶本宣傳資料，比如「阿肯色州的庭園鳥類」；派屈克仔細看過蜂鳥的圖像以後寫道：牠的翅膀每秒拍一百下。他在比爾．布萊森（Bill Blyson）的圖解地球歷史中研究太陽系，然後做了筆記：土星是距離太陽第六遠的行星。土星環具有金色、藍色、灰色等虹彩。它看起來像釣客或警長的帽子。

短短一天內，派屈克的筆記本裡發生了好多事。

每天早上，他會模擬一首詩，這個練習的目的是聆聽原詩的語氣、節律和聲響效果，然後設法仿製這些元素。

菲利普．拉金[8]的詩句：然那不願止息的綠堡每逢五月／仍要甩動濃密厚實的身姿。

派屈克的模擬：有人悲嘆這些樹葉在秋天消逝／另一季節來到，它又轉為金黃。

狄蘭．湯瑪斯的詩句：切莫溫柔邁入美好夜色。

派屈克的模擬：開山破土建造宜居小屋。

巴勃羅・聶魯達[9]的詩句：我不願再當黑暗中的一條根／遲疑，伸展，帶著夢想顫抖／往下，在大地的潮濕臟堂／吸潤、思考，日日飽食。

派屈克的模擬：我不願成爲墳墓中的一縷夢／黯夜悲嘆，如未調音的吉他／哀嚎，以野狼般的聲調／抱怨諸事，但無人聽聞。

每首詩都花了很長時間。

他會用拇指數音節，將拇指在每個手指尖上敲一次。

首先是左手，然後是右手。

他會皺眉，然後身體往回靠。

他會扭脖子發出喀噠聲，把它旋鬆。

然後這一串程序會重新開始。

我讀他完成的作品時，他會按摩自己的手，彷彿那雙手在痛。

派屈克對某些詩的興趣令我相當訝異。他很喜歡惠特曼。他喜歡那些描述木匠快活地釘木板、母親唱歌給孩子聽的詩句。他喜歡：陌生人啊！若你路過時遇見我，想與我說話，爲何你不該與我說話？爲何我不該與你說話？派屈克不會揶揄任何詩句——他想要成爲詩中的一部分。惠特曼很有趣，也很容易模仿；他的作品充滿驚嘆號、迸發的情感、清晰的斷句。你啊，派屈克・布朗寧！

是什麼在你內心擴展？還有：哦，抓著我的手吧，派屈克．布朗寧！隨著世界移動！如此奔放如此震盪！還有這首：我聽見瀑布從高崖或大山傾瀉而下的驚人聲音／我聽見風暴撼動樹枝時樹葉在顫抖。當你寫出詩句描繪瀑布、高崖、大山、風暴、樹葉時，你讓那種美麗成爲你的一部分。你打造出一個會感動你、令你驚嘆的內心世界。

不過在我們讀過的所有詩歌中，他最熟悉的是W．S．默溫[10]的〈晚春時節致寶拉〉（To Paula in Late Spring）。

> 默溫寫給他的妻子：讓我想像我們隨心所願／再次歸來，屆時將是春天
>
> 派屈克爲他女兒寫了一個版本。讓我想像我將如妳所需／伴妳身旁，縱使我稍稍來遲
>
> 然後他寫了另一個版本給母親。讓我想像我們心血來潮／攀上高山放眼天下
>
> 我們每堂課開始時都要背誦默溫的詩；後來我們對它熟悉到幾乎有點厭倦。

我把上課內容改回詩歌其實是出自無奈，因爲上了好幾堂散文體的作品，效果都不好。我們會開始讀某本小說或某部劇作，然後半途而廢；其中包括一篇沃爾特．狄恩．麥爾斯的故事（派屈克說那個故事讓他想到太多自己人生中的事了），一部莎士比亞劇作（我們的閱讀進度一直太慢），〈約伯記〉（他說上帝處罰約伯一定有他的理由，我再怎麼提供其他詮釋方式給他，他都無法接受），還有《士兵的重負》[11]——他說那個故事太暴力，而且他不知道哪些部分是虛構的，他不喜歡那種感

覺。在不斷淘汰教材的過程中，詩歌逐漸登上寶座。

「我覺得你會喜歡這個詩人。」我指的是喬治．赫伯特[12]。「他是一名牧師，喜歡用一種簡單自然的語氣寫詩。」

我介紹一首我一直很喜歡的詩：〈愛——之三〉（Love (III)）。在這首詩中，「愛」敦促詩中的說話者跟他到他的桌邊就座，一起用餐。

「你最喜歡哪句？」

派屈克想了一下。他做了決定：「但目光敏銳的愛，察覺我日益馬虎懈怠。」

「就像我一樣——也許我身上有點灰塵，也許我的行爲有點不端正。但是『愛』，因爲他的目光敏銳，他看到他在墮落。不愛你的人不會對你說你在墮落。可是『愛』會告訴你。『愛』會觀察你，然後『愛』會告訴你。郭老師，那妳最喜歡哪句？」

我告訴他我最喜歡最後面兩句。「『愛』說：請務必就座，嘗我做的肉／我遂就座嘗肉。」

他同意這兩句寫得好。「是上帝，」他說。「是上帝邀請我們用餐，是上帝在說，我們正直。」

然後他問：「昨天不是復活節嗎，郭老師？」

「是喔。」

「我會知道只有一個原因，昨天早上時間他們給我們吃了一些蛋。他們通常只給我們吃簡單的玉米粥。有個人說，今天是這個月第一個星期天，是復活節。」

「你通常會慶祝復活節嗎？」

「我媽媽會，她會煮東西之類的。不過沒什麼慶祝。郭老師，復活節有什麼典故嗎？」

他傾身向前。

我開始說明：「你知道耶穌是在復活節之前那個星期五死掉的吧？」

他眨眼，這應該是表示他不知道。這裡的年輕人信仰很虔誠，不過他們對聖經故事的認識很有限。

我繼續說：「於是之後那個星期天，瑪麗·瑪德蓮[13]跟一位朋友一起去看他的墳墓。」

派屈克露出燦爛微笑，因為他聽到媽媽的名字。

「不過前往墓地的路上，她們一直很擔心，因為據說墳墓被一塊大石頭堵住了。她們一直想，有誰能幫我們把石頭移開？我們該怎麼進去？可是她們來到墓地的時候，卻沒看到大石頭。然後有人說：墳墓空了！耶穌不在那裡，因為他已經——」

「升天了，」派屈克幫我說出結尾。「復活節……就是他復活的日子？」

「沒錯，就是這樣。所有人既興奮又恐懼，因為他們覺得難以置信。」

我的成長過程中沒有太多宗教成分，不過大學時代我曾經陪朋友參加一些團契活動，那是我第一次加入小型祈禱團。大家禱告的內容包括各式各樣的事，他們會敞開心門接受批評（我看來是這樣），承認他們內心的煩憂都很瑣碎。我能說些什麼？坦白說，我過得還不錯。輪到我告白了。「上帝啊，請幫助我，」我試探性地開始說。我覺得自己很笨拙，很想嘲笑自己，我無法相信我正在跟任何人說話。「上帝啊，請幫助我……」再次說出這個奇怪的句子時，那種重複性使句子變得不那麼奇怪了，於是我心想，由別人為我決定發言的結構其實也不是壞事，這樣我就可以專注在我要說的內容上。的確，那種懇求的姿態讓我釋放了我那陣子壓抑在內心的煩惱。那些煩惱是關於我的一個朋友，她陷入人生中第一個嚴重憂鬱期，那對我們兩個來說都是不曾有過的經驗。還有遊民收容中心的一個住客，他一輩子的家當，包括一張他孫子的照片，都放在一個大垃圾袋裡。他住了兩個星期，不能再住了，他希望把那個袋子放在我們的寄物櫃，可是他很擔心工作人員會把它丟掉，於是我特地把他的袋子鎖起來。「上帝啊，請幫助我，幫助我跟我的朋友靜靜地坐在一起。上帝啊，請幫助我，幫助我專注在真正重要的事情上。」

我對派屈克說了這麼一大段話。他聚精會神地聽。他要我相信上帝，他也很高興聽我說明復活節的典故。我知道那個故事，這件事對他而言別具意義，而這又讓那個故事在我心中有了另外一層意義。

時序就要進入五月，我在信箱中收到我的夏天住處的鑰匙。那是一棟位於北奧克蘭的公寓，我的二房東向我保證那裡有很棒的黎巴嫩餐廳、衣索比亞餐廳、韓國餐廳，都在同一個街區。我打算開車過去，並且決定了我要走的路線。一位法學院時期的同學會在阿布奎基（Albuquerque）跟我碰面，然後從那裡幫我開車到加州。我們打算在大峽谷停留，看仙人掌，拍些照片。我思考了一下在三角洲多待一段時間的可能性，不過現在我知道，我離開的時候已經到了。

派屈克朗讀：「我寫這封信給你的原因之一是要告訴你，如果你曾經自問你這輩子做了什麼——而所有人遲早都會問這個問題——」他停頓下來，某種好奇的語氣攙入他的聲音；也許他在好奇他自己的人生。「你是上帝賜予我的恩典，一個奇蹟，你的存在甚至超越奇蹟。」

派屈克唸到奇蹟這個詞時停頓下來，似乎在思索它的意義。

派屈克擁有深刻的心靈信仰，有種能夠在音調中辨認喜悅與哀愁的能力；他的音感很強，很容易掌握詩歌的要領。這些都促使我重新拾起瑪麗蓮．羅賓遜的小說《基列》。我第一次讀這本小說是我待在赫勒拿那兩年快結束時的事。書的內容是一名年邁牧師的長信，是寫給他的稚齡兒子。對我而言，這本書談的是不同人對於愛的不同理想，以及我們如何努力、又如何未盡人意。現在已經沒時間一起讀完整本書了，不過我想挑出一些段落當作詩來讀，可以讓派屈克像先前那樣試著模擬那些文句。

唸到一個段落結束時，我對派屈克說：「你知道我會問什麼。」

派屈克唸出他最喜歡的一句：「也許你無法清楚記得我，也許你會覺得曾經在一個你必然將離開的破陋小鎮，當過某個老人的好小孩，是沒什麼大不了的事。」

「你怎麼描述這句話的語氣？」

「歡欣。平和，充滿希望。」

他用很快的速度說出這一連串形容詞，彷彿這幾個字詞出自一首他背得滾瓜爛熟的詩。

我告訴他要做什麼功課。「就像你模擬默溫的詩那樣，」我說。「一樣模仿著寫。寫普通的句子就好，不必寫成詩。」

一小時過去。

他的習慣動作又一一出現

他會皺眉。

他會把脖子扭得喀噠作響。

他會翻閱筆記，然後翻開一本圖畫書，設法找到一些影像。

然後這一串程序又會重新展開。

最後派屈克把信交給我。

記不記得我跟妳和妳媽媽去熊溪釣魚的事？我知道妳記得，那天妳好快樂。是的，我會帶妳回去那裡。我坐在河邊，妳邊跑著過來邊喊，「爹地，你看！」在一叢竹子附近，妳讓我看一些亮麗的粉紅色花朵。那是有很多花瓣的粉紅牡丹，妳說它比玫瑰更美。妳摘了一朵，然後說，「爹地，給你。」我把花梗含在嘴裡。妳看了露出大大的笑容，我把妳舉起來，親妳的鼻子，我嘴裡還叼著那朵牡丹。然後我把妳放下來，妳說，以後我們可不可以回來，我說，當然可以。

我把那薄薄一張從筆記本上撕下來的紙抓在手裡。我無法相信這是他寫的。這些文字超過我的期待，比我教給他的東西更好。

我一直設法找出某種適合讓派屈克書寫的文字形式。原本我認爲是詩，不過現在我眞的找到了：是書信。這種媒介對他的吸引力更大。這道理不是很明白嗎？在他的生活中他已經做了一千次這件事——因爲，一個人禱告的時候，他不就是在寫信給上帝？派屈克一直以來都在寫信：寫給珍愛，寫給馬可斯的母親。書信將明確的目的注入書寫，那是一個希望被聽到的請求，是一個人在對另一個人致詞。選擇使用《基列》這個素材更突顯出這點。這本小說探索愛：朋友之間、夫妻之間、白人與黑人之間、上帝與祂的信徒之間、專業人士與被託付給他的人們之間的愛；更重要的是，它處理父母對孩子的愛這個題材。你要怎麼對一個小女兒表達你所知道的事，還有你對她的祝福與期許？你能說出什麼值得珍藏在心的話？

「有一天珍珍會看到這封信，然後她會知道她是你人生中的重心，」我說。「你的進步眞的很大。你記得當初你寫的信是什麼樣子嗎？」

他等我描述。

「一直重複我很抱歉——我很抱歉我不在妳身邊，很抱歉我輟學了。希望妳不要像我；不要做我做的這種事。現在你是第一次表現得不害怕她。因爲以前你寫給她的東西，那會對孩子造成一種壓力，你不覺得嗎？假如她讀了你七個月前寫給她的那些信，你想她會有什麼感覺？」

他想了一下。「就像我當初那樣迷惑。她會覺得她的爹地好像不太行。」

五月來到以前，派屈克已經寫了好幾十封信給珍愛，每天寫一封。今天的信要說的是划獨木舟。我給派屈克看一些我在漲水期到密西西比河上划獨木舟的照片。降雨使整個地區河水氾濫，樹木矗立在水中，在某些水道上，河流化成水下森林，似乎只有會游泳或能飛的動物進得去。派屈克一邊研究一張照片，一邊驚訝地問道：「妳繞著那些樹划獨木舟？」我向他說明每張照片的故事，跟他分享我學到的一些名詞。「這是美洲常春藤[14]，這是三角葉楊，這是桑樹。」我指著一個綠色的塊狀物說：「這是木頭上的一隻烏龜。照片上看得不太清楚，其實牠正在做日光浴。」

他又工作了一個小時，然後讓我看成果：

妳和我沿著密西西比河划獨木舟。兩旁有好多樹，它們像灌木一樣一叢叢長在水裡。河流的某些部分被陰影遮住，不過光線會從樹木的縫隙透進來。離岸邊不遠的地方有一隻大蒼鷺，牠靜靜地站在水中等著捕魚吃。我們划在水面上時，一條白鰱浮出水面，看起來很像水中的珠寶。妳說，「爹地你看，有一條蛇。」我說，「哪裡」然後妳說，「喔，沒有，只是藤蔓而已。」我們聽到水濺起來的聲音，是魚兒在跳躍，或青蛙在呱呱叫。白色的光線閃耀在混濁的河水上，妳說那河水看起來好像咖啡。

我們接近三角葉楊和落羽松林的時候，可以聽見一種轉折很特別的鳥叫聲。許多桑葚懸掛在一些低矮樹枝上。妳伸手想摘桑葚。這些桑葚是白色的，因爲還沒成熟，可以吃的桑葚是藍黑色的。妳吃了一顆，在襯衫上留下污漬。我們把船划走時，我對妳說，每次我看到妳在家睡覺的樣子，就會把妳想像成一顆睡莓果。

看到那些樹木從水裡長出來，眞的很驚人。它們有各種不同形狀，有的是Y字形，有的像躺在水上。柳樹長得好高，我們抬頭想看它有多高的時候，會聽到脖子被扭得發出喀噠聲。左邊有一根漂流木，我忽然間看到上面有兩隻烏龜。我們看著那些烏龜，直到牠們跳進水裡。妳也要享受泡水的感覺，所以妳把一隻腳放到獨木舟外面，伸進河裡。我可以看到妳的腳腳在水面上盪來盪去，好像一條小魚在游泳。

我坐在船頭，把手伸到頭後面，感覺飄飄然。風吹的時候，樹葉顫動，聽起來好像紙張摩擦的唰唰聲。

我的胸口因爲驚異而怦怦作響。他是從哪得到這些想法的？我知道我跟他提到桑樹、烏龜、三角葉楊和柳樹，可是我們從沒聊過大蒼鷺和白鰱的事，他也不曾說過他女兒的綽號（睡莓果！）。青蛙呱呱叫、混濁的河水、仰望樹梢時脖子喀噠作響，這些也都是我們不曾提過的。

我把他的信又讀了一次。我試著在自己的內心搜尋，我設法在我們之間的對話、他分享過的回憶和我教給他的字詞中找到一些蛛絲馬跡。可是那封信中幾乎沒有我的存在。每個字詞感覺起來都像一條由情感牽動的小樹根，證明那一切中有股超越我的神祕力量。

「記得《獅子．女巫．魔衣櫥》那本書裡提到的露西吧？你說過什麼關於她的事？」

派屈克木然地看著我——他不記得。

「你說，那本書好像C．S．路易斯寫給她的禮物。那麼這封信就是你可以送的禮物。有一天你可以帶著珍愛做這趟獨木舟之旅，然後告訴她，你在很久很久以前就已經計畫好了。」

最後我們讀到詹姆斯．鮑德溫寫給他侄兒的信，那封信是《下次將是烈火》裡的一篇。

我剛聽到他入獄的事時把這本書寄給他，不過他沒看。後來我問他的時候，他只說：「我有試著看。」我沒繼續追問下去。

現在我重新看鮑德溫的信時，不可思議的事發生了：我在讀信的時候聽到派屈克的聲音。

這封信我起了五次頭，也把它撕了五次。

我不斷看到你的臉，那也是你爸爸、我弟弟的臉。

我告訴你這些是因爲我愛你，請你永遠不要忘記。

現在你必須好好活著，因爲我們愛你，還有爲了你的孩子和你孩子的孩子。

鮑德溫這封信寫於一九六二年，那是黑人民權運動發展得如火如荼的年代。在短短幾頁篇幅中，這封信主要說的是美國歷史如何考驗你愛的能力。它如何讓你愛得少、恨得多；仇恨如何使你失去對自我的感知。仇恨惡化、加深了你沒有歸屬的感覺。但你確實有歸屬：因爲，朋友啊，這是你的家。別讓自己被驅離……你來自腳踏實地的農民階層，那些人採收棉花、在河上築壩、修建鐵路，在最駭人的命運輾壓下獲致無可爭論、宏偉輝煌的尊嚴。

我把幾天後我們要讀的信先拿給派屈克看。

「標題是什麼？」我問他。

他照著唸：「〈地牢撼動：黑奴解放一百週年致侄兒書〉。」

「那你還記得黑奴解放是什麼嗎？」我考他。

「就是廢除奴隸制度，」他說。我輕快點頭。

「你認爲黑奴解放以後黑人最想要的是什麼？」

派屈克輕輕鬆鬆就猜到答案。「權力，金錢，尊重，土地。」

「對對對對！尤其是土地。你認爲他們得到土地了嗎？」我問。

他知道答案。「沒有。」

我決定把接下來幾天的課保留給歷史。

「南北戰爭結束後，美國政府制定了一個法律，」我說。「黑人可以到小岩城的一個辦公處申請土地。你認爲這裡面有什麼地方不對勁嗎？」

派屈克再度猜測，這次他是以提問的方式回答：「小岩城那麼遠，怎麼去？如果沒人告訴你，你怎麼知道有什麼土地可以申請？他們可能不會相信這件事，以爲這是騙局。還有土地很寶貴，別人會想偷土地。」

我同意。「的確，你得要有自己的馬，不然就要有錢付車馬費。還有貪污的問題，有人會拿紅包，然後把土地送人。所以雖然有這個立法，不過最後整個阿肯色州只有兩百五十個黑人家庭拿到土地。」

我帶著罪惡感跳過接下來那一百年的世界大事。我想讓他看一本書，這本書裡有一些黑人民權運動的大幅黑白照片。我說我們需要了解一九六二年——也就是鮑德溫寫信給他侄兒那年——到底發生了什麼事。先前鮑德溫住在另一個國家——法國，不過民權運動促使他返回美國。他想到美國南方看看。

派屈克仔細看了那些照片。在密西西比州，密大[15]的白人暴徒搗毀、焚燒出現在他們眼前的一切。他們之所以憤怒是因爲他們不要詹姆斯．梅瑞迪斯——我指著這個人的照片——跟他們一起上法學院的課程。我們稍微離開正題，談了一下梅瑞迪斯的事。梅瑞迪斯無所畏懼。他誓言要步行一百英里穿越三角洲，從曼菲斯出發，一路走到維克斯堡。他展開步行。第二天，一名狙擊手開槍擊中他。

「他死了嗎？」

「沒有。他被子彈射中，倒在地上。不過他沒死。後來他去上了法學院。」

派屈克沉默一陣。「你說詹姆斯．鮑德溫來過這裡？」

「對。他沒有眞正來到赫勒拿，不過他去了南方很多地方。」

「他是回來看他的家人嗎？」

「不是，在那以前他從沒住過南方。」

派屈克露出難以置信的表情。

「我不會像他那麼做。」

「這很難說。」

「不會。」他搖頭。

「好吧。」我給他指定功課：讀鮑德溫的信。

派屈克高舉著那本書走進門，彷彿那是他贏得的獎牌。「他寫的東西很眞實，」他說。我滿心歡喜：原來事情可以這麼簡單。你給對方一本書，他讀了它，覺得感動；到了某個時候，你就能只當個送貨員，當運輸工具。

派屈克坐下來以後，沒等我問他好不好，就立刻想讓我看他最喜歡的句子。

「你必須接受他們，而且是懷抱著愛接受他們，」他唸道。他用一種帶有權威、幾乎像老師的口吻向我說明這個句子的意義。「這句話的意思是說，奴隸制度和種族隔離制度結束以後，我必須把我的驕傲擺在一邊，然後說：沒事了。詹姆斯這個人談的是眞實的愛。眞實的愛就像母親對小孩的愛。她不是因爲你是誰而愛你；她愛你是因爲她愛你。他希望這種愛能充滿在每個地方；他知道當你給予愛，愛就會茁壯。我們必須更壯大，我們必須更偉大。

「這是眞實的，郭老師，」他又說了一次。「他寫信給侄兒——我也有一個侄兒。眞的，我覺得這本書讓我對於……對於身爲黑人這件事感到比較自在。」

他能這樣表達出種族團結的精神，令我很想慶祝。我熱烈地點頭，毫不掩飾我的歡喜。

「妳最喜歡哪句話呢？」現在換派屈克問我。

「無辜反而構成他們的罪惡……因爲這些無辜的人沒有別的希望。事實上，他們仍舊被困在一個他們不理解的歷史中；在他們能夠理解以前，他們不可能從中解脫出來。」

他同意這段話寫得很好。「這段話對你來說代表什麼意思？」我問他。

「意思很深，不是隨便說說的。我覺得它的意思是說，白人不知道我們的歷史。或者說不了解。

這段話很深——他不是說白人很壞，白人在說謊。他只是說他們不知道，因爲他們不想知道，所以他們就不會知道。或許這就是爲什麼很多黑人會自暴自棄。」

「爲什麼說白人那樣是一種罪惡？」我繼續追問。「爲什麼不知道是一種罪惡？」

「好比說，我們黑人可以說是比較落在後面的一群。所以他們不知道、不想知道我們的情況，這是很冷酷的事。因爲當詹姆斯說，因爲，朋友啊，這是你的家，別讓自己被驅離，他說這句話的時候讓我想到道格拉斯，道格拉斯也曾說這裡是我們的家之類的話。所以感謝上帝，我們有佛雷德里克．道格拉斯；感謝上帝我們有像他們那種抗議人士。感謝上帝他努力奮鬥；感謝上帝他們努力奮鬥。」

說到這裡，派屈克停頓下來，似乎在懷疑自己。「不過事實是，就連我們感謝他們的時候，他們想到這件事也會覺得有壓力。那些人不想要想這件事。就像詹姆斯談到白人的時候，他會說他們是怎麼在逃避現實。我認爲問題不只出在他們，也出在我們。喝酒、迷失、嗑藥、設法忘記、困惑——我們想要忘記，因爲我們不想知道奴隸制度，不想知道歷史。那是眞實的，那是痛苦的，那會造成壓力。那是難以相信的事。可是如果我們要克服它，唯一的辦法是去思考它。

「郭老師，我不知道什麼奴隸制度的事，不過我可以告訴妳我的生活。我眞的有好多好多問題。我大致上明白我的生活比較辛苦，不過我沒法知道到底有多辛苦。我只知道我知道的事。我可以把它拿來跟妳的生活比較，然後說，噢，這種生活比妳的辛苦。可是跟奴隸比較起來，我的生活就很輕鬆。至於跟白人比較，我不知道，因爲我不認識什麼白人，所以我怎麼能談他們？」

他的聲音已經逐漸地、慢慢地變得很柔和，因此就算現在他暫時沉默不語，感覺也不會奇怪。

「有時候我覺得……」他重新開口，不過又想斟酌字句。「有時候我覺得很想跟馬可斯交換位子，把生命還給他，由我來待他的位子。」

我心頭一怔。話題怎麼又回到馬可斯了？

「也許我只是在胡說，」派屈克支支吾吾地說。「這個——」他朝牢房的方向比了個手勢，「這個就是我們都得經歷的東西。那是一種煎熬，一種痛苦；沒有人希望感覺痛苦。」

他問我可不可以下課休息一下。

他的心情在片刻間有了轉變。在一段時間中，鮑德溫引他去到一處林間空地、高崖邊緣。他的視野有了不同。鮑德溫似乎賦予他一個新的觀點——赫伯特的「愛」那種觀點；「愛」用銳眼觀察那些變得鬆懈馬虎的人，「愛」請他們就座嘗肉，他用這種方式寬恕他們。

然後他憶起馬可斯，他原有的心情隨之消失。他才剛開始感受到歷史觀點帶來的強大自由，就立刻被迫返身望向自己。

在內心建立對自己的溫情是需要下工夫才能做到的；但若沒有這種溫情，你就無法在其他人、在英雄豪傑身上看到你自己。

在跟派屈克閱讀鮑德溫的過程中，我的內心激起一陣回響。這就是我喜愛鮑德溫的原因：他公開談論人爲了能感受到對自己的溫情而做的努力。他說，種族問題的運作是爲了掩藏「自我」這個更沉重的問題。他並非否定種族不平等的存在。但是，更困難的工作在於設法釐清，在這個因素的影響下、排除這個因素干擾後，你究竟是誰。這就是爲什麼我在剛到三角洲後不久會決定在課堂上做〈我是〉那首詩的練習，以及拍我們自己的照片。我並沒有預料到我們會做那些事。事實上，我本來想要直接教政治和歷史方面的題材。我想用馬丁．路德．金恩和麥爾坎．X的事蹟來激起他們的怒氣，我也希望他們能在歐巴馬身上找到認同感。我現在領悟到，我是基於相同的理由，決定把佛雷德里克．道格拉斯的作品介紹給派屈克。我一直盼望能將這些人的典範灌注在學生們的心中。我希望道格拉斯的精神能與派屈克的心智融爲一體。但我學到一件事：我們無法試圖拿我們認爲某個人應該涵括在他心中的人物故事來灌輸他。我們首先必須從他的自我感知切入。

道格拉斯、金恩、麥爾坎和歐巴馬都是黑人，他們都透過書寫自己人生這個作爲，獲致一定程度的自由。可是我的學生們沒有任何關於三角洲的故事，也沒有足夠強大的框架來容納這些偉人。童妮．摩里森[16]寫道：我們的生活難道沒有脈絡可循？沒有歌曲，沒有文學，沒有充滿維生素的詩？沒有任何歷史能與個人經驗連結，讓我們可以傳承下去，讓我們從一開始就能堅強？缺乏故事本身就是一種暴力，而那是我未能經歷過的。

鮑德溫的書躺在我們之間的桌子上，封底有一幅他的肖像。他那雙知名的眼睛直視著相機。

「他一直認爲他很醜，」我說。

派屈克說：「他不醜。」

珍愛搖搖晃晃地走到他們家門口，隔著紗窗往外看。一輛校車停在房子前面。一群背背包的學生搖搖擺擺地下車，街上頓時充滿他們聒噪聊天的聲音。

「她長得超像她爸的，對吧？」瑪麗說。「我第一次看到她的時候忍不住哭起來，她眞的好像他。」

隔天我就要離開了，我過來道別。小潘、琦拉和薇拉都給了我一個擁抱。然後小潘把珍愛往上舉起，一群人把她帶到外面看那輛校車。

「如果妳需要什麼，」我對瑪麗說，「儘管打電話，妳有我的電話。」

她點頭，不過我知道她不會打。

瑪麗沉默片刻，然後說：「阿派，他看得到他犯的錯。他不會把他的錯怪在別人頭上。我認爲這是他的長處。他覺得他是我們的負擔……希望這一切結束以後，他能夠忘記昨天，展開新的生活。」

「妳覺得他辦得到嗎？」

「我相信他辦得到。我每天都向上帝禱告，整天都在禱告。眞的。」她開始點頭，彷彿在聽布道，然後她拍手。我這才發覺她眞的趁機做了個禱告。

「我一直跟他說他可以回來，這裡永遠是他的家。不過我相信他離開這裡的時候到了，他會去找其他地方住。」她嚥了口口水。「反正不管我在哪裡，我的小孩都會回來。」

瑪麗一直以來都對家人非常付出，現在大家都想黏在她身邊。她的丈夫第一次坐牢出獄時，她把他接了回來。他第二次去坐牢以後，她又第二次把他接了回來。後來她哥哥在嗑毒嗑茫的情況下殺了他們的阿姨，她還是沒離棄他。她的大女兒薇拉懷孕、搬走，然後又回來，沒別的地方住，她二話不說就讓薇拉和小外孫住下來。琦拉輟學以後，她也把她留在身邊照顧。所有人都能在瑪麗身上找到依靠。而在那些年中，她一直在工作賺錢。她的工作是廚師，得連續站上好幾個小時，但她從無怨言。她因爲糖尿病的關係會發生痙攣，她也發生過幾次輕微中風，不過她還是繼續上班。她從前的老闆老是叫他們黑鬼這、黑鬼那的，其他人氣得不得了，但她不去蹚那個渾水。她向我引述這句格言：**嘴巴舌頭守緊，心靈不招麻煩**。她確實按照這個道理生活。她喜歡上大夜班，就是因爲她喜歡安靜。

我不知道三角洲地區有多少人留在這裡是爲了對一些他們捨不得離開的人盡義務。就算有機會前往他鄉，過不一樣的新生活，他們也不願意離開至親好友。我不禁心疼地想到我的父母，我這個女兒總是東搬西搬，從來不在家。他們倒是希望我這樣，就跟瑪麗希望她的孩子們出去發展一樣。不過現在瑪麗的健康狀況不好，她的小孩一定知道她的身體有多脆弱，因此他們想要照顧她。

「也許我早就該離開了。我自己的話隨時都可以離開。不過現在我不可能到別的地方生活。」

她又開始自顧自地點頭。「老師，我哪都不會去，就待這兒。」

「都打包好了嗎？」

「好了。」

派屈克把他的作業拿給我。「不想讓妳最後一天生氣，」他面帶微笑地說。「妳去加州會經過幾個州？」他繼續問。

我在袋子裡翻找，拿出一本地圖集，然後遞給他。

我開始看他的作業。他全都用心做了。

寫給珍愛的信：W．S．默溫寫過一首我很喜歡的詩，標題叫〈晚春時節致寶拉〉。我把它背得很熟，我想讓妳也知道它。把眼睛閉上，聽那些字詞的聲音。他要來哪裡？是什麼讓他想要再來？是什麼讓他想像？……

他又寫了：珍愛，我覺得最神祕的一句是有「磨舊憂愁」那句。那裡面有很多問號。他從不說他的磨舊憂愁是什麼，不過我很好奇。我會想到衣服和鞋子被磨舊，可是憂愁呢？他到底經歷過什麼事？

他還寫了：最後兩句是「那是我們走過悠長歲月／以如水夜色與驚奇打造的園地」。妳有沒有發現他寫了我們這個詞？我好奇妳和我會站在哪裡。有什麼會使我們驚奇？

接下來我看到他模擬W．G．賽博德的作品。原作取材自《外移者》中的一則日記，日記是一個離開故鄉德國的人寫的[17]。派屈克耐心研讀了這篇文章。

現在可以說什麼功課都難不倒他了。在這個時候離開赫勒拿可以說好，也可以說不好。

我往下看到他的作文（我們仍舊像幾年前的課堂上那樣把這個叫作「自由寫作」），主題是「壓力」。

我在監獄第一次感受到壓力是郭老師第一次來看我的時候。探視結束以後，我在會客室裡哭。有個傢伙也在那裡，他說「是你自己把好好的人生丟掉的」。我想到有人那麼關心我，就感到壓力很大，因爲我使他們有壓力。我有些責任，我必須符合那些標準。再往後些，他又寫了這句：我哭是因爲有人關心我。

我沒料到原來我是他在監獄裡的第一個壓力源——我本來的用意是紓解壓力。我不知道他跟我見面以後哭了。我不知道有人看到他在哭，而且還告訴他一切都是他的錯。怎麼轉了一圈，老是又回到「自責」這件事上？

我試著回想我第一天來到監獄時的情形。可是就像他的回憶方式一樣，我的記憶焦點不是會面本身，而是後來發生的事：走出監獄時忽然置身於塵埃飛揚的炎熱空氣中；被某個原先認識的人看到時感到驚慌而不知所措。這就是我回來的原因嗎?爲了用那種方式被人認得，爲了不辜負那份記憶?

「我有沒有跟你說我和艾倫回明星看了一下?」我開始說話。

派屈克把頭抬起來。他已經開始一頁一頁翻那本地圖集。

奧克拉荷馬，奧勒岡。

「整個荒廢掉了。建築物都還在，垃圾桶還是擺在校園裡，不過大門鎖死了，我們只能透過鐵絲網看進去。」

「他們沒用推土機把那地方全部夷平?」

「沒有，那會花費他們太多——」

「工程太大。」

派屈克咕噥著表示同意，他可以想像學校被廢棄以後的殘破模樣。

「說句老實話，你上的都是些爛學校。假如當初你去唸別的學校，現在會是什麼情況?」

「至少我有妳。」

「這是不夠的。」

「對我來說夠了。」

我搖頭。

他低頭看他的拖鞋，現在壞掉那隻已經用繩子綁得很牢靠了。

我擔心派屈克出獄後的生活。他在赫勒拿會做什麼？有誰會雇用他？他會不會又在街頭閒晃，坐在他家門廊上無所事事？我難以想像他的未來。

「妳昨天晚上跟丹尼和露西一起嗎？」他問。

「他們請我當他們兒子的教母，」我露出淺淺的笑容說。

「哇嗚！郭老師，你肯定很想在這裡看到小寶寶出生。」

「是啊。露西的肚子已經這麼大了。」我比了個手勢。

他咧嘴微笑。

「珍愛出生的時候你在嗎？」我問。

「在。」他不假思索就說出日期，是六月份的事。

我把它記下來。「丹尼和露西讓我看了超音波影像。」

「什麼影像？」

「就是嬰兒出生以前在肚子裡的照片。你那時候有沒有看過？」

「沒。」

「可以看到嬰兒的頭。」

他半瞇著眼，彷彿在試圖想像那個畫面。

「第一次抱著珍愛是什麼感覺？」

「感覺——很驚奇，真的。有了一個女兒，一個小嬰兒——我自己的嬰兒。她真的很迷你，體重只有四磅三盎司，像一頭粉紅色的小豬。她的眼睛真的很大，好像——在她臉上非常閃亮。我心裡想，這是……這是我的女兒……」他說得有些結巴。

然後他的聲音又變得深沉。「我沒準備好要有小孩。我無所事事，成天只是看著她那雙大眼睛，心想，我沒學歷，沒工作……」

他的聲音開始哽咽，他把頭轉開。

我繼續看他的作業。

親愛的珍愛，

昨天我夢到我們。在夢裡，妳和我走過一條白花花的湍急山溪。住在農場上那家人煮了淡水鮭魚和美味無比的馬鈴薯給我們吃。夜晚就要降臨。妳指著山丘上的小木屋。我說，「對，今天我們就睡那裡。」上山的步道要走六小時，橫向的步道要走兩小時，那是世界上最美的景觀之一。樹木蒼翠長青，非常美麗。煙灰色的遠山有崎嶇的山脊和白雪皚皚的山頂。氣候總是很涼爽，連在夏天都一樣。溪流裡的水流得超快，像按摩浴缸那樣形成白色泡沫，然後落下成為一道美麗的瀑布。那裡也有一條神祕的壕溝，是老百姓挖的，看起來像護城河。壕溝就只沿著農場和木屋旁邊挖，再遠就沒了。那家人跟我們說這裡的水是全國最乾淨的水。我們沿著登山步道走，知更鳥、白頭鷹、太陽鳥在低矮的枝頭上棲息。

我們看到一種稱爲香水百合的花，它是粉紅色的，上面有白色小圓點。晚上我們坐在小溪邊時，妳說，我們離開這裡以後，就再也不會有像這樣的地方了。

這片土地太令我驚奇，我一直到半夜都還清醒著。妳翻身過來抬頭看我。忽然間一隻蜥蜴，可能是在夜裡很寂寞，牠爬過窗户，躲在一個角落，彷彿那裡是牠夢寐以求的地方。妳說牠看起來像長了小腳腳的蛇。天剛亮，妳醒來的時候，牠已經不見了。在小溪另一邊的山丘上方，煙灰色的遠山有著天堂般的形狀，在陽光下清楚分明。

他的進步實在驚人，不過不管在當時或之後這些年，令我非常驚訝的一點，是我對他的貢獻有多麼少。我這麼說並不是在表現一種虛僞的謙虛，我的意思是說，他的智識發展居然只需要那麼點東西——一個安靜的小房間，一疊書，一點點大人的指導——這點把我嚇著了。然而，這麼一點東西卻很少被提供給需要的人。

派屈克的心情恢復平靜，他轉身回來面對我。

「我可以保留這個嗎？」我把他的筆記本舉起來。

他不在乎地聳肩。然後他看到我的表情——我一定顯露出失望的神態。他的筆記本現在對我而言已經是幾近神聖的物品，但在他眼中居然不是這樣。

他很快地解釋道：「過一個月我就要轉到別的地方了；他們可能不會讓我帶著它。這些筆記本可能會不見。妳留著吧，郭老師。」

我同意。「可能有人會把它拿走。」

這時他指正我。「沒人會要那玩意兒。」他自顧自地咯咯笑。

對一個人的私人思緒所做的記錄或許在任何地方都沒有價值。當然在監獄裡也是如此——違禁品才有價值。不過我忍不住想，在三角洲地區，這種東西是不是特別沒價值。這裡連要找個安靜的地方看書都不容易，要逛書店得開車到一百英里外的地方，況且一般家庭也買不起書；在這種地方，某位老師曾衝進我的教室，罵我怎麼能讓學生以某個同學的死亡爲題寫作文，因爲她認爲學生們不該對他感到同情。

派屈克繼續看地圖，仔仔細細研究圖例說明，好像那是一首他平常在解析的詩。一英寸就代表了一百英里。

「郭老師，我忘了妳說妳是哪裡人？麻薩諸塞州？」

「不對，密西根州。」

他在地圖上找到密西根州。我指點他看我出生的郡——卡拉馬朱。「那裡是個成長的好地方，」我說。他嚴肅地點頭，彷彿我說的話非常深刻，而且說明了很多關於我的事。

然後他找到阿肯色州，他的手指沿著密西西比河移動，然後來到赫勒拿。接著到小岩城、到法葉特維爾。他指著貝茨維爾（Batesville），宣布，「我會到這裡。」貝茨維爾是個小地方，但還是比赫勒拿大。

「我在規畫逃獄路線，」他開玩笑說。「現在只要有台逃亡專用車就成了。」

「好。告訴我日期，我把車開來。」

我們一起笑了。

「妳得走了嗎，郭老師？」

我看了一下時間。

「對。」

我想起默溫的詩，想到派屈克把這首詩背得很熟，還有他在給女兒的一封信裡寫了這句話：W・S・默溫寫過一首我很喜歡的詩，標題叫〈晚春時節致寶拉〉。我把它背得很熟，我想讓妳也知道它。

爲了爭取一點時間，我說：「我們再一起背一次。」

美妙的字句一下就流瀉而出；這是一個屬於我們的儀式。

讓我想像我們隨心所願

再次歸來，屆時將是春天
我們會像往昔那般青春
磨舊憂愁將已消逝如朝霧
晨光總要慢慢破雲而出
那對抗逝者的古老防護
終將瓦解而後留予故人
周遭將明麗燦然如眼前花園
那是我們走過悠長歲月
以如水夜色與驚奇打造的園地

我們如行雲流水般一直唸到結束。「有點像在對自己唱歌，是吧？」我說。詩句發出聲響，那些聲響將思緒排除。過了一段時間，你不再需要探求那裡面的意涵是什麼，因爲它已經成爲你的一部分。

即使在我寫這段話時，我仍然記得我們第一次唸這首詩的情景，以及我如何試著理解它的意義。那是三月的事，也就是我抵達赫勒拿之後大約五個月。當時我問派屈克他最喜歡哪一句。對他而言，回答這個例行問題剛開始成爲一件重要的事。

他想了一下，然後說：「我們會像往昔那般青春。」

我問他為什麼。

「因為無論你在什麼時候走到那個地方，感覺就像——感覺就像那地方會永遠存在。彷彿在那個地方——」派屈克的喉嚨裡發出一個小小的聲音，「時間不再重要。時間就那樣停止了。」

這個永遠存在的地方
時間就在這裡停止了
在這地方時間不再重要

我想到所有那些他覺得因為服刑而失去的時間——不，不是失去，是浪費——以及這種感覺如何令他想到他覺得自己在人生中浪費掉的時間。因為在他的字彙練習中他曾用「惘然」這個詞造了一句：我的年少歲月成為一種惘然。

「你有那樣的地方嗎？」這時我問。「一個時間永遠停留的地方？」

他毫不遲疑地說：「我媽媽。」

我的眼睛驟然一陣迷濛。我覺得自己似乎正在頓悟什麼。

沒有任何神技、魔法，沒有任何上帝能扭轉過去，消弭曾經發生過的事：取消已經完成的殺人動作，將消逝的生命帶回，或者給予派屈克重新度過年少歲月的機會。但是詩歌，或說這首詩，確實將他帶向某種感覺、某種存在、某種浩瀚無垠的東西，它能吞噬死亡，擺脫時間。無論這一切感覺起來有多虛無縹緲，它終歸就是關於愛的記憶——關於他的媽媽等著他回家。

在我陪派屈克一起讀書的某些時刻，他在我眼中會忽然顯出全新樣貌，有如某個我才剛開始認識的人。在那些短暫片刻，我們之間似乎存在著一種神祕、徹底、幾乎不可能存在的平等。這是閱讀締造的奇蹟之一：它能讓人變得無法預測，即便那只是在一個極短暫的瞬間。別人不再能說：你就是這種人、你就是那種人；你的一切都不會是預先決定的。我把書給了派屈克，我把閱讀的機械要領教給了他；然而，那些字詞卻以不同方式分別感動了我們，彷彿我們聽見同一隻鳥兒歌唱，但那歌聲在我們的心湖中漾起不一樣的漣漪。

是該走的時候了。「我要你做最後一件事，」我說。

他拿起筆。

我要他把筆放下。

「今天你不必把這個寫下來，只要放輕鬆就好。」

我請他闔上眼睛，他緊閉雙眼。我要他想像一個他想要去的地方。他看見什麼？他說他看見水，然後又看見沙。

「有生命存在的跡象嗎？」我問。

「一隻螃蟹獨自出現在那裡。」

「有人類嗎？」他的睫毛閃動了一下，嘴角略略抽動。

「有珍愛，」他說。我等著他繼續。「她蹲在地上，」他又說。「她在看一隻螃蟹，她說螃蟹的腳腳好小。」然後他的嘴角隱約泛出笑意，「不過她的腳腳也好小。」

譯註

1安娜・艾赫瑪托娃（Anna Akhmatova，一八八九—一九六六），二十世紀最重要的俄國詩人之一。

2華特・惠特曼（Walt Whitman，一八一九—一八九二），美國詩人、散文家、新聞工作者。惠特曼是美國最偉大的詩人之一，作品融合超驗主義與現實主義，並有「自由詩之父」的美譽。

3德里克・沃爾科特爵士（Sir Derek Walcott，一九三〇—二〇一七），聖露西亞詩人，一九九二年諾貝爾文學獎得主。

4伊莉莎白・碧許（Elizabeth Bishop，一九一一—一九七九），美國桂冠詩人，一九五六年普立茲獎得主，獲獎作品爲《北方和南方——一個寒冷春天》（*Poems: North & South. A Cold Spring*）。

5麗塔・法蘭西絲・朵夫（Rita Frances Dove），一九五二年出生的非裔美國詩人、散文家，一九八七年獲普立茲文學獎，是第二位榮獲此獎的非裔美國人。

6切斯瓦夫・米沃什（Czesław Miłosz，一九一一—二〇〇四），生於今立陶宛的波蘭詩人、翻譯家、散文家、外交官，一九八〇年諾貝爾文學獎得主。

7李立揚（Li-Young Lee）是一九五七年出生於雅加達的印尼華裔美國詩人，作品受李白、杜甫等中國古典詩人影響甚深。他的外曾祖父是中華民國第二任臨時大總統袁世凱。

8 菲利普・拉金（Philip Larkin，一九二二—一九八五），英國詩人、小說家、樂評家。一九八四年被授予英國桂冠詩人稱號，但他予以婉拒。

9 巴勃羅・聶魯達（Pablo Neruda，一九〇四—一九七三），本名內夫塔利・里卡多・雷耶斯・巴索阿爾托（Neftali Ricardo Reyes Basoalto），智利詩人、外交官，一九七一年諾貝爾文學獎得主。

10 威廉・斯坦利・默溫（William Stanley Merwin），一九二七年出生的美國詩人，二度獲普利茲獎，二〇一〇年被美國國會圖書館任命爲桂冠詩人。

11《士兵的重負》（*The Things They Carried*），美國小說家提姆・歐布萊恩（Tim O'Brien）以越戰爲主題創作的半自傳性短篇故事集。

12 喬治・赫伯特（George Herbert，一五九三—一六三三），英國詩人、演講家、牧師，其作品被歸爲玄學詩派（Metaphysical poetry）。

13 瑪麗・瑪德蓮（Mary Magdalene），又譯爲抹大拉的馬利亞、瑪利亞瑪達肋納，在《新約聖經》中被描述爲耶穌的一名追隨者。

14 美洲常春藤（Virginia creeper），又稱五葉地錦或維吉尼亞爬山虎。

15 密大（Ole Miss）爲密西西比大學的暱稱。

16 童妮・摩里森（Toni Morrison）是一九三一年出生的非裔美籍非洲文學創作者，於一九九三年榮獲諾貝爾文學獎，亦曾獲國家圖書獎、國家圖書評論獎、普立茲獎等。她的一部分作品被歸入美國文學，包括《最藍的眼睛》（*The Bluest Eye*）。

17 W・G・賽博德（W. G. Sebald，一九四四—二〇〇一），德國作家、學者。《外移者》（*Die Ausgewanderten*）爲其敘事作品選集，講述四位移居海外的德國移民人生故事。

IV

第十一章 復活節之晨
Easter Morning

我一再返回他的墓
想知道出了什麼錯
到底出過什麼差錯
從不同必然性出發
重新審視整個故事
然而墳墓無意療癒
騷動不安的孩兒
只得與我共用一個墓
與我這老叟……

——A・R・安蒙斯[1]〈復活節之晨〉（Easter Morning）

我住在加州奧克蘭，在弗魯特維爾區的一個非營利機構上班。某天早晨，有隻鴿子從辦公室一扇開著的窗戶飛進來，四處拉屎。我和其他律師同事們把這件事當成某種榮譽象徵。每星期四晚間，我們會為當事人進行「診療」。這些當事人都是沒有合法身分的墨西哥移民——打零工的人、園丁、洗碗工、建築工人、奶媽，他們不是領不到薪餉，就是面臨被逐出住房的威脅。

一天工作結束，我們會把辦公室鎖上，然後喝酒——大喝特喝。他們幫我取西班牙文名字，於是蜜雪兒成了蜜雪拉妲、蜜雪莉娜。我記不得自己曾經這般快樂。Fondo fondo fondo[2]，乾杯乾杯，不醉不歸！我學著西班牙文。不到一個月，我在酒吧認識了一個人，他也是個「公益律師」（這是我們這種法律顧問的稱號）。我就這樣開始跟人交往了，對我自己來說實在難以置信。

然後我收到派屈克的信。

不只一封，而是同時收到好幾封。

他從郡立監獄被轉到另一所監獄，接著又被轉到其他地方，最終到了阿肯色州北部的卡里柯岩（Calico Rock）。他說他收到我的信了，然後他告訴我他的近況。

不過我很難專注在信件的內容上，因為他的書寫方式讓我分心了。他拼錯很多字，省略記號也忘了標。他的字體變得又大又圓。怎麼才短短三個月，他的寫字方式就完全變了個樣？他本來把文字寫得細小而工整，幾乎像是在寫書法，看起來類似某種工藝字體。那樣的字跡證明他的進步並不是我自己想像出來的啊。

我勸自己要務實些、寬宏些。教育跟做生意或會計不一樣，現在失去技能並不代表過去投資的時間沒有價值。此外，派屈克報了好消息給我：他積極參加州立監獄提供的課程。他在普通教育發展課程[3]中拿到最高分。十月間，他在郵件中附了一份高中同等學力證書副本給我。

在一封信中，他問我：老師手頭上有幾塊錢可以借我嗎？他連買郵票的錢都得用借的。

我開始擔心。我擔心的不是派屈克，而是我。我開始覺得那七個月彷彿沒有眞正發生，覺得派屈克寫作文時蕩漾在我們之間那種奧祕的寧靜都是我自己的想像。我一定是夢到我們一起背詩，因爲現在我已經完全記不得那些句子了。上班途中，我握著地鐵車廂內的金屬桿，不禁心想那一切是爲了什麼；我開始思考一種可能性：當你不再去想某件事時，它會不會就消失了？

儘管如此，我仍然會寄明信片給派屈克。其中一張是紅杉的照片——我跟幾個朋友去了加州的一座公園[4]。你好嗎？我問。看看這些樹！它們是世界上最高大、最古老的樹。

房屋租期結束，我又搬家了。我喜歡我住的區，不過我也想試試看不同的區段。這次我相中的是奧克蘭中國城。我住的樓房很醜，不過每天早晨，我可以從窗戶看到走路上學的小朋友。一位駝背的華裔老爺爺牽著一名綁馬尾小女孩的手；她的速度比較快，可以說是她拖著爺爺走。晚上我步行回家時，會經過一家商店，店名叫「誠實五金行」。多有老中國味。

我跟家人在台灣會合，一起度過冬季假期。一家四口來到東海岸地區騎單車，悠遊在稻田和盛開的野花間。雖然這裡的風景跟密西西比河三角洲的平坦內陸迥然不同，不過颯爽的清風、澄藍的水色，無不令我想起我和那邊的學生將車窗搖下，行駛在跨河大橋上的情景。我母親已經忘了怎麼騎腳踏車，她騎得搖搖晃晃、車子噹啷作響，嘩啦啦便摔倒在地。我們攙她起身，她開開心心，再次嘗試。蒼翠森林鋪綴山巒，但雲霧縹緲中，只見一片青藍，而後是一片灰濛，而後又是一片青藍。無論往前方或身後望去，到處都是山；我們被山團團圍住，彷彿永遠無法脫出它的懷抱。

我記得派屈克寫過一首短詩。它是這樣起頭的：我的母親圍繞山巒。接著：峭壁將我抬高眺望／她的聲音迴盪周遭。這首詩唸起來很好聽：圍繞、山巒、眺望塑造一串優美聲響，營造迴盪周遭的氛圍。更棒的是母親和山巒這兩個意象的連結：他衷心盼望看到母親和山，而他的詩爲這兩者打造出一個共同的家園。

派屈克打電話來。

「我出獄了。監獄人太多擠不下，他們乾脆把我放出來了。」

就這樣。

「你出獄了？」我重複說了一次。「你人在哪？」

「在家裡。」

他一共坐了兩年半的牢。「我是假釋出獄的，他們說我表現良好。」

「太棒了，」我說。「你覺得怎麼樣？」

「感覺很不眞實，郭老師。」我彷彿看到他咧嘴而笑的表情。

我把電話放下。接下來會發生什麼事？

對派屈克而言，彷彿什麼事都不會發生，但卻又發生了好多事。他出獄返家。他的母親在門廊上迎接他。九個月過去，他母親離開人世。她才四十三歲。

多年間，患有糖尿病的瑪麗每天都爲痙攣症狀所苦，而那致命的最後一次痙攣發生在她淋浴時。瑪麗頭部撞到浴缸，然後失去生命跡象。發現遺體的人是琦拉。

他們沒有守喪。「這是她的意思，」派屈克在她過世後不久透過電話告訴我。「她全都計畫好了。她希望迅速火化。她不想驚動大家，她不要大家哭哭啼啼、有的沒的。」

一個月後他又打電話來。

我在上班，有個當事人正坐在辦公室裡。

「老師手頭上有沒有兩塊錢可以借我？」

他的口氣很堅持。他的聲音和呼吸中透露出某種有違他平常性格的強求，令我感到不安。這不是我認識的他。我想他大概是闖了什麼禍。是毒品？酗酒？我非常爲難。

「很抱歉，我手邊沒這個錢。」

他沒答腔，我以爲他掛了電話。可是我聽到他的呼吸聲。

「你還在嗎？」

「還在。沒事，郭老師，我明白的。」

又一陣沉默。我覺得彷彿被困在某種陷阱中。我試著改變話題。

「工作找得怎麼樣？」

「還在設法找，不過赫勒拿這裡沒工作做。我在市區到處找，什麼都沒找到。」

我的當事人還在等，她很有禮貌，假裝沒在聽，不過想必她在設法判斷這是一通私人電話還是公務電話，然後據以評估我的無禮程度。一家銀行已經把驅逐令釘在這位當事人的家門上；她的危急處境讓我略感心安，彷彿電話那端派屈克的狀況就這樣被敉平了。

「我還有事，」我說。「我再跟你聯絡。」然後我把通話切斷。

接下來我有半年沒他的消息。

一位友人向我提到聖昆丁監獄（San Quentin Prison）的「監獄大學計畫」（Prison University

Project），那是加州唯一爲州立監獄提供大學課程並頒授學位的教育計畫。「妳可以去當志工，」她說。「當老師。」

我加入工作行列，而我只是數以百計的參與者之一；我們來自遍布於舊金山灣區的大學和機構，在夜間湧進這裡服務。加州聖昆丁監獄享有的資源與阿肯色州的郡立監獄不成比例，兩者間的差距恐怕得以光年計算。

我在這所監獄中遇到我這輩子見過最積極進取的一群學生。「在讀第五次的時候，我終於有了一番理解，」某個學生會若無其事地這樣開始發言。讀第五次？我試著不要露出驚訝的表情，因爲在場學生似乎都不覺得驚訝。有些外人臆測這些囚犯在監獄裡「無所事事」，這是無稽之談。大多數犯人的一天從清晨六點就展開，他們先做勞力工作——家具裝修、木工及其他各種各樣的工作，每小時約可領取兩美元工資。接下來是團體會議、戒毒治療、戒酒無名會活動[5]、宗教團契、諮詢輔導等。在這麼密集的活動中，他們還是有辦法找到讀書做功課的時間。

我遇見另一位老師。在白人教師與黑人教師組成的一片人海中，他是少數跟我年齡相仿的東亞裔教師，是唯一跟我在外表上比較接近的人。他正談笑風生地跟一名學生說話。受到刻板印象的影響，我不免俗地假定他教的是數學。我在一旁偷聽，聽起來居然像是希臘悲劇。是《安蒂岡妮》[6]？不對，《伊底帕斯》[7]？我就只讀過這兩部希臘悲劇——這是我個人在知識領域的缺憾之一。「於是他把他的眼睛挖掉。這個故事要說的是：人能改變自己的命運嗎？」然後這位「非數學老師」停了一下，把眼鏡往上推。「你有什麼想法？」他笑容滿面地問道。儘管他選擇的題材是悲劇，但他的性格顯然很陽光。

結果糗的是我自己。由於監獄裡英文老師太多，那天晚上我居然變身爲數學老師。

幾個月後，派屈克打電話給我，他主動讓我知道他已經振作起來了。

我還沒問他過得好不好，他開口便說：「現在我的狀況比較好了。」我的心中彷彿放下一塊大石頭。這下我才明白，我跟他說話時內心有多緊繃。

「我打電話來只是要告訴妳我很好。我知道妳一定會很擔心。」他說他找到工作了，在赫勒拿廣場大道上的一家墓碑店。

「那一帶我滿熟的，」我說。我腦海中浮現那個地方的情景：同一個街區有三家葬儀社，布蘭登就是在那邊的花店被槍擊身亡的。

我問他現在工作怎麼樣。他說他的老闆會在每塊碑石上標示日期和姓名，然後由派屈克裝上卡車，運到全郡各地的墓園。到了定點以後，他會挖洞、安放墓碑。「這個工作不錯，」他說。「能在外面工作眞的不錯。」我記得他寫過一首以日本俳句爲靈感的短詩：逼人熱氣下／一個人哼哼唱唱／安靜工作。

他說他們家搬到一個比較便宜的區段去了。沒了他母親工作的薪水，他們付不起原來的房租。

另一戶人家搬進他的老家，然後那個門廊上又發生一樁死亡事件，死者也是一名二十多歲的黑人。他的臉部被子彈射中。派屈克不知道其他細節。

「同一個地方，」派屈克說，然後他用強調語氣重複了一次：「同一個地方。」

掛斷電話以後，我從床底下翻出我用來裝阿肯色州那些資料的箱子。一首詩映入眼簾——是A．R．安蒙斯的〈復活節之晨〉。也許我曾經打算跟派屈克分享這首詩，但後來沒時間做這件事。我已經好多個月沉溺在宣誓書、電子表單、訴訟摘要和信頭附著公司機構資料的信函中，現在驟然看到一個充滿空白的頁面，彷彿黑暗中光明乍現，我的眼睛需要調適。

全詩分爲七段，旨在紀念一段兒時經歷。詩人四歲時，年紀更幼小的胞弟不幸死去。安蒙斯在詩的開頭寫道：我有一個未竟人生／它轉身而後停止。次段寫著，我一再返回他的墓，因爲他想知道哪裡不對勁、到底出過什麼差錯，希望能有什麼辦法讓孩子眞正安息。但孩子遲遲得不到平靜。騷動不安的孩兒／只得與我共用一個墓／與我這老叟……

我把這首詩貼在牆上。我開始寫派屈克的故事。

原來「非數學老師」跟我一樣是台裔美國人。他在柏克萊大學唸研究所，專攻宗教與德國歷史。

「你會說德文？」我問他。

「會，不過——」

「說句德文給我聽，」我強勢要求。

他害羞地拒絕了。

「我猜你大概不太會說德文，」我對他說。

我開始跟「非數學老師」交往，他叫艾柏特。

派屈克從阿肯色州搭長途巴士到加州，他要到舊金山看一位他在工作團[8]認識的朋友。他剛從那裡的培訓課程結業，拿到木工和水電證照。

好壯觀，好美，他在簡訊中這樣跟我形容洛杉磯和舊金山之間的加州某處。

我父母到灣區來。艾柏特和我剛結了婚。

派屈克來看我。所有人都跟他握手寒暄。我父親做了件令我超難堪的事——伸手摸派屈克那巨大的爆炸頭髮型，不過派屈克顯然不以爲意。

派屈克和我前往克里西菲爾德（Crissy Field）公園散步。這裡是一片開闊的蒼翠綠地，可以眺望舊金山灣，再遠些則是太平洋。我們看著一條狗從我們身邊奔躍而過。

我告訴派屈克我還在寫關於他、關於我們、關於在監獄中讀書、關於阿肯色州的故事。「這樣可以嗎？」我問他。「我不會用你的眞名。」

「妳可以用我的眞名，」他說。「我相信證言；我相信上帝。」

我覺得心中放下一塊石頭。不過我自忖：這並不是他的證言；它是我的證言。

我問派屈克他怎麼爲他的人生打算，是否能做他想做的事。他說：「開卡車。」他想開輛有十八個輪子的大卡車，走遍美國。

後來我會跟我父母說：「其實我一直想像他會當個英文老師或什麼的。」他們聽了大笑。「當卡車司機不賴，」他們脫口便說。「福利好。」母親說：「他賺的錢會比妳當老師還多。」

父親一針見血地補上一句：「也比妳當律師多。」

我告訴派屈克說我會幫他留意開卡車的工作機會。

他搖搖頭。「我已經知道我的重罪記錄會是問題。」

我們繼續聊其他事。我說我對他母親的事感到很難過。

他說，她本來就生了病，而且生活壓力很大，每天都會發作。她的血糖指數很高。「水，」他忽然說。「我不記得她有在喝水。」這件事令他心頭一驚，彷彿那是個新的線索，引他在心中反覆思索。

我想著我們一起讀書時的事，他喜歡水，喜歡與水有關的意象和字詞。雨，河，溪，澗，露。學到緩解這個詞彙時，他造了這句：雨水緩解了大地。

我說：「你知道她很愛你。」

「我每天晚上都會跟她說話。」

「這樣很好。」

「我也會跟馬可斯說話，也是每天晚上都說。」

「他們有回應嗎？」

「有喔，有喔。」我記得他母親談過上帝。上帝有沒有回應？有喔，有喔。

我們朝天際線走去，直到海天一色的地方。頃刻間我們都靜默無語，沉浸在各自的思緒中。

有一回我問派屈克：「你爲什麼認爲馬可斯現在在天堂？」

「我只是覺得如果……人如果被謀殺或什麼的，他會上天堂。」

「你認爲你會上天堂嗎？」

「我不知道。如果天堂裡有地方容納我這種人的話。」

「你這種人？」

「就是犯過錯或做了什麼壞事的人。」

海灣上雲霧瀰漫，金門大橋那彷彿往海面俯衝的壯麗紅色弧形身影逐漸消失。我曾讓他看過一張金門大橋的照片，現在我們一起凝視它良久。我們忽然發現，天色已經暗了下來，我們沒時間跨越大橋了。

認為自己可以使別人的人生變得更好，這是個充滿力量的想法。在關於教師角色的相關探討中，這個概念特別容易浮上檯面。教師是好人還是壞人，騙子還是聖徒？他受到不公平的妖魔化，抑或被盲目地推崇？這些全然對峙的形象背後有個關鍵議題：學生的本質是什麼。有一派人士主張學生可塑性極高，他們宛如一張白紙、一塊白板[9]，只要老師的素質和才智夠高，付出的關懷也夠，就能有效地將熱情與知識烙印其上。另一派人士則認為學生已經被他所處的環境——暴力、忽視、窮困——永遠塑造成形，因此沒有任何教師能改變他的人生。這兩種見解都不完全符合事實。

我認識派屈克時，他的年紀是十五歲。他五歲時就目睹毒品交易，十一歲時玩火不慎燒傷自己，他見過許多我無從了解的事。若要相信我或任何其他教育者能以決定性方式扭轉他的命運，那聽起來似乎相當瘋狂。在一個人的複雜生命圖像中，一位老師可能不過是一個微乎其微的斑點。

然而，透過師生關係認識一名學生，那意味著永遠將他當作一名學生看待。你深深感受到他的奮鬥，而在他的奮鬥中，你也感受到你自身的奮鬥。身為老師，就是看著學生奮力將自己扭擰成形，然後畢生難以忘懷那種光景。學生彷彿奧維德[10]筆下的人物，他的身體不斷歪曲扭動，從一個生物體變成另一個生物體，最後終於屈從於全面蛻變的任務。為什麼？因為他信任你；因為與其保有原來的自我，他更想感受那個新的他；因為他希望你能幫助他讓蛻變持續發生。

現在，派屈克二十五歲了，跟馬可斯死時年紀一樣。

派屈克的女兒珍愛現在六歲，就讀赫勒拿的「知識即力量」特許學校。派屈克和我一起到她的教室參觀。孩子們坐在大型彩色拼貼地毯上，上面是方格和動物圖案。珍愛很開心能看到爸爸。他給了她一本書，內容是關於一隻喜歡俳句的熊貓。她把書緊抱在胸前，彷彿跟它難分難捨。「是妳爹地買給妳的嗎？」一位小朋友問她，語氣中不乏嫉羨之意。珍愛點點頭。

派屈克想待在小岩城，因爲那裡工作機會比較多。只可惜他找不到。他到一家倉儲應徵，可是重罪構成阻礙。他去應徵卡車司機，可是重罪構成阻礙。在赫勒拿，他的選項更少。他向賭場應徵不行，你犯過重罪。他向肯德基和多來商店應徵。抱歉，沒有職缺。他沒車，也沒電腦。

我載派屈克到菲利浦斯社區大學。這陣子我一直在鼓吹派屈克到這裡上課。

辦公室的女職員說：「你得參加分班測驗。」

「小姐，我已經參加過了，」他說。

我帶著狐疑的表情看著派屈克。他沒告訴過我這件事。難道他曾在這裡註冊，只是後來輟學了？女職員查閱檔案資料。「你的英文成績很好，」她帶著驚訝的語氣說。「非常好。」

我望向派屈克。他正看著我。

我們返回車上。我問他在社區大學做了些什麼事。他說他上了一些焊接課程，不過中途輟學。是什麼時候的事？我問道。他說是在他去上工作團課程以前。我心想，那就是他母親過世那段時間。

下一個目的地是圖書館。我們聽說有一家化學工廠即將在赫勒拿投入運轉。這條線索似乎相當牢靠。他需要一份履歷，於是我開車送他到圖書館。這是一座全新的圖書館，乾淨整潔，通風良好。

圖書館的嶄新電腦室擁有大約十部電腦和一台印表機，派屈克和我一起把他的履歷和求職信打出來。派屈克不知道怎麼在 Word 文件中輸入資料，也不知道怎麼開啓 Word 文件。我教他怎麼做。他開始用左右兩根食指在鍵盤上慢慢敲：我認爲所有工作都是好工作。「很好，」我說。「要不要補上一句話，說你對你做的工作總是非常自豪？因爲這是眞的。」

他把這句話輸入進去。

我教他怎麼在電子郵件中加入附件，假使某天他必須透過網路傳送申請資料，這個小技能就可以派上用場。

我印出二十份履歷，再印出二十份求職信。每份文件花費我二十五分錢。我把錢繳給櫃台小姐，派屈克看到那些紙張得花那麼多錢印，顯得很不好意思。

工廠位於赫勒拿城區西半部的郊外，距離河邊比較遠[11]。我們開車經過湛藍天空下的遼闊平原，平坦的田地無盡綿延，大型集團投資商持有的土地以萬畝計。人類居住在這片大地上的唯一跡象是那些用來爲農作物施肥的巨大機器。這些設備的所有人大都不住在三角洲，他們的人力需求也極低。

行駛途中，我把他服刑期間我們一起研讀過的默溫詩集遞給他。他撫摸那厚實的灰色封面。我猜他已經很久不曾在手裡拿著一本成年人看的書，我感覺心中一陣刺痛，不過沒讓它顯現出來。

「我們來看看你記得幾句詩。」

「噢，郭老師！」他笑道，那副神態跟我第一次在監獄中要他做功課時一模一樣。

「你也可以考我啊。」

他翻到正確的頁面，試著背誦。我也一塊嘗試。有些詩句我們三兩下就琅琅上口。

「你這段時間有寫東西嗎？」我問他，不過我很怕自己已經知道答案，於是沒等他回答，我就趕忙說：「有時候寫點日記之類的東西有助於紓解情緒。眞的有幫助。至少對我來說很有用……」我的聲音越來越小。

他已經轉頭望向窗外。「要靠自己做這件事……很難。眞的。」

我記得他曾在鮑德溫的一篇文章中用底線標出一段文字：他們甚至連書都不看；生活抑鬱的人群沒有多餘的時間或精力。他說他「覺得心有戚戚焉」。

化學工廠廠長是個臉龐紅通通的傢伙，他不知在嘴裡咀嚼什麼東西，也許是菸草。他的態度豪邁不羈，但又略顯高高在上。

「最重要的條件，」那男人邊嚼東西邊用拉長語調說，「是乾淨12。」

「是，廠長。」

「你沒嗑藥嗎，小夥子？」

「沒有，廠長。」

「可以現在就做毒品檢測嗎？」

「可以，廠長。」

在此以前，我一直認爲派屈克犯的罪和他所受的刑罰，對他而言已經是人生中痛苦的極致。那是截至當時爲止他最悽慘的遭遇，而我以爲他出獄之後，再怎麼樣情況也不可能更糟。

現在我不禁想，我是不是完全搞錯了。試圖重新打入三角洲的社會——找工作，感覺自在，設法讓自己「有搞頭」——這無疑是一場新的戰鬥，它不僅非常折騰人，而且不像坐牢，它沒有可知的截止日。若說學校和後來的監獄至少在某個程度上爲他承擔了一些責任，現在的他沒有靠山，也沒有任何機構照應他。

回到我在加州的住處以後，我設法把他的信找出來。我居然連我把那些信收在哪裡都忘了。我想要——我需要——把它們找出來看。

派屈克的信——他在我離開以後從監獄寫來的信——終於從一個黃色資料夾散落出來。這些信沒用橡皮筋綁住，也沒有按照特定順序整理。在今天以前，這些信封我只打開過一次，裡面的信件內容我只讀過一次。

我開始讀信。

開始讀了以後，我欲罷不能。

他寫道：想必「紅杉公園」就是明信片上那些巨大樹木所在的地方。妳能去那裡玩眞好。加州一定是美國最棒的地方之一，我打賭那裡的空氣一定很純淨。

他寫道：我把目前我讀過的朗斯頓・休斯作品中我最喜歡的一首詩寄給妳。我們每兩天就會上圖書館一次，我去那裡找書。

他寫道：我還是很高興收到妳的信。聽妳說妳感冒，我眞的很擔心，希望妳趕快好起來。

他寫道：我寫信給我媽，不過她沒回信。我知道她很忙，她得賺錢養家。妳知道我不擅長社交，不過我會聽別人說的故事。有時間的時候請寫信給我。我很想念我親愛的老師。

他寫道：上星期我通過先期測驗了。下星期我就要參加高中同等學力考試。還有，他們把我的照片張貼在公布欄上，因爲我表現傑出。

他寫道：哇，我的同等學力考試通過了。英文和寫作我拿了六百分。論說文我拿到四分。他們說我得的是最高分！[13]

他寫道：嘿！我收到明信片了。我的朋友看到西班牙那座教堂那麼大，都非常讚嘆。我超喜歡的。妳能到西班牙和台灣旅行實在很棒，好特別的體驗。我覺得很安心，因爲妳很平安。

剛開始收到派屈克的信時，我希望那些信能代表他的進步。我希望那些信能爲我證明派屈克已經完全而徹底地改變。但是，用那種方式去看那些信等於是錯失了潛藏在其中的心意。信是什麼？不就是一個人伸手揮向虛空，盼望得到回應？不就是寫信者承認他有需求，需要友情？不就是表達出他在人際關係的世界中渴望找到屬於他的位置？你給對方一份關於你的陳述，希望那是值得閱讀的。那就好像擦亮一面鏡子的同時決意往裡頭看去。

他寫道：我想跟妳分享〈傳道書〉[14]裡的這段文字。「世人在太陽之下再好的事莫過於吃喝行樂，如此一來，他們在上帝賜予終年辛勞之餘，總有歡喜相隨。」

他寫道：妳是把我從我的深淵中帶引出來的人。無論妳做什麼，我將永遠支持妳。

在派屈克寫來的信件中，我最愛的是這封：我覺得瑪麗·奧立佛[15]的〈神祕，是的〉（Mysteries, Yes）這首詩非常引人入勝。當我讀到她描述青草如何在羊的嘴裡帶來滋養時，我實在覺得很好笑。這不是很酷嗎。我最喜歡的一句是：「人們是如何從歡欣／或損害的傷痕／走向詩的慰藉」。這個詩句讓我想到人生的一切，真的。妳最喜歡哪句。

我又要搬家了。我把貼在牆上的〈復活節之晨〉這首詩取下，一不小心扯壞了一角。我重新讀它，忍不住坐了下來。

這首詩的結尾是這樣的：敘事者出門散步。這次散步時，他看到兩隻大鳥，黑翼白頸，可能是鷹。兩隻鳥飛行、翱翔，其中一隻俯衝離去，繞了一大圈又回來。這是個詩情畫意、完美無瑕的，復活節之晨。這個畫面呈現的是兩兩成對，是比翼雙飛，是匯聚與分歧。兩隻大鳥共同形成一個組態，牠們永遠在某種相互對應關係中移動。一隻鳥湊近，遊離，返回。於是，夢中相逢成雙，墓裡並肩齊眠，偕伴衝上雲霄。

在我看來，一旦我們決心找出成雙的對應，就會發現它們無處不在。

一個單一的人類心智是如何被分割成兩個不同生命體，其中一個成爲「未竟人生」，另一個卻能向前推展？在前者的情形中，生命打住了，它不再存在。在後者的情況下，生命持續進展，彷彿一棵樹經歷夏秋冬春，無可遏抑地開花結果。

於是派屈克在夜裡跟馬可斯說話，讓他繼續活著，彷彿他刺殺那個人從未死亡。於是派屈克在就寢前跟他母親說話，讓她繼續待在身邊，在他的床畔——那個他此生最愛的人，那個他認爲自己遺棄了、而現已灰飛煙滅的人。

對安蒙斯而言，他的弟弟死去的地方是這個世界上他*最鍾愛卻也最惡劣*的地方。他無法離開那個地方。他必須在那裡*挺立抑或失敗*。是否所有人都擁有那麼一個時刻、契機或地點，他們總想返回那裡，總要對著它說，*重新活起來吧*，於是他們得以繼續邁開生命的腳步，繼續養護陰影自我[16]，繼續聆聽那內心的精神存在對他們說話，繼續接受它的懲罰？

以下就是我的未竟人生，一個我一再歸返的地方。

我回到密西西比河三角洲。時間是二〇〇六年，我決定咬緊牙根撐下去。只要再待上幾年，等我最早那批八年級學生從高中畢業。我養了一條狗可以紓解我的寂寞，這條狗是很好的伴。在三角洲那如水的夜色裡，太陽很晚下山，星辰已經顯現，我的狗正在搔蚊子叮咬造成的腫包，我在啜飲啤酒。我打電話給我父母，告訴他們我打算待下來。我說話時聲音不會顫抖；我懂他們是什麼樣的人，縱然他們此刻感到失望，但我知道他們不只將接受我的決定，更將能理解包容。

明星已經關閉，我開始在中央中學教書。我會看到派屈克流連在校內各處走廊廳堂。當他厭倦人群或聲音時，他會來到我的班上。他從我的教室門口踏進來，想跟我說聲嗨。我正在擦白板上的東西，我心不在焉，累得一片茫然。他從口袋掏出一張皺巴巴的紙，讓我看上面那首他寫的詩或饒舌歌詞。

可是這所學校很亂，經常發生打架鬥毆。派屈克開始不來上學。當然，起初我並沒注意，因為新的一群學生使我異常忙碌。不過另一位老師向我提起這件事。妳以前有個學生叫派屈克・布朗寧吧？他最近沒來上學。

我到沃爾瑪買菜，推著推車走進停車場時，我想起一件事——他家就在幾個街區外。我到他家敲門。沒人應門，屋內非常昏暗，不過我知道他的父親躺在沙發上；我知道我該耐心等一會兒。派屈克出現了。

我們跟平常一樣，在門廊上自由自在地閒聊。他知道我為什麼到訪。他說，郭老師，對不起。我告訴他，你不需要說對不起。他答應我他會回學校上課。我對他說，你要抬頭挺胸。聽到這話，他真的抬起頭挺起胸，彷彿我說的句子不只是個比喻。我告訴他，我會來參加你的畢業典禮。他點頭。我告訴他男孩女孩俱樂部剛開幕；想不想到那裡求職？我們甚至會一起打乒乓球。我開玩笑說，喂，別忘了我是亞洲人，我的血液裡有乒乓球；你一點機會都沒有。他微笑，因為我看起來好像不生氣了。明天他會證明他說到做到。他會讓我看到他信守承諾。他起身護送我返回車上。

在我的想像人生中，我沒有離開三角洲，他也不會輟學。馬可斯原本可能被殺死那晚，派屈克決定待在家裡準備一個考試。他心智清醒、聚精會神，因爲他有任務在身。沒有人請他出去找遲遲未歸的妹妹。當他的父親聽到外面一陣沙沙聲時，他從沙發上站起來，對那男人說，離開這裡，不然我要叫警察了。馬可斯離開了。派屈克聽到騷動聲，但不以爲意；他繼續看書。門廊上沒發生任何事；門廊就只是門廊。一個天氣和暖時可以談天說地的地方。

我知道我在做什麼：一廂情願的思索，天馬行空的想像。我知道假使當初我留下，或許也沒什麼會改變，派屈克可能會繼續過他的生活，我則繼續過我的。我知道這一切聽起來像是我認爲我能拯救他，彷彿我認爲我在他的人生中眞的那麼重要。事實並非如此。

但或者也可能如此。因爲，若從另一個角度想，如果理性思考，我應該告訴自己：妳沒法辦到那麼多事，妳沒那麼重要，每個人的生命中都有太多不同力量在運作，其中有好，也有壞。妳以爲妳算什麼？我離開三角洲時就是這樣告訴自己的，爲的是讓自己好過些；如今我有時仍舊會這麼說。可是話說回來，人之所以爲人，是爲了什麼？一個人對另一個人必然有其重要性，當兩個人曾經一起度過一些時光，曾經在對方身上下過工夫，曾經努力藉此讓自己更圓熟，那一切對他們而言必然蘊含某種意義。因此就算我錯了，就算我的夢境是錯的，另外那個選項——全然不做夢——似乎也不對。

我並非格外有能力改變派屈克的人生旅程，派屈克也並非特別具有回應我的潛能。重點在於我必須相信，兩個人處在一起時，他們可以在對方身上留下強大的印記，尤其是在某個被許多人離棄的地方，尤其是在某個我們還血氣方剛、志氣仍在飛揚、性情尚未硬如鐵石的時候。在那樣的時間、那樣的地方，我們是脆弱的，我們隨時準備好了。

積習難改，他又曠課了。我趁午休時間開車去辦事，可能看到他在山谷道（Valley Drive）一帶流連，把他逮個正著。

派屈克認出我的車。我把車開到路邊，內心湧起一股罪惡感，因爲我意識到自己不見得會爲其他學生這樣把車停住。我傾身往右，將乘客座位的門打開。派屈克坐了進來，他隨手切換我的音樂，等著我罵他。我的手緊抓方向盤。我們往前行駛了一會兒。他把車窗搖下。他向窗外看，目光在他看見的事物上駐留。一名遊民蹲坐在炎熱的空氣中；一個小孩在騎腳踏車。我感受到他的羞愧——他覺得他讓我失望，也讓自己失望了。對於羞愧，我們應該懂得溫柔。我把音樂關掉，問些簡單的問題。你好嗎？你打算去哪？在靜謐的車內，我們爲明天訂立計畫。

譯註

1 阿爾齊・藍道夫・安蒙斯（Archie Randolph Ammons，一九二六—二〇〇一），美國詩人，一九七三及一九九三年兩度榮獲美國國家圖書獎詩歌類大獎。他最常表現的主題是人類與大自然的關係，筆調時而肅穆，時而風趣。

2 fondo 爲西班牙語「底」之意，此指喝光見底。

3 普通教育發展（General Educational Development，簡稱ＧＥＤ）課程是爲準備普通同等學力證書（General Equivalency Diploma，亦簡稱ＧＥＤ）考試而設的課程。這個考試包含自然科學、數學、社會科學、閱讀、寫作等五大項，旨在驗證個人是否擁有美國或加拿大的高中等級學術能力，供因各種因素無法完成高中學業者取得與高中畢業證書效力相等的文憑。最早的ＧＥＤ考試出現於第二次世界大戰之後，目的是幫助退伍軍人獲得學術資格，以順利重返平民生活。

4 即位於加州中部洛磯山區的紅杉國家公園（Sequoia National Park，又稱美洲杉國家公園）。美國本土第一高峰惠特尼峰（海拔四四二一米）位於此公園內。

5 戒酒無名會（Alcoholics Anonymous）亦稱匿名戒酒會，是一個國際性互助戒酒組織，一九三五年成立於美國，其宗旨爲透過互助，讓酗酒者幫助自己與他人戒酒，重新過正常生活。早期協會成員發展出十二步驟（Twelve Steps）心靈成長與人格發展課程，其後進一步推出「十二傳統」（Twelve Traditions）。目前此協會已在全球近百國（包括台灣）設有對應機構，會員總數近兩百萬，成員以無私利他及對外保持匿名爲活動原則。

6 安蒂岡妮（Antigone）是古希臘神話人物。她是依娥卡絲塔（Jocasta）與其子底比斯（Thebes）國王伊底帕斯（Oedipus，詳見下註）透過不知情的亂倫關係所生的女兒，因此她是伊底帕斯的女兒兼妹妹、依娥卡絲塔的孫女兼女兒。當伊底帕斯因弒父娶母罪而被迫出走時，安蒂岡妮自願陪在父親身邊，隨他四處流浪，直到他死去。安葬伊底帕斯後，安蒂岡妮回到底比斯。後來安蒂岡妮的兩個哥哥波呂尼刻斯（Polynices）與鄂特歐克勒斯（Eteocles）爲爭奪底比斯統治權而發生衝突，波呂尼刻斯被趕走，隨後召集六位英雄一同攻打底比斯城，即「七雄攻底比斯」，結果兩兄弟在一場單獨決鬥中同歸於盡。戰爭結束後，安蒂岡妮的舅父克雷翁（Creon）繼承王位，爲鄂特歐克勒斯舉行英雄式葬禮，並宣布攻打底比斯的波呂尼刻斯是叛徒，將其棄屍荒野。安蒂岡妮不顧克雷翁的禁令，爲哥哥收屍，因而被捕。古希臘劇作家索福克里斯（Sophocles）的《安蒂岡妮》讓故事以悲劇收場：克雷翁下令將安蒂岡妮困在波呂尼刻斯的墓中，安蒂岡妮自殺身亡，她的未婚夫、克雷翁之子亥蒙（Haemon）得知死訊後亦自盡，克雷翁妻尤莉狄絲

（Eurydice）發現這一切後也自殺而死。但歐里庇得斯（Eurypides）的喜劇《安蒂岡妮》反轉上述結局，安蒂岡妮埋葬哥哥時得到亥蒙的幫助，克雷翁下令將兩人處死，這時酒神戴奧尼修斯（Dionysus）出現，迫使克雷翁釋放他們，並預言他們將生貴子，二人遂結爲連理。

7伊底帕斯是希臘神話中的底比斯國王，海神波塞頓（Poseidon）六世孫。他是底比斯國王拉伊俄斯（Laius）與王后依娥卡絲塔之子，在不知情的狀況實現神諭，弒父娶母，導致家族與城邦的災難。拉伊俄斯年輕時因劫走另一國王的兒子而遭詛咒，伊底帕斯出生時，神諭表示這個兒子將殺死他。爲逃避命運，拉伊俄斯刺穿嬰兒腳踝，將他棄置野外，但奉命執行的牧人將嬰兒偷偷轉送給替科林斯（Corinth）王國工作的牧人，這些牧人再將嬰兒送給國王波呂卜斯（Polybus），國王將他視爲親生兒子扶養成人。某天伊底帕斯赴德爾斐神殿請求太陽神阿波羅神諭，得知自己將弒父娶母。爲免神諭成眞，他離開科林斯，並發誓永不回去。流浪到底比斯附近時，他在一處路口與一輛馬車因爲先行權問題發生衝突，駕車者企圖輾過他，他憤而殺死車上所有人，其中駕車者正是他的生父拉伊俄斯。當時底比斯城被人面獅身獸斯芬克斯（Sphinx）所困，斯芬克斯會抓住路人問：「什麼動物早晨用四條腿走路，中午用兩條腿走路，晚上用三條腿走路？」若路人無法解答，便會被他吞食。底比斯城爲求脫困，宣布能解開謎題者可獲王位並娶國王遺孀爲妻。伊底帕斯成功解開謎底（「人」），解救了底比斯，遂繼承王位，並娶生母爲妻。伊底帕斯統治期間，底比斯面臨災厄，他請克雷翁前往德爾斐神殿請示神諭，在這個過程中發現他的眞正身分是拉伊俄斯之子。此時隱約知情的依娥卡絲塔震驚不已，上吊自殺。伊底帕斯得知身世眞相後，傳來依娥卡絲塔自殺的消息。他抱起妻/母的遺體痛哭，然後拿起她胸口上的胸針刺瞎雙眼。索福克里斯的劇作《伊底帕斯》便是以此故事爲本。另外，心理學援引伊底帕斯的典故，以「伊底帕斯情結」一詞代表戀母情結。

8工作團（Job Corps）是美國勞工部實施的培訓計畫，爲來自低收入家庭的十六至二十四歲青年提供免費教育及職業培訓，協助其就業。

9白板（tabula rasa）是一個認知論概念，指個體沒有與生俱來的內建心智內容，如同一塊空空如也的白板，所有知識皆透過感官和經驗而得。

10奧維德（Ovid）是西方對古羅馬詩人普布里烏斯·奧維迪烏斯·納索（Publius Ovidius Naso）的慣用稱呼。奧維德生於公元前四十三年，卒於公元十七或十八年，與賀拉斯（Horatius）、卡圖盧斯（Catullus）和魏吉爾（Vergilius）齊名。代表作包括《變形記》、《愛的藝術》、《愛情三論》等。他的詩作受到古代晚期和中世紀許多詩人的模仿，對西方文學與藝術影響至深。本書援引的典故出自《變形記》，這是一首含十五卷的長篇神話敘事詩，也是古希臘羅馬神話的最重要來源之一。

11 赫勒拿瀕臨密西西比河西岸，分為東西兩個城區，東城區濱河，西城區較偏內陸，兩者相距約五公里，中間有一些和緩的丘陵地帶。

12 即不碰毒品。

13 高中同等學力考試（普通教育發展考試）的學科分數最低為兩百分，最高為八百分；論說文滿分為四分。

14 〈傳道書〉（Ecclesiastes）是《塔納赫》（希伯來聖經）二十四卷之一、《舊約聖經》「詩歌智慧書」的第四卷，受多數基督教派系承認。成書時間可能在公元前四五〇到一八〇年之間，作者在序文中自稱為「大衛之子、於耶路撒冷為王」（許多人認為此即所羅門），學術討論中簡稱其為「傳道者」（Kohelet）。經文討論生命的意義及最佳生活方式，並以勸戒作總結：「敬畏上帝，謹守他的誡命，這是人所當盡的本分」。〈傳道書〉對西方文學影響甚深，某些名句已成西方文化中的格言，如「太陽底下沒有新鮮事」、「生有時、死有時」、「再好的事莫過於吃喝行樂」、「虛空的虛空，萬事皆為虛空」等。派屈克在原文中引述段落出自《新生活版英文翻譯本聖經》（*The New Living Translation*，*NLT*）中〈傳道書〉第八章第十五節。

15 瑪麗．奧立佛（Mary Oliver），一九三五年出生的美國詩人，曾獲美國國家圖書獎、普立茲獎等眾多獎項。《紐約時報》認為她是「在美國暢銷程度無人能及的詩人」。

16 陰影自我（shadow self）是心理學家卡爾．榮格（Carl Jung）提出的概念。他以「集體無意識」為立論基礎，認為每個個體的精神都具有一種動物本能，而陰影自我是其中一個面向。我們會不自覺地隱藏這個與人格面具（希望向他人展示的一面）相對的面向。同時，陰影自我與求生本能有關，當安全受到威脅時，它會發揮作用。

我教導自己感受自由

我教導自己感受自由與生命
醒來時要爲身在此處而滿懷感激
要明白萬事萬物都是恩典
來自我的食物，我的家庭，和探視我的人
當老伯伯在他的房間呻吟
當白人老兄訴說悲傷故事
我堅持相信我很好
我身體健康，精神愉快
我能立即察覺溫和的昆蟲
安靜無聲飛越房間
還有那明亮的燈泡
每天如太陽般照亮我的日子
在這個市區的郡立監獄裡
只有新來的人才會感到驚異
悄悄告訴你，其實我不在這裡
只在我自己的世界裡

——派屈克，二〇一〇年四月

後記

Author's Note

許多歷史學家對美國南方鄉村地區的非裔美國人生活做了深入而細緻的研究，我由衷感激他們的貢獻。在此無法完整列出所有學者與著作，但透過以下資料，我希望一方面提示出對我影響深遠的知識來源，一方面將有興趣進一步探詢的讀者指引到正確的地方。在我最早接觸南方歷史時閱讀的入門著作中，Leon Litwack 的《Trouble in Mind: Black Southerners in the Age of Jim Crow》（Knopf, 1998）及 Robin D. G. Kelley 的《Hammer and Hoe: Alabama Communists During the Great Depression》（University of North Carolina Press, 1990）這兩本書持續激盪我的思維。我認爲 Steven Hahn 的《A Nation Under Our Feet: Black Political Struggles in the Rural South》（Harvard University Press, 2003）是

一本不可或缺的書，它透過扎實的觀點，記述南方鄉村的窮困黑人族群組織力量的過程，並將阿肯色州菲利浦斯郡活躍的黑人社會運動呈現在讀者眼前。Jeannie Whayne 的《Delta Empire》（Louisiana State University Press, 2011）和《A New Plantation South》（University of Virginia, 1996）、Nan Woodruff 的《American Congo》（Harvard University Press, 2003）以及 James Cobb 的《The Most Southern Place on Earth》（Oxford University Press, 1992）對於理解十九世紀到二十世紀中期三角洲地區的整體社經變遷均爲不可多得的重要著作。我非常感謝 Jeannie Whayne 和 Paddy Riley 的慷慨分享，他們爲我點出許多犀利的資料來源，對我裨益良多。

關於佛雷德里克．道格拉斯反對「黑人外移」（Black Exodus）與「返回非洲」運動的論點，Waldo Martin 的《The Mind of Frederick Douglass》（University of North Carolina Press, 1986）和 Nell Irvin Painter 的《Exodusters: Black Migration to Kansas After Reconstruction》（Norton, 1976）這兩本書帶給我許多幫助。關於阿肯色州的「返回非洲」運動，我查閱了 Steven Hahn、Adell Patton, Jr. 及 Kenneth Barnes 的著作，他們的研究顯示鄉村地區的窮困黑人是返回非洲運動中形成時間最早、也最醉心於這個運動的一個社群。我很感謝 Donald Holley 針對二十世紀初期遷居至阿肯色州的移民所做的研究，以及 S. Charles Bolton、Willard Gatewood、Carl Moneyhon 對阿肯色州不平等現象的研究成果。關於大遷徙（Great Migration）這個議題，Stewart Tolnay 和 E. M. Beck 對移出者與滯留當地者的經濟地位進行詳細的比較研究，令人大開眼界。Isabel Wilkerson 的《The Warmth of Other Suns》

（Random House, 2010）及 Nicholas Lemann 的《The Promised Land》（Vintage, 2010）爲「大遷徙」提供宏觀的視野，有效協助我建立思考脈絡，據以將離去者與滯留者的不同經驗進行對比。

關於密西西比河以西地區的第一所黑人高等教育機構，Thomas Kennedy 的著作《A History of Southland College》（University of Arkansas Press, 2009）提供了在地歷史中一個引人入勝的切面，這本書除了記述當年貴格會成員前來菲利浦斯郡教學及定居的史實，也將討論擴及阿肯色州的黑人教育。Randy Finley 的《From Slavery to Uncertain Freedom》（University of Arkansas Press, 1996）爲黑奴剛解放時的三角洲地區描繪出一幅扣人心弦的圖像。我非常感謝 Finley 對學生非暴力協調委員會（Student Nonviolent Coordinating Committee）在阿肯色州扮演的角色所做的研究。

關於阿肯色州伊萊恩的屠殺事件，以及三角洲地區的種族暴力，我的參考資料包括：Grif Stockley 的《Blood In Their Eyes: The Elaine Race Massacre of 1919》（University of Arkansas Press, 2001）；Woodruff 的《American Congo》；Karlos Hill 的研究資料；J. W. Butts 與 Dorothy James 的〈The Underlying Causes of the Elaine Race Riot of 1919〉，收錄於《Arkansas Historical Quarterly》，第二十期（一九六一年春季號）；以及 Jeannie Whayne 的〈Low Villains and Wickedness in High Places: Race and Class in the Elaine Riots〉，收錄於《Arkansas Historical Quarterly》，第五十八期（一九九九年秋季號）。

關於日裔社群被羈押在阿肯色三角洲的史實，我參考了 Calvin Smith、William Anderson、

Russell Bearden和Jason Morgan Ward的著作，以及非營利機構Densho（densho.org）的口述歷史資料。關於亞裔社群在三角洲的經歷，我的資料來源是James Loewen的《The Mississippi Chinese: Between Black and White》（Waveland Press, 1971）以及Leslie Bow的《Partly Colored: Asian Americans and Racial Anomaly in the Segregated South》（New York University Press, 2010）。

關於三角洲地區乃至整個美國南部的刑事司法歷史，我參考的資料包括David Oshinsky的《Worse Than Slavery》（Free Press, 1996）、Michael Klarman的《From Jim Crow to Civil Rights》（Oxford University Press, 2004），以及Hortense Powdermaker的《After Freedom: A Cultural Study in the Deep South》（Viking, 1939）。

關於都市地區的監禁與司法制度，我參考了William Stuntz的《The Collapse of American Criminal Justice》（Belknap Press, 2011）、Michelle Alexander的《The New Jim Crow》（The New Press, 2010）、Randall Kennedy的《Race, Crime, and the Law》（Vintage, 1996）、Khalil Gibran Muhammad的《The Condemnation of Blackness》（Harvard University Press, 2011），以及Elizabeth Hinton的《From the War on Poverty to the War on Crime》（Harvard University Press, 2016）。關於道德運氣（moral luck）和刑事司法，我參閱了Nir Eisikovits的文章，刊登於《Law and Social Justice》（MIT Press, 2005）。我深深感謝Lisa Pruitt對阿肯色州鄉村地區律師嚴重缺乏的現況所做的研究。

我非常感激阿肯色州兒童與家庭捍衛者（Arkansas Advocates for Children and Families）的努力。這家機構在二〇一三年二月發表的校園紀律報告顯示，黑人學生被處以校內停學的機率接近白人學生的三倍，校外停學機率是白人學生的五倍以上，處以體罰的機率也幾乎達白人學生的兩倍。關於爭取解除隔離的奮鬥史與民權運動，Richard Kluger 的《Simple Justice》（Knopf, 1976）和 Derrick Bell 的著作都提供極多有用資訊。Robert Carter 的一篇論文刊登於《Shades of *Brown*: New Perspectives on School Desegregation》，Derrick Bell 編（Teachers College Press, 1980）。關於更廣泛的教育政策與相關法規議題，我認爲 James Ryan 的著作極其犀利而透徹。Richard Hofstadter 的《Age of Reform》（Vintage, 1959）有助於我思考城鄉差距的問題。爲了更廣泛地理解當今美國鄉村地區所面臨的挑戰，我參考了 Patrick Carr 與 Maria Kefalas 合著的《Hollowing Out the Middle: The Rural Brain Drain and What It Means for America》（Beacon, 1999）。在今日南方鄉村地區的刑事司法與教育等議題方面，我們迫切需要更多的研究。

Mary Beth Hamilton 的《In Search of the Blues》（Basic Books, 2005）爲我本身對三角洲地區的思考帶來持久的影響。在更廣泛的層面上，我非常欣賞 Ted Gioia、John Jeremiah Sullivan、Elijah Wald 等人的作品，它們在我試圖理解三角洲地區文化、歷史與音樂的過程中提供了莫大的幫助。

我很感謝 Aida Levy-Hussen 十多年來一直指引我閱讀各種充滿洞見的文獻，包括她自己那本犀利無比的近作《How to Read African American Literature》（New York University Press, 2016）。她的

作品除了促使我設法理解奴隸制度在美國人的國族想像中所占的位置，也透過高超的思辨與文采，評述後民權運動時代諸作家的書寫計畫。關於理查・賴特的生涯發展，我參考的著作包括 Michel Fabre 的《The Unfinished Quest of Richard Wright》（University of Illinois Press, 1973）及 Lawrence Jackson 的《The Indignant Generation》（Princeton University Press, 2010）。Robert Stepto 的《From Behind the Veil》（University of Illinois Press, 1979）深入淺出地探討非裔美國人敘事與提高識字率之間的關係。

阿肯色歷史委員會（Arkansas History Commission），特別是該會成員 Tim Schultz，爲我提供阿肯色州各報的微縮膠片。關於解除隔離與德索托學校，我參考的是赫勒拿各家報紙的歷史資料。關於奴隸廣告，我查閱的是《Southern Shield》。在阿肯色州黑人生活的描繪方面，我參考的是《The Miller Spectator》。感謝 Kevin Schultz 熱誠分享與詹姆斯・鮑德溫有關的素材。

爲保護相關人員隱私，我改寫了本書中大多數人的名字。本書中沒有任何人物是拼湊合成的結果。我很感激三角洲地區的居民，他們不斷與我慷慨分享個人經驗，並以無比耐心回答我林林總總的問題。無論他們是世居三角洲的本地人或決定留在三角洲的外來者，我對所有生活在當地的人都充滿佩服與敬意。

在派屈克的一封信中，他從瑪麗・奧利佛詩作〈神祕，是的〉（Beacon, 2009）引用了他最喜歡的幾句。以下是該詩全文：

眞的，我們與神祕共處
它們神奇得無人能解

青草是如何滋養生命
在羊兒的嘴裡
河流與石頭是如何永遠
效忠重力
而我們卻夢想上升
兩隻手碰觸後
那牽繫是如何永不斷開
人們是如何從歡欣
或損害的傷痕
走向詩的慰藉

讓我與那些自認有答案的人
永保距離

讓我和那些說「看啊！」
驚奇大笑而後謙卑鞠躬的人
永遠爲伍

誌謝

Acknowledgments

這本書的籌備與撰寫花了我很長的時間，而我在這個過程中積欠了許多人情債。首先我要謝謝派屈克對我的信任，他願意讓我寫出這個故事，並且與我分享了那麼多他的人生。我從他的見解、他的故事和他的信仰中學到了好多事，我對我們相識相知這些漫長年月感到由衷的謝忱。我也深深感激他允許我透過這本書，與讀者分享他的文字和書寫。他的慷慨我難以回報，只能透過對菲利浦斯郡男孩女孩俱樂部的贊助，以及一筆幫助他成長進步的微薄資金，表達我對他的心意。我也非常感謝我在明星中學的學生，他們不斷將感性、聰智與幽默帶進課堂，同時也豐富了我的人生。

Aida Levy-Hussen、Tim 與 Liz Schuringa 夫婦以及黃昱祥（Kathy Huang）一直鼓勵我寫作，我

對他們萬分感激。十多年來，我的文字作品差不多每個字 Aida Levy-Hussen 都看過；這本書的雛形很可能就是在跟她的電子郵件通信中孕育出來的。她那縝密睿智的思維、熱情且獨立的心智、慷慨寬宏的友誼、富於人性的想像，以及充滿眞知灼見的學術涵養，都是形塑這個書寫計畫的重要因素，並且對我發揮久遠的影響。我對 Aida 的虧欠可說筆墨難以形容。我也誠摯感謝 Tim 和 Liz Schuringa，他們是無可取代的良伴、所有人都夢想擁有的朋友。自從我在阿肯色州認識他們以後，他們的親切，他們充滿譏諷的幽默感，他們的溫和性情，他們烹調的美味佳餚，以及與他們共同探索心靈的對話，都不斷爲我提供精神支持。我一直在心中以他們的家爲標準，設法爲自己打點一個同樣溫暖的家。謝謝 Tim 這麼多年來不斷爲我的書寫提供精闢意見。我也要擁抱可愛的 Max 和 Owen。我爲我的好姐姐——黃昱祥獻上眞摯的感謝。黃姐具有自然神力般的豪氣。自從我認識她以來，我就一直欽佩她的幽默，她的剛強，她無畏無懼、勇敢面對人生的精神，以及她積極追求誠正生活的態度。她的這些性格要素都激發了我，使我更加敢於承擔。無論世界怎麼改變，我都將深深敬愛她。

誠摯感謝我在美國的夥伴——Kristin Naragon Gainey、Monica Castillo、Jennifer Leath（Jen）、高田沙絵（Sae Takada）和 Rachel Rutishauser。Kristin Gainey 一直爲我帶來堅定無私的支持與豐沛的愛。無足爲奇，所有我認識的人都喜歡向她尋求指導與寬容。Monica Castillo 無窮無盡的幽默感，她的忠誠，以及一種在溫柔中透現的智慧，多年來不斷令我感到開懷與寬慰。我非常珍視她的友誼。

Jen 的熱情和喜悅極具感染力，就我記憶所及，任何地方只要有她在場，必定歡樂滿堂。我感謝沙絵總是用充滿智慧的話語鼓勵我；她是最牢靠的朋友，我非常感激能夠認識她。我也要感謝 Rachel 用她振奮人心的人生態度、從不稍減的同理心、堪稱無條件的包容（且讓我們繼續檢測！）和精采絕倫的佳餚照亮、溫暖我的人生。

Dror Ladin 爲我提供批判性的指教與支持，十年來，他一直樂於閱讀我的初期文稿和後期文稿，我非常依賴他的卓越見解。跟 Dror 交談時，一種喜悅與驕傲之情總是油然而生。這種感覺源自有幸認識眞正精采的人物，進而與他們結爲良友。他的清晰思慮，他對正義的追求，以及他透過機智激盪思考、讓所有問題發酵的能力，都令人佩服得五體投地。謝謝 Dror，也衷心感謝 Jenny Bress 帶給我的溫暖與關懷。非常謝謝 Julia Chuang 在我的走筆過程中帶來那麼多光明和舒心感受，並且在一些關鍵性階段爲我指點迷津。認識 Julia 是過去幾年來發生在我生活中最快樂的事之一，我不斷驚異於她那揉合深邃靈魂與精湛分析力的神奇心智組合。

我要感謝克里斯・林（Chris Lim）和 Sarah Raff，他們是最理想的朋友。克里斯是完美的人生同志；他的正直，他那令人捧腹大笑的幽默感，他熱情洋溢的信念，以及他的友誼，都不斷激勵著我，推動我繼續前進。我喜愛 Sarah Raff 的明亮胸懷和淘氣與才氣兼具的性格，我也要獻給 Aphra 一個擁抱。另外，我想對 James Sheehan（Jim）和 Margaret Lavinia Anderson（Peggy）表達深切的喜愛與讚佩。Jim 和 Peggy 敞開家門歡迎我，那裡是個溫暖、寬宏，充滿機智、才情與歡欣氣氛的好地方。

我很感激我在阿肯色州和密西西比州遇到那些慷慨爲懷的人們。Peggy Webster 是我鍾愛的朋友，她擁有寬大的胸襟，待我親切熱忱，並且讓我聽到許多美妙音樂。Maude Cain Howe 和 Jimmy Webster 的離開令我非常難過，但每當我想起 Maude 那顆開放而且充滿能量的心靈，我的心中都會湧起一股暖意。感謝 Doug Friedlander 和 Anna Skorupa，他們仍然在三角洲生活，他們的無私奉獻讓我衷心讚佩。我非常喜愛胡樂詩（Grace Hu）的聰慧、忠誠和帶點頑皮的見解。Noam Osband 的幽默感、活潑神采和他主持的詩歌協會都極能提振心靈。Cathy Cunningham 的奉獻精神、溫暖性格及無盡能量都爲我帶來激勵。Monique 和 Brian Miller 夫婦在我心目中散發搖滾巨星的魅力；我感激他們給予我的友誼和我們之間激盪思考的交談。Amy Charpentier 在我教書期間悉心照顧我，她的慈悲爲懷與溫暖性格一直令我由衷佩服。我也非常欽佩 Maisie Wright 和 Todd Dixon，他們在我離開那年抵達三角洲，現在兩人都在那裡擔任校長。謝謝 Ben Steinberg 和 Alexandra Terminko 對我的親切善意與慷慨包容。我在「爲美國而教」的指導顧問 Mike Martin 和 Edlyn Smith 都是熱誠奉獻、難能可貴的教育家。在密西西比州，Sanford 和 Amanda Johnson 夫妻將他們的熱情與能量源源不絕地注入我的生活。我欽佩 John Ruskey 在 Quapaw Canoe Company 泛舟公司的幹勁，以及他在傳播密西西比河相關知識和投身環境正義工作時展現的熱忱與喜悅。洋溢信心、希望、愛與無盡幽默感的 Orlena Hill 是不可多得的人物。我也感謝 Elijah Mondy 慷慨待我、熱誠襄助，我非常欣賞他那種通常充滿悟性的存在狀態。謝謝 Joseph Whitfield 對我侃侃而談，用充滿內涵的話語激勵我。也感謝 Jacob 和

Katie Austin 夫婦、Holly Peters、Harris Golden、Amoz Eckerson、Martin Mudd、Tom Kaiser、Luke van de Walle、Orlena Hill、Joyce Cottoms 博士、赫勒拿第一長老教會（First Presbyterian Church of Helena）、John Bennetts、Ann 與 John King 夫婦、Carissa Godwin、Suzanne Rowland Brothers、Sarah Campbell、Emily Cook、Carrianne Scheib、Lauren Rush、Liselotte Schluender、Zipporah Mondy、Ollie Neal、Steve Mancini、Jay Barth、Warwick Sabin、Richard Wormser、Catherine Bahn、Ida Gill、Michael Steinbeck、Krystal 與 Michael Cormack 夫婦、許永漢（John Hsu）、Joshua Biber，以及 Ron Nurnberg。感謝菲利浦斯郡男孩女孩俱樂部及 Jason Rollett 的投入與貢獻。感謝菲利浦斯郡圖書館以及阿肯色大學的 Joshua Youngblood。感謝阿肯色歷史委員會和 Tim Schultz 提供關於赫勒拿的微縮膠片資料。謝謝 Jeannie Whayne 分享她那顆美妙的心靈，以及她對阿肯色三角洲歷史無與倫比的豐沛知識。

誠摯感謝我在法蘭西斯．戈汀文學版權代理公司（Frances Goldin Literary Agency）的經紀人 Sam Stoloff。Sam 堪稱一塊稀世珍寶。從我認識 Sam 那一刻，我就知道我已經把自己交到一雙安全的手裡；他的各種長處不斷令我驚奇，這些年來，我對他的讚嘆與日俱增。我感謝 Sam，他的耐心和見識，他的真誠，他的聰明本能，他的謙和寬厚和堅實信念，無不令我佩服。他是仗義直言的導師和好友。我也感謝 Ilena Silverman 帶給我溫暖關懷和睿智見解。謝謝法蘭西斯．戈汀公司全體同仁，特別是 Matt McGowan。

在藍燈書屋（Random House），我要感謝我的卓越編輯 Hilary Redmon。謝謝 Hilary，謝謝妳的完美——一絲不苟、思慮周延，犀利透徹、縝密謹嚴、提振人心。Hilary 展現的同理心和視野使她光芒四射，我可以在書頁中的每個角落感受到她的愛。倘若沒有她的鼓勵，我不可能完成這本書。我也深深感謝 David Ebershoff 買下這本書的版權，而且對這個出版計畫展現無比信心。David 的眞知灼見，他對書寫結構的指導，以及他慷慨待人的性格均使我受益無窮，我永遠無法回報他給予我的一切。我也感謝 Kathy Lord 在編審工作上的付出，她展現的精準和細緻都令人折服。謝謝 Lucy Silag 和 Catherine Mikula 的見解和充沛活力，謝謝 Jess Bonet 的卓越指導，Molly Turpin 鍥而不捨的支持，以及包括 Kelly Chian 和 Caitlin McKenna 在內的藍燈書屋明星團隊。感謝 Robin Schiff 設計精美書衣，感謝 Alessandro Gottardo 繪製封面插圖。Andy Ward 爲我的文稿提供了許多評論意見。我也很感謝 Susan Kamil、Tom Perry 和 Gina Centrello 的慷慨支持。

我還想對泛麥克米倫出版公司（Pan Macmillan）的 Zennor Compton 所帶給我的支持以及 Jon Butler 的溫情鼓勵表示感謝之意。

這本書有一部分是我在加州奧克蘭拉沙法律諮詢中心（Centro Legal de la Raza）服務時寫成的。這是一家以增進移民權利爲宗旨的非營利機構，我非常感謝那裡的工作同仁日復一日爲我帶來的靈感。他們包括：Esmeralda Izarra、Patricia Salazar、Lindsey Wheeler Lee、Laura Polstein、Luis Salas、Kyra Lilien（還有 Leo 和 Alex！）、Nancy Hanna、Sarah Martin、Jennifer Miller、Bianca Sierra、

Juan Vera、Paul Chavez、Carlos Almanza、Abby Figueroa、Jesse Newmark 等，以及 Elizabeth Cortez 和 Fernando Flores 這個不斷往前衝刺的雙人組。我很感謝我在奧克蘭的第一位朋友 Esmeralda，謝謝她充滿性靈的笑聲，她的慷慨，她愛人的能力，以及她做的各種皮斯可酸酒（pisco sour）。我也感謝 Jesse 體現我心目中的英雄形象——勇敢無畏、不屈不撓，致力於社群工作，並且展現深切的同理心。Jesse，謝謝你把我介紹給該中心，謝謝你在我還是懵懂無知的法學院學生時期給予我清澈的思慮，並讓我有機會參與在奧克蘭那家潛水吧舉行的神奇晚會。我向 Britton Schwartz、Jalen 和 Sonora 致意。我也謝謝 Jody Lewen 秉持追求卓越的精神領導「監獄大學計畫」的工作，感謝該計畫的工作人員，以及聖昆丁監獄的學生；這些學生不斷把他們的求知精神、智慧與準備工夫帶進教室。

在加州，Eunice Cho 的親切爲人和她致力提升移民權益的精神不斷激勵他人，任何認識她的人都能體會這點。Shira Wakschlag 超乎凡人的眞善本性與智慧都令我感到歡欣鼓舞。我非常珍惜吳富國（Ti Ngo）的鼓勵、幽默感和見解。Chuck Witschorik 和 Adolfo Ponce 溫暖、和善，隨時激發我的靈感；認識他們是上天給我的恩賜。我感謝 Merilyn Neher 這些年來的溫情和我們之間那些照亮心靈的交談。Rena Patel 和 James Andrews 鼓勵我繼續寫作，我每每想起我們一起慢跑、健行的時光，都感到非常幸福。Omar Amir 和李思美（Victoria Lee）無論走到哪裡都能散播恩典與光明。Devora Keller 經常給予我貼心的鼓勵與包容。Andrew Jones 和我在暢飲啤酒、享用牙買加國菜阿奇果燴鹹魚（saltfish and ackee）之際分享過許多精采對話，我非常感激他秉持他特有的溫柔鼓勵我，並與我分享他的高尚品味。Paddy Riley 詳讀過一個章節的文稿，他慷慨提供充滿洞察力的建言，並分享許多寶貴知識。Radhika Natarajan 是莫大的歡樂泉源。（希望布偶們永遠樂於歷險！）Shah Ali 的親切性格與奇思異想讓每個我跟他相聚的日子燁燁生輝。Evelyn Lew（Lew Fay Lan）彷佛是我的第二個媽媽，她寵我、溺愛我，請我吃月餅，到機場接我，熱情擁抱我。

Scott Lee 就像我的兄弟，我們當了一輩子的朋友，我們的許多信念都是透過雙方的深入對話形塑而成。在我的寫作過程中，Shonu Gandhi 與我分享她那超人般的心智（這是她的註冊商標），將她的充沛活力與奔放不羈的幽默感注入我的生活。我由衷欣賞 Summer Silversmith 的幽默感、堅定信念、正直爲人，也非常佩服他在 Scrabble 拼字遊戲方面的高超技藝。Krish Subrahmanian 從一開始就鼓勵我進行這項書寫計畫，當時他就相信這個計畫一定會開花結果，而他的智慧與友誼一直爲我帶來安慰。Avi 和 Lindsey Singh 夫婦在初期階段給予我支持，而且 Avi 擔任公設辯護人的經驗和他在刑事司法議題方面提供的見解都爲我帶來極大的幫助。Emma MacKinnon 讀了我的一個文稿版本，我非常高興能藉這個機會重新點燃我們的友誼。Hannah Simpson 讀過一些早期文稿，並以溫馨的方式提供精闢建議。許多年來，Cyrus Habib 一直是散布歡樂與喜悅的種子。能認識 Hannah Callaway 也是我非常慶幸的事，她的陪伴永遠輕鬆自在、溫柔雅致，而且充滿智慧。擁有豐沛性靈、爲人慷慨大方的 Shobitha Bhat 讀過我的早期文稿，而且對我非常和善。林駿偉與徐安萱（Victor and Jennifer Lin）夫婦和 Asher 是快樂的泉源，爲我帶來愛、音樂與支持。許多年來，沈格衡（Karen Sim）和

Tom Rutishauser 爲我敞開家門，與我分享他們的精湛品味、精緻廚藝與各種精銳見解。才華洋溢的 Emily Stokes 在我開始進行書寫的階段帶給我非比尋常的鼓勵，讓我能勇敢走下去。Nirvana Tanoukhi 提供許多犀利建言，對我意義重大，認識她猶如一場華麗的探險。李佩亭（Peiting Li）給予我的支持令我滿心喜悅。

我以誠摯心情感謝 Chris Gainey、David Thacker、John Minardi、Sarah Beiderman、Amy Barsky、陳崇道（Jondou Chen）、Daniel Steinmetz-Jenkins、Thomas Chatterton Williams、Ryan Calder、Kathryn Eidmann、Manav Kumar、王仲銘（Albert Wang）、Rahul Kanakia、陳江北（Roy Chan）、Jacob Mikanowski、Ryan Acton、Alvin Henry、Hannah Murphy、Andy Staudt 和 Jake 與 Dorli Lamar 夫婦。非常謝謝 Dorli 超凡脫俗的歌唱課和她對我的支持。深深感謝 Chris Gainey 帶來美妙音樂，並感謝 Alex Bushe 在電影剪接方面展現傑出才能。Pouya Shahbazian 和 Chris McEwen 帶給我許多鼓勵、支持與獨到見解。

我對我的老師和指導顧問們也充滿感激。Susan Cole 和 Michael Gregory 主持的教育宣導診所暨創傷治療政策學習計畫（Education Advocacy Clinic/ Trauma Policy Learning Initiative）以輔導家暴兒與身障學生爲宗旨，這個計畫在我就讀法學院期間爲我的心靈提供了美好的支撐。Jane Bestor 是難以言喻的鼓勵與智慧泉源。我非常感激 Darcy Frey，他的激勵與洞見在很早的年代就賦予我繼續寫作的信心。Claire Messud 的傑出才華與親切性格在我的內心深處激發了我。我感謝 Bret Johnston

這些年來慷慨待我，也欽佩他鍥而不捨地爲學生發聲。感謝 Randall Kennedy 提出犀利問題，分享睿智思考。Carol Steiker 對司法議題的熱情投入與不斷鼓勵學生的教學態度都令人肅然起敬。感謝 Judy Murciano 從不懈怠的性情與源源不絕的鼓勵。感謝 Monika Wadman、Oona Ceder、Cynthia Monteiro、Katherine Vaz、Gish Jen、Larson 先生、Jorie Graham、Stieve 女士、Arwady 女士、Jilek 女士、Scott Friesner、梁安妮女士（Mrs. Leong）、Elzinga 博士、楊恭威博士（Dr. Yang）、Scheidt 夫婦、Sinclair 先生、Streeter 先生、Addison 女士、Hach 女士、King 女士、Hunt 女士、Rebecca Jansen、Brian Snell、Jim Menchinger，以及波第奇（Portage）和卡拉馬朱的其他老師們。

世達國際律師事務所獎助金（Skadden Fellowship）的 Susan Butler Plum 是靈感與支持的可靠來源，她是一位貨眞價實的辯護者，積極提攜、捍衛受獎助人員。感謝 John Glassie 悉心編輯刊登於《The New York Times Magazine》「Lives」專欄那篇文章。感謝《L. A. Review of Books》，特別是 Evan Kindley、Laurie Winer、Tom Lutz 等人。也感謝我的摯友、索羅斯新美國人獎學金（Paul and Daisy Soros Fellowship）指導顧問 Warren Ilchman，他的見識與洞察力、親切友好的爲人和持久不變的鼓勵都爲我帶來莫大裨益。

我也要感謝 John T. Noonan 法官和 Mary Lee Noonan。Noonan 法官的剛正不阿、博學多聞、堅實信念，以及他令人讚嘆的文字，都使他成爲法律體系中的典範，讓人看到什麼是充滿人本精神與智慧的司法。感謝 Mary Lee 多年來的慷慨、溫情與支持。

我在巴黎美國大學的工作同仁在我進入本書撰寫最後階段之際提供了絕佳的支持。我很感激Stephen Sawyer以無比的溫暖與寬厚待我，我欣賞Miranda Spieler的忠誠與傑出（還有Althea散發的光芒），佩服Elena Berg對工作的投入、Philip Golub的熱情與鋒芒、Susan Perry的竭誠指導，以及Peter Hagel那無比體貼、永遠振奮人心的性情。誠摯感謝Michael Stoepel、Kerstin Carlson、Linda Martz、Elizabeth Kinne，以及舉世無雙的Brenda Torney。我感激巴黎美國大學提供梅隆基金會（Mellon Foundation）補助金，使我得以查閱與赫勒拿歷史有關的微縮膠片。感謝圖書館人員的支持。我還要感謝巴黎美國大學的優秀學生們，他們來自世界各地，不斷為我帶來活力與靈感。

非常感謝我在網路與書的超棒編輯張雅涵對這個出版計畫的信心，以及她的見解和鼓勵。感謝大塊文化郝明義先生的支持和領導，以及他對出版事業的貢獻。我也非常榮幸徐麗松先生同意接下本書的翻譯工作，謝謝他勤奮不懈，完成這部精采譯作。

我把這本書呈獻給我的父母郭明祥（Ming-Shang Kuo）和林華美（Hwa-Mei Lin Kuo），他們讓我人生中的太多事成為可能。我感謝他們在我們的整個生活中扮演核心角色，並且一直對我寬宏大量，給予我無盡的幽默與支持。我的哥哥郭冠賢（Alex Kuo）從我呱呱墜地以來就一直非常照顧我，在我蹣跚學步時呵護我，在我遲遲不會說話時陪伴我，在我準備高中演講比賽時鼓勵我；他為我翻譯，後來還耐心訓練我。感謝我的嫂嫂Maria Jimenez Buedo帶來歡笑和鋒利的見解，也感謝親愛的Felix施展懾人魅力，讓我歡欣開懷。感謝我的奶奶余益榮（Yee-Rong Yu）教我中文，告訴我好多故事。感謝我夫家的親戚們：謝謝公公吳茂昆（Maw-Kuen Wu）和婆婆唐慧晴（Hui-chin Tang Wu）的溫情與鼓勵，謝謝張翡珊（Debby Chang）和吳孟眞（Phil Wu）的無盡慷慨與坦率性情，謝謝吳其恩（Micah）用可愛度爆表的笑容製造歡樂。我親愛的二舅今年離開了我們，我很想念他。我深深感激我的大舅、大舅媽、二舅媽、小舅、小舅媽、大阿姨、大姨丈、二阿姨、二姨丈、三舅、三舅媽、姑姑、姑丈，以及我的表兄弟姐妹們。

最後我要感謝我最好的朋友、工作夥伴，我的摯愛和理想讀者——艾柏特．吳（Albert Wu），吳孟軒。我不知道上天是怎麼製造出艾柏特這種人的，有時我仍然無法相信他眞的存在。他擁有充滿陽光的爽朗性格、無邊無際的親切善意、他人難及的靈活大腦，而且幾乎對任何事物都充滿好奇。我無時無刻不浸淫在他釋放的正面能量中，對此我將永遠感念在心。感謝你，艾柏特，謝謝你毅然決然與我踏上人生旅途，謝謝你從不斤斤計較，謝謝你帶來喜悅、慈悲這些你覺得跟呼吸一樣自然的情感。我寫這本書時，你常伴我身邊；在我感到懷疑的那些時刻，你從不懷疑。我愛你。

陪你讀下去：監獄裡的閱讀課，開啟了探求公義的文學之旅／郭怡慧 (Michelle Kuo) 著；徐麗松譯 .
-- 二版 . -- 臺北市：英屬蓋曼群島商網路與書股份有限公司臺灣分公司出版：
大塊文化出版股份有限公司發行，2024.03，416 面；14.3x20.6 公分 . --（Passion；27）
譯自：Reading with Patrick : a teacher, a student, and a life-changing friendship.
ISBN 978-626-7063-60-6（平裝）1.CST：矯正教育　2.CST：種族偏見　3.CST：美國　548.7114　113000401